# 한국의 장관론 연구

## - 역할과 직무수행을 중심으로 -

# 한국의 장관론 연구

## - 역할과 직무수행을 중심으로 -

김 호 균 著

 한국학술정보㈜

# 책 머리에

이 책은 장관론에 대한 전문 학술연구서이다. 장관론 분야는 외국은 물론 국내의 경우 학문적으로 거의 미개척 분야라 해도 과언이 아니다.

이와 관련, 필자는 특히 한국행정의 생산성(효율성)과 장관교체와의 관계는 어떠한 유의미성이 있는지를 학술적으로 탐색하는 데 수많은 시간을 투입하여야만 했다.

이 책은 행정부처의 수장으로서의 장관이 어떠한 역할을 하는지를 분석하는 것을 목적으로 하고 있다. 이러한 연구목적의 달성을 위해 연구의 시간적 범위(time horizon)를 80년 9월 출범한 전두환 정부부터 2000년 8월 현재 김대중 초기정부까지 20년 동안으로 설정하였다. 연구대상은 같은 기간 동안에 23개 부처에 임명된 장관 342명 모두로 하였다. 연구를 위한 접근방법으로 분석적 방법과 해석적 방법을 병행하고 있으며 구체적인 자료 수집 방식으로는 문헌조사방식과 설문조사 방법을 취하고 있다. 일차적으로 문헌조사에 대부분의 연구자료를 의존했고 설문조사에 따른 방식은 객관적인 자료가 없거나 자료수집이 거의 불가능한 경우에 사용했다. 연구진행을 위해 필요한 경우에는 전직 장관이나 전·현직 국장급 공무원과의 면담도 가미되었다.

먼저 장관의 역할에 대한 실증적 연구를 위해 기존의 연구와는 다른 입장을 취했다. 국내외의 장관에 관한 연구들이 임명권자 입장과 소속부처 입장에서의 장관의 역할을 뚜렷이 구분하지 않고 논지를 전개해온 데 따라 연구결과의 일관성(consistency)이 결여돼 있다고 판단했기 때문이다. 이에 따라 이 책은 최고임명권자(대통령 중심제 국가의 경우 대통령)에 대한 장관의 역할과 소속부처 입장에서의 장관의 역할을 분리시켜 논지를 전개하고 있다. 이 책의 핵심골자는 다음과 같다.

첫째, 장관이 바뀌는 경우 부처행정에 변화가 있는 지를 밝히려고 하였다. 이를 위한 측정지표로 법률안 제안수와 조직개편횟수, 예산·인원변동률을 선정했다. 분석결과는 장관이 교체되더라도 부처의 행정활동에는 별다른 변화가 없었던 것으로 나타났다. 이와 함께 장관이 재임기간동안 자신의 권위와 체면 등을 위해 조직의 인원이나 예산을 극대화 한다는 Niskanen 등의 조직(예산)극대화가설이 한국행정의 현실에 어떻게 적용되는 지를 분석한 결과 장관승계와 예산극대화 가설과는 별다른 관계가 성립하지 않은 것으로 분석되었다.

둘째, 이렇게 장관승계가 부처활동에 미치는 효과가 미미한 경우 장관이 실제로 하는 역할은 무엇인지를 파악하기 위해 대통령에 대한 장관의 역할을 고찰해 보았다. 이 부문에 대한 역할은 장관의 임명기준을 통해 분석되었다. 분석결과 대통령이 장관을 임명하는 경우 정치적 기준을 고려하는 비중이 상당히 높은 수준으로 나타났다. 즉 정치적인 충성도나 신임도, 출신지역·성별 등 정치적인 보상이나 상징적 대표성 등을 고려해 장관을 임명하는 비중이 컸다고 해석할 수 있다. 이것은 대통령이 장관을 정치적인 도구나 수단으로 활용하는 비중이 높다는 것을 시사한다고 할 것이다.

셋째, 부처장으로서의 장관의 역할(유형)을 살펴본 뒤 이 역할과 대통령에 대한 장관의 역할이 어떠한 연계되어 있는지를 분석하였다. 이러한 장관의 역할 고찰을 위해 객관적 자료와 설문조사방식을 병행했다. 분석결과에 따르면 장관의 역할 유형은 뚜렷한 경향을 보이지 않고 있었다. 즉 정책 역할 유형, 조직 관리 역할 유형, 대외관계 역할 유형 등이 비슷한 비중으로 나타나고 있었다. 또한 장관의 승계(교체)가 실질적으로 조직의 성과(행정 성과)에 영향을 미치는 지를 서구 조직사회론자들의 2가지 가설(영향을 크게 미친다는 가설, 승계와 조직성과와는 무관하다는 가설 등)을 통해 검토하려고 했다. 분석결과 장관승계와 행정부문의 변화정도와는 통계적으로 유의미한 관계가 성립되지 않았다.

넷째, 장관이 효과적으로 부처업무를 수행하기 위해서는 어떠한 조건이 필요한지를 밝히려고 하였다. 이를 위해 유능한 장관과 그렇지 않은 장관의 특성 간에는 어떠한 차이가 있는 지를 검토한 뒤 장관의 직무수행에 있어서 애로점은 무엇인지를 밝히려고 하였다. 분석결과 유능한 장관은 경력 면에서는 관료출신이 상대적으로 많았고 임명기준으로는 전문성에 의해 임명되는 장관의 비중이 상대적으로 높았다. 재임기간도 평균치보다 훨씬 길게 나타났으며 그들이 경질되는 사유는 정치적인 사유가 상대적으로 많았다. 직무수행에 있어서 애로점으로는 재임기간이 단기라는 응답이 가장 많았다. 뒤를 이어 장관의 제한된 권한, 장관의 전문성 부족 등으로 집계됐다. 따라서 구조적·환경적 요인이 장관의 개인적 요인보다 장관 역할 수행에 큰 장애를 주는 것으로 분석되었다.

따라서 장관이 제대로 부처장으로서의 역할을 수행하기 위해서는 장관임명 시 어느 정도 정치적인 기준이 고려될 수 있다고 판단되나 기본적으로 관련분야의 전문가를 임명하는 것이 중요하며 여기에 재임기간동안 커다란 정책적 잘못이나 도덕적 흠결사항이 없는 한 장관 직무를 계속 수행토록 하는 것이 필요하다고 할 것이다. 이 부분은 임명권자인 대통령의 長官 觀이 정치적 도구(political instrument)중심에서 직무(역할, role or job)중심으로 바뀌어야 한다는 점을 시사한다고 할 것이다. 이렇게 장관에 대한 시각이 바뀌는 경우 비록 대통령 중심제 국가이기는 하나 장관의 행정부문에 대한 영향력은 이전에 비해 크게 커질 것이다. 이것은 행정의 생산성이나 행정의 발전에 상당한 수준으로 기여하는 결과를 낳을 것으로 판단된다.

이 책은 이와 같이 우선 한국에서의 장관의 역할을 분석하는 데 있어 하나는 부처입장에서, 다른 하나는 대통령과의 관계에서 고찰함으로써 장관의 역할 분석에 새로운 시각을 반영하고 있다고 할 수 있다. 지금까지의 장관에 대한 연구경향이 주로 장관의 충원이나 경력배경에 치우쳐 정태적이고 미시적인 경향이 없지 않았다. 또한, 장관의 역할에 관한 연구도 당사자인 장관을 대상으로 장관의 영향력을 묻는 설문조사를 실시해 객관적으로 그 응답결과의 신뢰성(reliability)에 문제가 없지 않았다. 이런 관점에서 이 책은 장관의 임명기준에 관한 객관적인 기록물 자료(documentary data)를 통해 장관의 역할을 밝히려고 하였고, 흔히 기존 연구에서 간과해 왔던 장관의 정치적 역할(political role)을 연구의 주요변수로 활용하고 있다는 점에서 연구의 지평을 한 단계 넓혀주고 있다고 해석될 수 있을 것이다.

한편 이 책의 말미에 실은 <보론: 성공장관론>은 2003년 2월 출범한 노무현 정부의 장관임용 방향에 대해 필자 나름의 처방적 견해를 밝힌 것이다. 국정홍보처의 '인터넷 국정브리핑'에 2004년 4월부터 5월까지 두달에 걸쳐 연재한 내용을 약간 수정한 것으로 장관임면과 관련한 인사행정의 방향을 제시하고 있다. 정부관련 기관 등 관심있는 분들에게 참고가 되었으면 하는 바람이다.

이 책을 출간하기까지 필자는 많은 망설임을 되풀이할 수밖에 없었다는 점을 솔직히 고백하고 싶다. 아직은 장관론에 대한 국내외의 정치(精緻)한 이론적 틀(framework)이 많은 연구자들에 의해 제시되기까지는 시간이 좀 더 소요될 것이라는 판단에서였다.

그러나 이러한 필자의 생각은 한국학술정보주식회사(대표 채종준)의 '전문연구분야 지식의 폭넓은 공유화'라는 차원 높은 비전 앞에서 한갓 궁색한 변명에 불과하였다.

책을 펴내고 나니 두려움과 걱정이 앞선다. 이 책의 내용과 표현에 대한 책임은 전적으로 필자가 감당하여야 할 몫이다.

이 책의 집필과 관련해 도움을 주신 분들이 너무나 많아 일일이 열거할 수 없음을 안타깝게 생각한다. 그러나 꼭 필자가 기억해야할 분이 있다. 서울대학교 행정대학원에서 후진양성에 심혈을 기울이시고 계시는 정홍익 교수님이다. 정 교수님은 필자가 학문의 세계에 발을 담근 후 '장관론'분야를 개척해 나가는 데 물심양면으로 지원을 아끼지 않으신 은사님이다. 꿋꿋한 선비정신으로 항상 올바른 길을 가도록 인도해 주셨고 지금도 필자뿐 아니라 많은 제자들의 '정신적 지주'로 존경을 받고 있다.

끝으로 사정이 여의치 않은 데도 이 책의 출간을 독려해 주신 한국학술정보(주)의 채종준 사장님과 황명현 기획팀장님 그리고 편집진의 노력에 진심으로 감사드린다.

2004년 10월

낙엽을 바라보며

전남대 법대 연구실에서

김 호 균 識

# &lt;제목차례&gt;

## 제1장 서 론  19

## 제2장 선행연구의 탐색  29

# 제5장 장관의 역할 고찰   143

# \<표차례\>

# \<그림차례\>

# 제1장 서 론

## 제1절 문제의 제기 및 연구목적

흔히 우리는 신문지상이나 방송 등 매스미디어를 통해 장관의 임명과 경질기사를 '자주' 접하게 된다. 장관이 무언가 잘못을 했기 때문에 책임을 지고 물러났다는 촌평도 곁들여 진다. 일반시민들은 '장관이 바뀌었으니 행정이 좀 더 나아지겠지' 하면서 일말의 기대를 갖게 된다. 정말 장관이 바뀌면 국민에게 도움이 되는 행정이 되는 것일까. 혹자는 '갈아봐야 별 소용이 있겠느냐'며 냉소적인 반응을 보인다. 혹자는 '그래도 갈아 치우는 게 조금이라도 행정에 도움이 된다'며 긍정적인 입장에 선다. 이렇게 장관이 바뀌는 경우 그것이 부처행정의 변화에 얼마나 영향을 미치는 지에 대해서는 의견이 엇갈리는 게 시정의 일반적인 현상이다.

과연 어느 쪽이 더 타당한 것일까. 장관이 바뀌었을 때 행정이 실제로 바뀌는 지 여부는 매우 중요한 문제일 것이다. 오늘날의 국가행정은 점점 복잡다기한 현상을 보이고 있다. 또한 격동하는 행정부 내외의 환경변화는 행정의 전문성을 강하게 요구하고 있다. 이로 인해 행정부의 권한은 입법부에 비해 비대해지고 있다. 이러한 이유로 장관의 위상(status)과 그 역할(role)이 국가행정에 미치는 영향력 또한 날로 높아 갈 개연성도 커지고 있다. 우리나라의 경우 장관은 보통 한 부처의 최고首長이자 동시에 국무회의의 구성원이라는 이중적 지위[1]를 가진다. 그러나 국무위원으로서의 지위에 따른 장관의 역할은 매우 미미하다고 할 수 있다. 현행 헌법상 국무회의는 의결기구가 아니라 심의기구인 탓으로 매우 형식적으로 운영되고 있기 때문이다.[2]

따라서 두 가지 역할 중 장관의 행정에 대한 영향력 행사 측면에서 중요한 것은 행정부처 長으로서의 지위 및 역할이라 할 수 있다. 행정부처 長의 입장에서 볼 때 장관은 정책부문과 인사 및 조직운영에 대해 막강한 권한을 행사할 수 있다.[3] 부처의 정책변동과

---

1) 우리의 현행법령은 i ) 행정각부의 장관은 국무총리의 제청으로 대통령이 임명한다. ii) 행정각부의 장관은 대통령이 결정한 정책을 대외적으로 집행하는 지위를 지닌다 등 장관의 법적 지위와 권한에 대해 규정을 두고 있을 뿐 장관의 자격요건 등에 대해서는 구체적으로 밝히고 있지 않다.

　정부조직법 제 7조는 행정기관의 長의 직무권한으로 ① 행정기관의 장은 소관 사무를 통할하고 소속공무원을 지휘·감독하며. ② 그 소관 사무의 효율적 추진을 위하여 필요한 경우에는 국무총리에게 소관 사무와 관련되는 다른 행정기관의 사무에 대한 조정을 요청할 수 있다고 하고 있다. 제26조는 ① 대통령의 통할하에 다음의 행정각부를 둔다. 재정경제부 통일부 외교통상부 법무부 국방부 행정자치부 교육부 과학기술부 문화관광부 농림부 산업자원부 정보통신부 보건복지부 환경부 노동부 건설교통부 해양수산부 ② 행정각부에 장관 1인과 차관 1인을 두되, 장관은 국무위원으로 보하고, 차관은 정무직으로 한다. ③ 장관은 소관 사무에 관하여 지방행정의 장을 지휘·감독한다고 규정하고 있다.

　우리나라 헌법 제87조는 ① 국무위원은 국무총리의 제청으로 대통령이 임명한다. ② 국무위원은 국정에 관하여 대통령을 보좌하며, 국무회의의 구성원으로서 국정을 심의한다. 제94조에는 행정각부의 장은 국무위원 중에서 국무총리의 제청으로 대통령이 임명한다로 되어있고 제95조는 국무총리 또는 행정각부의 長은 소관 사무에 관하여 법률이나 대통령령의 위임 또는 직권으로 총리령 또는 부령을 발할 수 있다 라고 하고 있다. 법제처, 인터넷사이트(http://www.moleg.go.kr/)참조.

2) 정정길, 정책학원론(서울: 대명출판사, 1995), pp.162-163.

조직변화에 있어서 장관의 지위와 역할이 매우 중요하다는 뜻일 것이다. 구체적으로 말하면 장관은 소관 사무에 대해 정책을 입안한다. 필요한 경우 법령을 제정(개정, 폐지도 포함)한다. 소속 구성원인 공무원의 인사와 조직의 운영에 대해서도 부처안팎에 대해 권한과 함께 책임을 진다.4) 이러한 이유로 부처정책과 인사, 예산 등에 미치는 장관의 잠재적 영향력은 매우 크다고 할 수 있다.5) 이와 같이 장관이라는 직위는 각 분야별로 커다란 권한과 행정책임을 걸머지고 있는 중요한 자리라 할 수 있다. 이러한 관점에서 볼 때 장관을 어떻게 잘 뽑느냐 여부가 행정의 효과성(effectiveness)을 결정짓는 중요한 요소라 할 수 있다. 우리나라의 경우, 정치체제의 성격은 대통령중심제이다. 하지만 장관의 리더십 여하에 따라 큰 폭의 정책변화와 조직변화가 나타날 수 있다. 대외적으로 부처 위상도 크게 높아질 수 있다. 나아가 국민의 생활편익에 크게 보탬을 줄 수도 있다.

그러나 지금까지 장관교체(승계)와 행정부문의 변화와의 관계에 대해서 학문적인 입장에서 규명하거나 조사한 학술적인 연구물들은 많지 않다고 해도 과언이 아닐 것이다.6) 이 같은 이유로 장관의 역

---

3) Michael Laver & Kenneth A. Shepsle, eds., *Cabinet Ministers and Paliamentary Government*(New York: Cambridge University Press, 1995), p.296.

4) 권영성, 헌법학원론(서울: 법문사, 1995), pp.926-927.

5) (중략)···장관은 <u>관련 현안에 대해</u> 총체적 방향을 제시하고 이를 위한 정책을 수립-집행해 가야 할 최고 책임자다. 자신의 말 한마디가 <u>관련단체나</u> 사회에 미칠 영향과 파장이 얼마나 심대할 것인가를 깊이 유념하고 있어야 한다. 찬반이 첨예하게 대립되는 현안일수록 정책입안은 신중한 검토와 여론수렴의 과정을 거쳐야 한다···(중략). 세계일보 2000년 1월 30일 사설. 밑줄은 필자 첨가.

할 즉 장관이 부처업무와 관련된 행정에서 얼마만큼의 영향력을 행사하는 지를 알아보는 것은 학문적 입장에서나 한국행정의 발전이라는 실질적 차원에서도 매우 필요하고 가치 있는 일이라 할 수 있을 것이다.

본 연구가 지향하는 연구의 목적은 아래와 같이 크게 3가지로 나눌 수 있다.

첫째, 장관이 부처내의 행정, 예컨대 정책이나 조직 관리 혹은 대외 위상부문 등의 변화를 가져오는 데 얼마만큼의 비중을 차지하고 있는 지 여부를 확인하는 일이다. 즉 장관이 바뀌면 부처내의 행정에 변화가 있는 지를 알아보는 것이 본 연구의 1차적 관심사항이라 할 수 있다.

둘째, 만약 '장관교체-부처내의 행정변화' 사이의 관계가 존재하지 않거나 미미하다면 장관이 실제로 하는 일(role)은 무엇인지를 알아보는 것이 본 연구의 두 번째 목적이라 할 수 있다. 장관이 빈번히 교체되는 데도 행정에 변화가 존재하지 않는 다면 장관은 무엇을 하는 존재인지를 밝히는 일은 매우 중요하다고 판단되기 때문이다.

셋째, 유능한 장관과 그렇지 않은 장관의 특성은 서로 어떻게 다른 지와 장관의 역할수행에서의 애로점을 파악함으로써 장관이 부처행정에서의 주어진 역할을 효과적으로 수행(effective minister)하기 위해서는 어떠한 조건이 필요한지에 대해 그 처방적 대안을 제시하는 일이 부차적으로 검토될 것이다.

---

6) 자세한 내용은 제2장 제1절 리더승계와 조직성과 이론에서 다루기로 한다.

# 제2절 연구의 방법 및 내용

장관의 역할 연구를 위해 본 연구는 기본적으로 기존의 이론에 입각해서 연구가설을 설정하고 이를 검증하는 분석방식을 채택하고 있다. 구체적으로 보면 실증적 분석(empirical analysis)방식과 해석적 분석(interpretative analysis)방식을 병행하고 있다. 즉 객관적 방식과 주관적 방식을 함께 활용하고 있는 것이다.

분석을 위한 자료수집방법으로는 서베이(survey)방법과 사례연구(case study)방법을 사용하고 있다. 서베이 방법은 광범위한 자료를 수집해 분석하는 방법으로, 내용분석(content analysis) 등이 이에 속한다고 할 수 있다. 사례연구방법은 어떤 현상이 가지고 있는 특성을 집중적으로 묘사함으로써 문제해결에 도움을 주는 연구의 한 형태이다.[7] 현상을 집중적으로 분석하기 때문에 i) 사실의 깊이를 파헤칠 수 있고 ii) 어떤 현상의 특정연구에 적합하며 iii) 현상의 동태적 파악이 가능하다 등의 장점을 가지는 데 비해 i) 연구결과를 일반화하기 어렵고 ii) 자료의 신뢰성을 검증할 수 없으며 iii) 시간과 비용이 많이 드는 등의 단점을 가지고 있다고 할 수 있다.

이에 따라 장관이 교체되는 경우 부처행정에 변화가 발생하는지를 고찰하기 위해 본 연구의 분석방식은 1차적으로 문헌조사방법을 채택했다. 객관적인 자료의 확보 및 이의 분석을 통해 연구결과에 대한 신뢰성을 확보하기 위해서였다. 다만 연구진행에 필요한 객관적인 자료가 없을 경우 보완적인 방식으로 설문조사 방

---

7) 김광웅, 방법론 강의(서울: 박영사, 1996), pp.498-504.

법을 고려했다. 설문조사방식과 함께, 필요한 경우 전직 장관과 전·현직 국과장급 공무원과의 면담도 병행해 진행했다. 즉 문헌조사를 중심으로 연구를 진행하되 자료 보완적 차원에서 설문조사방법이 함께 활용되었다고 할 수 있다.

먼저 문헌조사방식을 설명하면 다음과 같다. 첫째로, 장관승계와 부처행정부문의 변화 사이의 관계를 분석하는 데, 우선 각종 장관관련 국내외 저서와 논문이 1차적으로 검토되었다. 이러한 1차적인 문헌조사 및 연구와 함께 장관에 대한 각종 시사기록물(documentary)이 광범위하게 분석되었다. 장관의 부처행정부문에 미치는 영향력을 분석하기 위한 문헌자료로는 예산과 인원, 법령, 조직개편과 관련된 자료들로 구체적으로는 경제기획원(재정경제원, 예산청)의 부처별 예산자료, 총무처(행정자치부)의 통계연보, 행정자치부의 조직 관리와 인원에 관한 정책자료, 국회회의록 자료, 법제처 법령자료 등이 광범위하게 조사 분석되었다. 그리고 필요한 경우 해당부처에 공식적으로 정보공개를 청구해 자료를 수집하는 방식도 병행 추진되었다.

둘째로, 대통령에 대한 장관의 역할을 알아보기 위해 참조된 자료로는 객관적 자료인 시사기록물자료였다.

한편 부처장으로서의 장관의 역할을 파악하는 데 문헌조사 등 객관적 자료를 통해 알 수 없는 내용은 설문조사를 실시했다.

이상과 같은 문헌조사와 설문조사를 통해, 본 연구가 알아보려는 구체적인 연구내용의 골자를 적시하면 아래와 같다.

첫째, 장관의 빈번한 교체가 부처행정부문에 미치는 영향력은 어느 정도인지 파악하려 했다. 이를 위해 법률안 제안수와 조직개편횟수, 예산변동률, 인원변동률 등 객관적인 자료를 활용해 분석을 시도했다.

둘째, 장관의 역할을 두 가지 관점에서 접근해 분석을 시도했다. 하나는 임명권자인 대통령과의 관계에서 장관의 역할이 무엇인지를 분석하고자 했다. 분석을 위해 활용된 자료는 장관의 임명기준에 대한 객관적인 자료였다. 구체적으로는 신문이나 잡지 연감, 회고록 등이었다. 또 하나의 고찰대상은 부처의 장으로서의 장관의 역할이다. 분석을 위해 활용된 자료는 국과장급 공무원을 대상으로 한 설문자료였다. 그리고 두 가지 장관의 역할 즉 대통령에 대한 역할과 부처장으로서의 역할이 어떻게 연계되는 지를 밝히려고 했다. 두 가지 역할의 연계성을 분석하기 위해 활용된 자료는 임명기준이라는 객관적 자료와 장관역할 유형에 관한 설문자료였다.

셋째, 부처의 직무수행에 있어 효과적인 장관이란 어떠한 특성을 가지고 있는 지를 밝히려고 하였다. 이의 분석을 위해 장관의 재임기간, 임명기준, 경질사유, 경력배경 등의 객관적인 자료를 활용했다. 또한 장관이 직무수행을 하는 데 어떠한 애로사항이 있는 지를 밝힘으로써 장관이 역할을 수행하는 데 극복되어야 할 요소는 무엇인지를 파악하려고 했다. 장애요소 파악을 위한 자료는 국·과장급 공무원을 대상으로 한 사례연구(설문응답)자료였다.

이상에서 기술한 장관의 역할과 관련된 분석을 위해, 본 연구는 Excel(엑셀) 프로그램을 활용했다. 구체적으로 이용된 통계적 분석기법은 빈도, 평균과 표준편차 등 기술통계량, 상관분석, 분산분석(ANOVA), 회귀분석(더미변수활용), 카이스퀘어 적합도 검정기법 등이다.

# 제3절 연구의 범위 및 대상

본 연구에서는 분석하려는 내용이 무엇이냐에 따라 연구의 범위 및 대상을 2가지로 나누었다. 하나는 23개 부처를 대상으로 범위를 설정한 경우이다. 다른 하나는 16개 부처를 대상으로 범위를 선정한 경우이다.

먼저, 23개 부처는 장관급 부처의 모집단과 거의 일치한다고 볼 수 있다. 장관급 부처의 모집단이란 시기적으로는 1948년 대한민국 임시정부 수립부터를 대상으로 해야 한다. 하지만 본 연구는 전두환 정부부터 김대중 초기정부까지의 장관급 부처를 연구범위로 삼았고 그 범위 내에서 23개 부처란 거의 모든 장관급 부처를 포함하고 있기 때문이다. 23개 부처를 연구범위 및 대상으로 삼은 이유는 장관의 역할과 관련해 보다 일반화된 결론을 도출할 필요가 있었기 때문이다. 23개 부처를 대상으로 한 연구내용을 살펴보면, 장관 일반현황(임명기준, 경질사유)에 대한 분석이다. 23개 부처를 구체적으로 보면 거의 모든 부처가 망라되어 있다고 할 것이다. 건설교통부(건설부 포함), 교육부, 과학기술부, 노동부, 교통부, 농림부(농림수산부 포함), 동력자원부, 문화부(문화공보, 문화, 문화체육, 문화관광부 포함), 공보처, 체육부, 법무부, 보건복지부(보건사회부 포함), 환경부(환경처 포함), 내무부(행정자치부 포함), 해양수산부, 통일부(국토통일원, 통일원 포함), 총무처, 정보통신부(체신부 포함), 재정경제부(경제기획원, 재정경제원 포함), 재무부, 외교부(외무부, 외교통상부 포함), 산업자원부(상공부, 상공자원부, 통상산업부 포함), 국방부 등이다.

둘째로 현행 김대중 정부의 부처를 기준으로 16개 부처를 연구범위로 삼은 것은 일종의 사례연구를 시도한 것으로 볼 수 있다. 이렇게 부처선정이 이루어 진 것은 ⅰ) 전두환 정부부터 현 김대중 정부에 이르기까지 여러 차례의 정부조직개편이 이루어져 많은 부처가 흡수되거나 통합돼 없어져 버렸고 ⅱ) 이들 부처들이 이 책의 연구진행에 필요한 자료 확보 차원에서 도움이 되었기 때문이었다. 16개 부처를 기준으로 한 연구내용을 보면, 장관승계-부처 활동 변화부문(평균재임기간과 법률안 제안수, 조직개편횟수, 평균 예산변동률, 평균 인원변동률, 고위직 인원변동률)분석과 부처장으로서의 장관의 역할 유형, 두 가지 장관 역할의 연계성 분석, 유능·무능 장관 특성분석, 장관역할 수행 애로점 분석 등이다. 16개 부처는 문화관광부, 보건복지부, 노동부, 건설교통부, 농림부, 환경부, 외교통상부, 재정경제부, 산업자원부, 교육부, 과학기술부, 통일부, 법무부, 국방부, 행정자치부, 정보통신부 등이다.

# 제2장 선행연구의 탐색

제1장 서론에서의 연구의 목적이나 내용과 관련된 선행연구는 리더 승계연구(succession study)와 장관에 관한 연구 두 가지이다. 리더승계연구는 크게 두 가지입장으로 분류될 수 있다. 하나는 조직의 리더가 바뀌더라도 조직의 성과에는 별다른 영향을 미칠 수 없다는 입장이다. 다른 하나는 조직의 성과변동에는 조직의 리더의 역할이 결정적으로 중요하다는 견해이다.

그런데 지금까지의 승계에 관한 국내외의 연구는 대부분 사적부문에서의 연구이며[8] 정부부문에 관한 연구는 매우 적은 실정이다. 장관에 관한 선행연구는 승계연구는 아니다. 그것은 현재까지 장관 승계에 관한 국내외의 연구 성과물이 거의 없다고 보여지기 때문이다.

아래의 본 장 제1절에서는 리더승계와 조직성과에 관한 두 가지 입장을 중심으로 승계효과를 고찰하기로 한다. 이어지는 제2절에서는 장관에 관한 연구가운데 본 연구와 관련된 부분을 중심으로 논의하기로 한다.

---

8) Sydney Finkelstein, "Power in Top Mangement Teams: Dimensions, Measurement, and Validation," Academy of Management Journal, 35(1992), No. 3; Idalene F. Kesner & Terrence C. Sebora, "Executive Succession: Past, Present & Future," Journal of Management, 20(1994), No. 2, pp.327-329.

# 제1절 리더승계와 조직성과 이론

승계란 조직의 리더를 바꾸는 것이다. 그렇다면 조직의 리더는 어떠한 이유로 바뀌는 것일까. 리더교체 혹은 승계(succession)이유로 대부분의 학자들은 '저조한 조직의 성과'를 드는 데 대부분 동의하고 있다.[9] 이 말은 리더를 교체하면 조직의 성과가 더 나아질 수 있다는 소박한 가정을 내포하고 있다고 할 수 있다. 그러나 관리자의 승계 혹은 교체가 조직의 성과에 미치는 효과(리더십과 조직의 성과 사이의 관계)에 대해서는 많은 연구에도 불구하고 여전히 논란을 빚고 있다.[10]

즉 조직의 리더가 바뀌는 경우 그것이 조직의 성과를 위해 중요한 요소라는 주장이 있다. 그런가 하면 조직의 리더가 바뀌더라도 조직의 성과에는 별 영향을 미치지 못할 것이라는 견해가 존재

---

9) Michael Patrick Allen, Sharon K. Panian, & Roy E. Lotz, "Managerial Succession and Organizational Performance: A Recalcitrant Problem Revisited," *Administrative Science Quarterly,* 24(1979), pp.167-180.

10) Jeffrey Pfeffer & Alison Davis-Blake, "Administrative Succession and Organizational Performance: How Administrator Experience Mediates the Succession Effect," *Academy of Management Journal,* 29(1986), No. 1, pp.72-83; Waldman Francis J Yammarino, "CEO Charismatic Leadership: Levels-of-management and levels-of-analysis effects," *The Academy of Management Review,* 24(1999), No. 2, pp.266-285; Idalene F. Kesner & Terrence C. Sebora, "Executive Succession: Past, Present, & Future," *Journal of Management,* 20(1994), No. 2, pp.327-372; Jeffrey Pfeffer, "Management as Symbolic Action: The Creation and Maintenance of Organizational Public Administration Reviewadigms," in L. L. Cummings & Barry M. Staw., eds., *Research in Organizational Behavior,* 3(1981), pp.1-3.

하고 있다. 전자의 입장이 개인주의론자의 견해(individualists view)
이며 후자는 맥락주의론자의 입장(contextualists view)이라 할 수
있다. 대표적인 맥락주의론자의 연구는 Lieberson & O'Connor의
연구[11]를, 대표적인 개인주의론자의 연구로는 Hambrick & Mason
의 상위계층 모형(upper echelons theory)[12]을 들 수 있다.

아래에서는 리더승계와 조직성과에 관한 연구를 크게 맥락주의
입장과 개인주의 입장으로 나누어 고찰하기로 한다. 많은 이론적
연구물 중 이 책의 연구과제와 관련 있는 부분을 중심으로 논의를
전개하기로 한다.

## 1. 맥락주의론

맥락주의 입장은 리더는 교체되더라도 그가 이끄는 조직의 성과
에 별로, 영향력을 미칠 수 없다는 입장을 지지한다. 맥락주의자들
은 승계효과에 대한 많은 연구에서 승계 이벤트는 조직의 성과에
대해 효과가 없거나 있다 해도 매우 작은 효과만 있음을 결론적으
로 제시하고 있다. 다시 말하면 조직-특히 커다란 조직-은 스스로
움직여 나가는 것이며 따라서 리더인 최고경영자 지위는 중요성이
거의 없다는 것이다. 리더가 행사할 수 있는 영향력이 적은 이유

---

11) Stanley Lieberson & James F. O'Conner, "Leadership and Organizational
    Performance: A Study of Large Corporations", *American Sociological Review*
    37(1972), No. 2, pp.117-130.

12) Sydney Finkelstein & Donald C. Hambrick, "Top-Management-Team
    Tenure and Organizational Outcomes: The Moderating Role of
    Managerial Discretion," *Administrative Science Quarterly*, 35(1990),
    pp.484-503.

로 맥락주의론자들은 크게 두 가지를 들고 있다.

첫째는 승계가 상징적일 경우 승계는 祭式的인 희생양(ritual scapegoating model)의 형태를 띨 것이기 때문에 조직의 성과에 영향을 미칠 수 없다는 것이다. 즉 상징(symbol)으로서 리더는 조직의 성과가 나쁠 때 희생양(scapegoat)으로서의 역할을 한다는 것이다.[13]

둘째, 조직의 구조나 외부적 힘 등은 조직 리더의 행위를 제한하고 리더의 영향력을 최소화한다는 것이다. 조직성과에 대한 리더의 영향력이 적은 이유로 조직의 제약이나 환경적 제약을 들고 있다.[14]

다만 맥락주의론자들은 두 가지 이유 중 두 번째 요인인 구조적, 환경적·상황적 요인 등을 리더의 영향력 제약요소로 강조한다. 맥락주의자의 입장을 지지하는 연구를 보면 다음과 같다.[15]

첫째, 스포츠 팀(혹은 조직)에 관한 연구를 들 수 있다. 많은 학자들이 스포츠 팀을 분석단위로 연구를 진행해 왔다. 이에 해당하는 학자로는 Grusky, Gamson & Scotch, Eitzen & Yetman 그리고 Allen,

---

13) M. Craig Brown, "Administrative Succession and Organizational Performance: The Succession Effect," *Administrative Science Quarterly*, 27(1982), p.2.

14) Nan Weiner & Thomas A. Mahoney, "A Model of Corporate Performance as a Function of Environmental, Organizational, and Leadership Influences," *Academy of Management Journal*, 24(1981), No. 3, pp.453-470; Heather A. Haveman, "Ghosts of managers Past: Managerial Succession and Organizational Mortality," *Academy of Management Journal*, 36(1993), No. 4, p.865.

15) Alan Berkeley Thomas, "Does Leadership Make a Difference to Organizational Performance?", *Administrative Science Quarterly*, 33 (1988), pp.388-400.

Panian, & Lotz, Brown, Pfeffer & Blake 등을 들 수 있다.

둘째, 산업조직에 관한 연구를 들 수 있다. 연구자로는 Lieberson & O'Connor를 위시하여 Samuelson, Galbraith & McGuire 등이 있다.

셋째, 정부조직에 관한 연구를 들 수 있다. 대표적인 학자로는 Salancik & Pfeffer 등이 있다.

기타 종교조직에 관한 연구와 재정적 수익에 관한 연구, 성장에 관한 연구 등을 들 수 있다. 종교조직에 관한 연구자로는 Smith, Carson, & Alexander 등이 있고 재정적 수익에 관한 연구자로는 Reinganum, Virany 등이 있다. 조직의 성장에 관한 연구자로는 Helmich 등이 있다.

그러나 실질적으로 이러한 맥락주의자의 연구들은 주로 Lieberson & O'Connor의 연구결과물에 의존하는 바가 크다고 할 수 있다.16)

본 연구에서는 위에서 기술한 여러 연구 가운데 Gamson & Scotch의 스포츠 팀연구17)와 대표적인 맥락주의자로 꼽히는 Lieberson & O'Connor의 산업조직(법인)을 대상으로 한 연구를 소개한 뒤 市 정부

---

16) Nan Weiner & Thomas A. Mahoney, op. cit., pp.453-470; Stanley Lieberson & James F. O'Conner, op. cit., pp.117-130; Pfeffer, "The Ambiguity of Leadership," *Academy of Management Review*, 2(1977). No. 1, p.110.

17) Grusky(1963)에 의하면 스포츠 팀 그 중에서도 프로야구 팀을 분석단위로 선택하는 이유는 조직의 상이성이다. 즉 조직은 크기, 목표, 내부적 구조, 외부 환경 등에 있어 상당히 다르다. 프로야구팀은 이러한 변수 각각에 대하여 비교가 가능한 이점을 가지고 있다. 또한 장기간 동안 연간기준으로 연구자들에게 양적인 조직성과 측정치를 제공해 준다. 이와 함께 프로야구팀은 상대적으로 작은 조직이므로 리더 승계와 조직성과 간의 관계에 대해 중요한 실험을 제공해 준다.

Michael Patrick Allen, Sharon K. Panian, & Roy E. Lotz, op. cit., pp.167-170.

조직을 분석단위로 한 Salancik & Pfeffer의 연구를 설명하기로 한다.

많은 맥락주의 입장의 연구 가운데 Gamson & Scotch의 연구는 '祭式的인 희생양'을 설명해 주는 이론이며 Lieberson & O'Connor 와 Salancik & Pfeffer의 연구는 이 책의 연구과제인 장관승계와 행정부문의 변화와의 관계를 분석하는 데 방법론(상관분석, 결정 계수 등 통계분석기법, 분석단위, 변수 등) 측면에서 원용가능성이 많다고 판단되었기 때문이다.

## 1) Gamson & Scotch의 연구[18]

Gamson & Scotch는 메이저리그 프로야구팀(22개 팀)을 분석단 위로 하여 시즌 중 감독을 바꾼 경우 팀 성과(승률 기준)가 나아 졌는지 여부를 연구했다. 연구결과에 따르면 팀의 성과는 감독을 바꾸기 바로 얼마 전 보다는 바꾼 후 얼마 안 되는 시점에서 더 나았다는 것이다. 다만 감독 교체결과 全 시즌에 걸쳐 팀 성과에 어떠한 유의미한 개선이 이루어 졌다는 증거는 거의 없었다.

연구자들은 팀의 성과는 감독의 통제권을 벗어난 조직과정의 함 수이며 승계와 팀의 성과와는 어떠한 관계도 허위(spurious)라고 주장했다. Gamson & Scotch는 따라서 승계문제는 일시적으로 조 직의 성과가 나쁠 때 고객을 달래주고 , 보다 근본적인 조직의 약 점을 감추기 위한 희생양 祭式에서 이루어진다고 강조한다.

이들의 연구는 리더를 바꾸더라도 조직의 성과에는 별 변동이 없는 데, 그것은 상징적인 차원에서 즉 희생양 차원에서 리더를

---

18) *Ibid.,* pp.167-180; David Fabianic, "Managerial change and Organizational effectiveness in major league baseball: findings for eighties," *Journal of Sport Behavior,* 17(1994), No. 3, pp.135-147.

바꾸기 때문이라고 해석할 수 있을 것이다.

## 2) Lieberson & O'Connor의 연구

Lieberson & O'Connor의 연구는 조직성과의 변량 가운데 리더에게 귀속시킬 수 있는 부분이 어느 정도인지를 알아보기 위해 진행된 것이라 할 수 있다. 즉 법인의 리더가 바뀌는 경우 승계라는 이벤트가 조직의 성과에 유의미한 차이를 가져오는 지를 밝히고자한 것이 그의 주된 연구목적이라고 할 수 있다.

그의 연구를 구체적으로 설명하면 다음과 같다. 연구기간은 20년(1946-1965)이며 분석단위는 법인이라는 조직이다. 즉 167개의 미국의 주요공기업들이다. 독립변수는 연도, 산업, 회사, 리더십 등 4가지이며 조직의 성과를 측정하는 종속변수는 법인의 판매액, 순수입, 이윤 마진 등 3가지이다. 여기서 연도와 산업은 환경적 요인, 회사는 조직요인으로 보았으며 리더십은 조직리더의 재임기간이라는 변수를 사용했다. 통계적인 분석기법은 다중회귀분석을 활용했다.

그의 연구결과에 따르면 회사와 연계된 성과변량은 23~68%, 산업과 연계된 성과변량은 19~29%, 리더십과 연계된 성과변량은 7~15%, 연도와 연계된 성과변량은 2~3%로 나타났다.

이러한 분석결과를 토대로 Lieberson & O'Connor는 리더십 요인(승계)은 조직요인(회사)이나 환경적 요인(연도, 산업)보다 조직의 성과를 설명하는 데 별 영향력이 없다는 결론을 내리고 있다. 즉 리더십의 차이(승계)는 조직의 성과에 거의 영향력을 미칠 수 없다고 평가하고 있다.

### 3) Salancik & Pfeffer의 연구

Salancik & Pfeffer의 연구는 미국의 30개 市를 분석단위로 하여 '시장이 시의 예산변화에 미치는 효과'는 어느 정도인지를 밝히고 자 하고 있다. 분석기간은 18년((1951-1968))이며 독립변수는 연도, 시, 리더십(시장) 등 3가지 변수이며 종속변수는 30개 市의 예산 (10개 수입·지출항목; 2개의 수입과 8개의 지출 변수)이다.[19]

이러한 분석모형을 토대로 시장의 리더십 즉 시장의 승계가 시 예산의 변량에 얼마만큼 영향력을 미치는 지를 분석하고자 하였 다. 통계적 분석기법은 전술한 Lieberson & O'Connor와 같은 다 중회귀분석을 활용했다.[20]

연구결과에 따르면 예산변량은 거의 대부분이 市에 의해 영향을 받 았다(55~91%). 다음이 연도(3~17%), 시장(7~15%) 순으로 나타났다.

Salancik & Pfeffer의 연구결과는 다음과 같다.

첫째, 구조적 요인 특히 조직요인(여기서는 市)은 조직성과에 커 다란 영향을 미치고 있다.

둘째, 개인적인 리더십이 조직성과에 미치는 영향력의 크기는 작았다.

Salancik & Pfeffer의 연구는 이처럼 시장(mayor)이 시 예산에

---

19) 수입 항목에는 재산세 수입과 일반부채(general debt), 지출항목은 8개로 예컨대 경찰, 소방, 고속도로, 공원과 레크리에이션, 건강과 병원, 도서 관, 채무이자, 자본지출 등이다. D. V. Day and R. G. Lord, "Executive Leadership and Organizational Performance: Suggestions for a New Theory and Methodology," in John L. Pierce & W. Newstrom, *Leaders & The Leadership Process: Readings, Self-Assesment & Applications* (Chicago: Irwin, 1995), p.264; Gerald R. Salanick & Jeffrey Pfeffer, "Constraints on Administrator Discretion: The Limited Influence of Majors on City Budgets", *Urban Affairs Quarterly*, 12(1977), No. 4, pp.475-498.

20) Jeffrey Pfeffer, op. cit., p.107.

미치는 효과는 상대적으로 작고 市가 대부분의 변량을 설명하는
것으로 결론을 맺고 있다.[21] 이상에서 전술한 대로 Lieberson &
O'Connor 와 Salancik & Pfeffer의 연구는 조직의 리더십(CEO나
시장의 승계)은 조직의 성과에 크게 영향을 미치지 않는다는 사실
을 보여주고 있다.[22] 성과 변동 가운데 작은 정도만이 리더의 변
동에 의해 설명되기 때문이다.

Salancik & Pfeffer는 이러한 분석결과를 토대로 리더십의 차이
(승계)는 조직의 성과에 거의 영향력을 미칠 수 없다고 결론 내리
고 있다. 요컨대 Salancik & Pfeffer의 정부조직 승계연구 역시 리더
(여기서는 시장)의 역할은 조직의 구조적 요인이나 상황적·환경적
요인으로 인해 크게 제약을 받기 때문에 리더의 승계는 조직의 성
과에 거의 영향력을 미칠 수 없다는 점을 강조하고 있다. 이러한
점에서 Lieberson & O'Connor의 연구결과와 일치하고 있다고 할
수 있다.

이 밖에 맥락주의 입장에 있는 초기연구로 Grusky의 악순환 가
설을 들 수 있다. 악순환 가설의 골자는 승계는 조직의 성과를 악
화시킨다는 것이다. Grusky는 프로야구 팀(16개)을 분석단위로 한

---

21) Nan Weiner & Thomas A. Mahoney, "A Model of Corporate
Performance as a Function of Environmental, Organizational, and
Leadership Influences," *Academy of Management Journal*, 24(1981), No. 3,
p.454; 시장(mayor)의 효과가 작은 이유로 Salancik & Pfeffer는 여러 비
용과 세원(tax sources) 을 통제할 수 있는 권력의 부족과 이익집단의
요구에 대응해서 정책을 세우기 때문이라고 밝혔다. Jeffrey Pfeffer, op.
cit., *p.*107.

22) W. Warner Burke & George H. Litwin, "A Casual Model of
Organizational Performance and Change," *Journal of Management*, 18(1992),
No. 3, pp.537.

연구에서 감독의 교체율과 팀의 성과(승율)와는 음의 관계가 존재함을 밝혔으며, 22개 프로야구팀을 분석단위로 한 1964년의 후속연구에서도 팀 외부에서 온 감독자는 내부승계자보다 팀의 성과에 부정적 효과를 미친다고 주장했다. 즉 그의 연구에 따르면 리더교체(팀 감독 교체)는 조직의 긴장이나 불안정 등 조직의 분열을 가져와 조직의 성과에 부정적인 영향을 미친다는 것이다.[23]

이상의 논의를 통해 맥락주의론자의 입장은 리더가 교체되더라도 조직의 성과에는 별 영향을 미치지 못하거나 리더교체가 오히려 조직의 성과를 악화시킨다는 견해를 견지하고 있다고 해석할 수 있다. 그러나 맥락주의 입장을 지지하는 자의 큰 흐름은 '리더승계(교체)-조직성과 간 관련성 거의 없음'이라고 해석할 수 있을 것이다.

## 2. 개인주의론

개인주의론자들은 조직이 성과를 내는 데는 리더인 책임자의 역할이 중요하다고 보고 있다. 이런 점에서 승계는 조직의 성과를 좋게 해준다는 상식론(common sense theory)이나 승계-적응가설(succession-adaptation hypothesis)과 같은 입장이라고 할 수 있다.[24] 승계-적응 가설은 승계는

---

23) Carroll은 악순환 가설을 승계-위기가설(succession-crisis hypothesis)이라고 불렀다. Glenn R. Carroll, "Dynamics of Publisher Succession in Newspaper Organizations," *Administrative Science Quarterly*, 29 (1984), pp.93-94.

24) Heather A. Haveman, "Ghosts of managers past: Managerial Succession and Organizational Morality," *Academy of Management Journal*, 36(1993), No. 4, p.865.

조직의 갈등을 줄임으로써 조직의 성과를 증진시킨다는 입장을 취한다. 승계는 외부 정보에 대한 도관 역할을 하며 이러한 정보는 조직으로 하여금 환경의 요구에 잘 적응하도록 한다는 것이다. 법인을 구제한 경영자, 패배를 승리로 바꾼 스포츠 팀 감독, 국가를 위기에서 구출한 정치인 등 성공적인 관리변화를 가져온 사람들이 개인주의 입장에서의 리더들이라고 할 수 있다. 요컨대 개인주의론자의 입장은 조직의 성과에 영향력을 미칠 수 있는 주된 요소로 리더의 역할이나 개인적 속성(특성)을 중시하는 견해라고 할 수 있다.

그러나 개인주의 입장을 취하는 학자들은 맥락주의론자들의 연구처럼 측정 가능한 변수를 모형에 도입해 승계가 조직의 성과에 얼마만큼 영향을 미치는 가에 대한 실증적인 분석연구는 많이 시도하는 것 같지는 않다.25) 다시 말하면 맥락주의론자들의 연구는 광범위한 자료를 통해 분석하는 서베이(survey)방식의 연구가 아니라 소수의 표본을 선정해 연구하는 성공사례연구가 대부분이라고 해석할 수 있다.

승계와 조직성과 간의 관계에 대해 개인주의 입장을 강조한 초기 경험적 연구로는 Guest의 '자동차 제조공장 조직의 연구'라는 사례연구가 있다. 최근의 대표적인 연구로는 조직의 성과(outcomes)는 리더의 배경적 특성(managerial background)에 의해 많은 부분이 설명된다고 하는, Hambrick & Mason의 상위계층모형연구를 들 수 있다.26)

---

25) 승계의 조직성과에 대한 긍정적 효과를 지지하는 경험적인 자료는 많지 않다고 한다. Jeffrey Pfeffer & Alison Davis-Blake, op. cit., pp.72-83.

26) 이 모형의 논리는 카네기 학파의 초기 연구에 의존하고 있다. 즉 카네기 학파는 복잡한 결정이라는 것은 완전한 정보에 기초해서 완벽하게 합리적으로 분석한 결과라기보다는 주로 행태적 요인(behavioral factors)의 결과로 보는 입장이다(March & Simon, 1958; Cyert &

아래에서는 Guest의 연구사례와 Hambrick & Mason의 연구를 간략히 소개하기로 한다. 그런 다음 정부조직을 연구대상으로 하고 있는 이 책의 성격상 정부조직에서의 리더의 역할을 중시한 연구인 Doig & Hargrove와 Bowling & Wright의 연구를 살펴보기로 한다.

## 1) Guest의 연구[27)]

Guest의 연구는 석고공장을 사례로 관리자의 교체가 조직의 성과에 어떠한 영향을 미치는 지에 대한 Gouldner의 관찰연구를 반박하기 위해 실시되었다. 즉 Gouldner의 연구는 석고공장 관리자의 교체는 공장절차의 관료화를 심화시키고 종업원간의 긴장을 증가시켜 무모한 파업을 가져온다는 것이다. Gouldner는 관리자의 교체가 일시적으로 조직의 위기를 가져오는 것은 부분적으로는 교체된 관리자가 여러 가지의 조직개혁을 시행하기 때문이라고 밝혔다.

Guest는 1962년 '자동차 제조공장'에 관한 연구에서 관리자의

---

March, 1963). 이들의 견해에는 제한된 합리성, 다양한 목표 및 갈등적 목표, 명확하지 않은 선택(ill-defined options), 다양한 포부 수준 등이 있는 데 이러한 행위와 비행위(action or inactions) 등 전략적 선택 (strategic choices)은 모두 의사결정자가 행정적 환경에 적용하는 신념, 지식, 전제로부터 도출된다는 것이다. 이러한 행태적 견해는 복잡성이 크고 애매성이 높은 과업에 직면한 최고 경영자(top manager)에게 특히 적절하다는 것이다.Donald C. Hambrick & Phyllis A. Mason, "Upper Echelons: The Organization as a Reflection of Its Top Managers," *Academy of Management Review*, 9(1984), No. 2, pp.193-206; Marta A. Geletkanycz & Donald C. Hambrick, "The External Ties of Top Executives: Implications for Strategic Choice and Performance," *Administrative Science Quarterly*, 42(1997), p.655.

27) Glenn R. Carroll, op. cit., pp.93-95.

교체는 오히려 조직에 유익한 결과를 가져온다는 사실을 관찰해 Gouldner의 입장을 반박하였다. 즉 Guest는 관리자의 교체는 혼돈 대신 조직의 갈등을 줄여주며 간접적으로는 조직의 성과를 증가시 킨다고 강조했다.

Guest의 연구에 대한 경험적인 지지는 그 후 1974년에 행해진 Helmich의 연구에 의해 이루어졌다. Helmich는 분석기간을 8년, 분석단위를 회사(29개)로 선정해 회사 사장의 교체가 조직의 성장 률에 어떠한 영향을 미치는 지를 분석하였다. 분석결과에 따르면 사장의 교체는 조직의 성장률을 증가시키며 교체도 내부보다는 외 부인사에 의해 교체될 때 조직의 성장률은 더 커진다는 사실을 발 견했다.

## 2) Hambrick & Mason의 연구

Hambrick & Mason의 상위계층 모형은 최고경영자는 조직의 성 과에 중요한 영향을 미친다는 입장을 취한다. 또한 조직의 결과-전 략적 선택과 성과 수준-는 부분적으로 상위 계층관리자의 배경적 특성에 의해 설명될 수 있다고 강조한다. 다시 말하면 이 모형은 조직의 결과에 영향을 미치는 요인으로 리더의 역할을 중시하고 있다. 따라서 조직의 결과(예로 전략과 성과)는 이러한 리더의 특 성이 반영돼 결정되는 것으로 보고 있다. Hambrick & Mason의 모형은 조직의 성과(수익성, 성장, 생존능력 등)는 조직의 지배적 인 의사결정 연합체에 의해 공식, 비공식적으로 행해지는 전략적 선택(예, 생산혁신, 다변화, 합병 등)에 의해 유의미한 영향을 받는 다는 점을 중요시하고 있다고 할 수 있다.

요약하면 이 모형은 조직의 결과와 관련하여, 조직 최고경영자의 지배적인 연합을 중시한다. 또한 이 모형은 조직의 결과는 조직에서의 강력한 행위자의 가치와 인지적 토대가 반영된 것으로 보고 있다고 할 수 있다.

이 모형에 따르면 조직의 성과에 영향을 미치는 중요한 요소인, 리더의 특성으로 ⅰ) 조직에서의 재임기간 ⅱ) 기능적 배경(functional background) ⅲ) 교육 ⅳ) 사회경제적 근원(socioeconomic roots) ⅴ) 금융적 지위(financial position) 등의 변수를 들고 있다. 이 모형에서는 심리적인 변수는 제외되고 있다.

### 3) Doig & Hargrove의 연구

Doig & Hargrove는 1987년 미국의 정부조직인 NASA, TVA의 사례분석을 통해 리더십 특성과 조직성과와의 관계에 대해 연구를 진행했다. 연구자들은 리더십 특성과 조직의 성과와의 관계에 대해, 조직을 구성하고 있는 제도나 규칙 또는 참여자 집단들의 특성이 조직의 성과를 변화시키는 중요한 요인이기는 하나 조직의 성과를 변화시키는 결정적인 요인은 조직의 리더인 최고관리자의 역할이나 개인적 속성(특성)에 달려있다고 강조했다.

연구에 따르면[28] 효과적인 리더십이란 리더가 조직의 구조와 기능, 과정을 재설계하는 능력에 의해 측정될 수 있다고 한다. 즉 효과적인 리더란 ⅰ) 새로운 임무와 프로그램을 정하고 ⅱ) 새로운 목표를 지원할 수 있는 외부의 지지 세력을 만들고 키우며 ⅲ) 조

---

28) Larry D. Terry, *Leadership of Public Bureaucracies*(Sage Publications, 1995), pp.40-44.

직 구조의 변화를 통해 내부적 지지 세력을 만들고 iv) 새로운 목
표와 프로그램을 집행하기 위해 조직의 기술적 전문성을 향상시키
는 사람이라고 하고 있다. 즉 위험 감수자이자 기회 포착자가 효
과적인 리더가 될 수 있다는 것이다.

 연구자들은 창업가 정신과 혁신이 지배하는 개념적 틀을 바탕으
로 정부 관료제의 리더를 창업가로 그리고 있다.[29] 요컨대 정부조
직의 리더는 다른 사람들을 지배하는 비범한 힘과 질을 가진 개인
으로 묘사되고 있는 것이다. 따라서 연구자들은 정부조직의 리더
들은 조직의 성과에 별 영향을 미칠 수 없다는 주장에 반대하는
입장을 취한다. **Doig & Hargrove**는 정부조직에서 효과적인 리더
십을 펼치기 위해서는 외부적 요인들과 개인적 기술[30]이 조화를
이루어야 한다고 주장한다. 이렇게 되면 정부조직의 리더들은 정
책 창업가로서 성공할 가능성이 매우 높다고 진단한다.[31]

---

29) 이에 대해 March는 조직의 최고결정자 한 사람의 개인적 특성에 의
해 조직의 성과가 결정된다는 점에 대해 소극적인 입장을 취한다.
March는 강력한 관리능력을 가진 구성원 집단이 존재할 때에만 조직
의 성과가 변화한다는 입장을 취하고 있다.

 Jameson W. Doig & Erwin C. Hargrove, eds., *Leadership and
Innovation: Entrepreneurs in Government*(Baltimore: The Jhons Hopkins
University Press, 1987); March, James G., "How We Talk and How
We Act," in T. J. Sergiovanni & J. E. Corbally, eds., *Leadership and
Organizational Culture*(Urbana: University of Illinois Press, 1981).

30) 개인적 기술은 책임감(commitment), 차별화 하려는 욕망(desire to make
a difference), 정치적인 환경의 합리적인 평가, 정치적인 환경의 효과적
인 이용 등을 포함한다. Jameson W. Doig, & Erwin C. Hargrove, eds.,
op. cit.

31) Doig & Hargrove(1987)는 예컨대, '리더십과 혁신'이라는 저서에서 리
더십 기술(leadership skill)을 통해 경제와 사회에 주요한 영향력을 미

그러면서 연구자들은 개인적 기술과 외부적 요인이 결합하여 정부조직에서 리더십을 발휘한 대표적인 사례로 레이건 행정부의 보건부장관으로 임명된 Otis Bowen을 들고 있다.[32] Bowen은 레이건 행정부의 이념적 철학인 '제한된 정부'나 '자조'와는 반대되는, 대재앙 보험을 포함하는 의료보험 확대정책을 주장해 행정부의 다른 내각구성원의 커다란 반발을 샀다. 그러나 대재앙 보험은 수십 년간 정책이슈로 제기돼 왔고, 전문가 그룹인 정책공통체에서도 의료보험 확대정책을 계속 제안하고 있었으며 당시 이란의 콘트라 스캔들로 레이건 대통령에 대한 여론이 악화돼 감에 따라 레이건 행정부는 무언가 궁지로부터의 탈출구가 절실한 시점이었다. 이에 Bowen은 대통령과의 친분관계 및 의회의원들의 지원을 받아 마침내 의료보험 확대정책의 실시결정을 이끌어내게 된다.

장관에 관한 문헌을 보면 미국의 경우 대통령의 정책형성 과정에서 장관의 역할이 감소하고 있다. 이 같은 상황을 감안하는 경우 정책창업가로서 성공한 Bowen의 사례연구는 정부조직의 리더로서의 역할 및 잠재적 역량의 중요성을 일깨워 준 연구라 할 수 있을 것이다.

---

Wright(1992)도 '모범적인 공공 행정가(Exemplary Public 친 대부분의 정치적 피임명자의 개요를 기술하고 있다. Cooper & Administrators)' 라는 저서에서 공공서비스에서 미덕의 표본으로 그려지고 있는 정치적 피임명자 혹은 관료들의 11가지 성격연구를 제공하고 있다. Norma M. Riccucci, "Execucrats, and Public Policy: What Are the Ingredients for Successful Performance in the Federal Government?," Public Administration Review, 55(1995), No. 3, p.220.

32) Carolyn Rinkus Thompson, "The Cabinet Member as Policy Entrepreneur," *Administration & Society*, 25(1994), No. 4, pp.395-409.

## 4) Bowling & Wright의 연구

Bowling & Wright가 행한 1998년의 연구는 정부조직(州)의 기관장(State Agency Heads)의 역할이나 속성(특성)을 강조하는 연구라 할 수 있다.

연구자들은 조직의 성과(효과성)는 기관장의 개인적 속성에 의해 커다란 차이가 발생함을 강조하고 있다. 요컨대 조직의 효과성을 위해서는 기관의 기관장인 개별 행정가의 특성, 역할 등 이 매우 중요하다는 점을 강조하고 있다. 정부조직인 주 정부기관의 행정가는 주정부의 정책형성 과정에서 중요한 행위자(actor)이며 이로 인해 주 정부기관의 행정가는 정책의제 설정이나 정책형성, 정책집행을 다루는 활동에 열성적으로 참여한다는 것이다. 또한 이들은 고객이나 시민들에게 적용되는 법령에 구체적인 의미를 부하는 책임도 맡고 있다.

따라서 리더(주 행정가)는 정부기관의 성과를 높이는 데 중요한 역할을 수행하며[33] 다른 부처와의 관계에 대해서도 신경을 쓴다는 것이다. Bowling & Wright의 연구도 정부조직에서의 기관장의 역할의 중요성을 강조하고 있다.

이상에서 기술한 바대로 리더가 바뀌면 조직의 성과는 어떻게 될 것인 지에 대해 논의를 전개해 왔다. 연구에 따르면 리더가 바뀌는 경우 조직의 성과는 어떻게 변화될 것인지에 대해서는 2가지 입장으로 크게 나눌 수 있다. 맥락주의 입장과 개인주의 입장 등으로 분류하는 것이 그것이다.

맥락주의 입장이란 조직의 성과 요인으로 리더의 역할보다는 조

---

33) Cynthia J. Bowling & Deil S. Wright, Change and Continuity in State Administration: Administrative Leadership across Four Decades, *Public Administration Review*, 58(1998), No. 5, pp.429-443.

직구조적, 상황적·환경적 맥락적 요인에 보다 비중을 많이 두는 이론이라고 할 수 있다. 반면 개인주의 입장은 조직의 성과 요인으로 조직(상황적)요인이나 환경적 요인보다는 리더의 역할을 중시하는 견해라고 할 수 있다.

그러나 현재까지도 어떠한 입장과 가설이 옳은 지에 대해서는 일관되고 명확한 이론이 없어 계속 논란을 빚고 있는 실정이라고 할 수 있다. 리더승계와 조직성과의 관계에 대해 지금까지 기술한 내용을 표로 요약정리하면 다음 쪽과 같다.

<표 2-1> 리더교체-조직성과 연구내용

| 입장 | 학자 | 연구초점 | 연구결과 | 분석단위 |
|---|---|---|---|---|
| 맥락주의 | Grusky (1963) | -감독 교체가 팀 성과에 미치는 영향 | -팀 감독 교체율과 승율 음의 관계 | 프로야구팀 |
| | Gamson & Scotch (1964) | -시즌 중 감독교체가 팀 성과에 미치는 영향 | -승계는 성과와 관련 없음 | 프로야구팀 |
| | Lieberson & O'Connor (1972) | -공기업(법인) 최고경영자의 승계가 조직성과(판매, 이윤, 순 마진 등)에 미치는 영향 다중회귀기법으로 분석 | -리더승계 조직성과에 미치는 영향력 미미함 | 조직(법인) |
| | Salancik & Pfeffer (1977) | -미국에서의 시장의 리더십(시장이 예산변동에 미치는 효과)을 다중회귀기법을 통해 분석 | -시장 예산변동에 미치는 영향력 미미 | 조직(市) |
| 개인주의 | Guest (1962) | -자동차 제조공장의 리더 승계조직성과에 미치는 영향 사례연구 | -리더승계는 조직의 갈등 줄여줌 | 조직(회사) |
| | Helmich (1974) | -회사사장 승계가 조직성과에 미치는 영향 경험적 연구 | -사장승계는 조직의 성장 증가시킴(외부사장 승계 시 성장효과 더 큼) | 조직(회사) |
| | Hambrick & Mason (1984) | -리더의 특성과 조직의 결과와의 관계 설명 | -리더의 배경적 특성(재임기간, 기능적 배경, 교육 등) 조직의 결과 결정에 중요 | 개인, 팀 |
| | Doig & Hargrove (1987) | -정부기관 리더의 역할 또는 속성(특성)과 조직성과 관계분석 (NASA, TVA 등) | -정부조직 리더는 창업가적 역할수행 | 개인 |
| | Bowling & Wright (1998) | -미국의 州 기관장의 역할 또는 속성(특성)과 조직성과 관계 분석 | -주 기관장의 역할 정책형성과정에 중요 | 개인 |

# 제2절 장관에 관한 연구

본 절에서 검토하려는 장관에 관한 선행연구는 외국의 연구와 국내연구로 나눌 수 있다. 외국의 연구는 주로 역할 유형론과 임명과 해임사유(임면기준)에 관한 것이다. 국내 연구는 장관의 배경을 분석한 연구가 주된 비중을 차지하고 있다.

장관의 역할 유형론 중 이 책과 관련이 있는 연구는 Headey의 연구라 할 수 있다. 그는 영국의 전·현직 장관을 대상으로 역할 유형을 크게 정책형, 집행(혹은 조직 관리유형), 대외관계 유형, 소극 유형으로 나누고 있다.

장관의 임명기준에 관한 연구 중 Wyszommirski의 연구는 미국의 역대대통령의 장관선택 기준에 대한 연구이다. 임명권자인 대통령에 대한 장관의 역할을 고찰하는 본 연구와 밀접한 관계가 있다고 할 수 있다.

장관의 해임사유에 관해 분석한 Woodhouse와 Blondel의 연구는 이 책에서 고찰하고 있는 장관의 해임사유에 대한 이론적 토대를 제공해 주고 있다. 이러한 점에서 본 연구와 연계성이 높다고 할 수 있다.

아래에서는 이상에서 기술한 내용을 중심으로 외국의 연구를 먼저 고찰하기로 한다. 그런 다음 국내의 연구를 다루기로 한다.

# 1. 외국의 연구

## 1) 장관의 역할론

장관의 역할 유형을 분석한 연구로는 Headey와 Keman, Dogan 등의 연구가 있다. 먼저 Headey는 영국정부의 장관을 사례로 장관의 역할 유형을 다루고 있다. 1969년부터 1970년까지 영국정부의 전·현직 장관 50명(보수당 소속 23명, 노동당 소속 27명 등)과 공무원 25명을 상대로 면접조사를 실시했다.

연구의 주된 이유는 장관과 공무원의 역할인지(role expectations)와 장관과 부하공무원간의 관계에 영향을 미치는 요인은 무엇인지에 대해 탐색하기 위해서였다. 표본은 엄격한 의미에서 무작위 절차를 거쳐 선정되지 않았다. 장관의 경우 i) 상이한 정책분야나 상이한 부처의 경험을 가지고 있고 ii) 교육적·직업적 배경이 다르며 iii) 직무상의 효과성(effectiveness)에 대한 평판이 서로 다른 사람을 대상으로 했다. 공무원의 경우는 사무차관 7명, 부차관 (deputy secretary) 5명, 차관(undersecretary) 4명, 전·현직 개인 비서 9명 등을 표본으로 삼았다. 평균 면접시간은 1시간에서 1시간 30분 정도가 소요됐다.

Headey는 이러한 연구조사 결과를 토대로 장관유형을 5가지로 나누었다.[34] 정책설계형(policy initiator)과 정책선택형(policy selector)외에

---

34) Bruce W. Headey, "A typology of Ministers: Implications for minister-civil servant relationships in Beitain," in Dogan, eds., *The Mandarins of Western Europe: The Political Role of Top Civil Servants*(New York: John Wiley & Sons, 1975), pp.69-73; Geoffrey Dudley & Jeremy Richardson, "Promiscuous and Celibate Ministerial Styles: Policy Change, Policy Networks and British Roads Policy," *Parliamentary Affairs,* 49(1996), No.

집행형 혹은 조직 관리형(executive ministers), 대사형(ambassador ministers), 소극형(minimalists) 등이 그것이다. 정책설계형은 장관 자신이 정책목표의 설정과 정책집행을 위한 정책 프로그램(정책 대안)의 탐색작업 등을 손수 챙기는 스타일을 말한다. 정책선택형은 기존의 부처정책의 틀(framework)속에서 일하는 데 대체로 만족하는 스타일의 장관이 해당된다고 하겠다. 이러한 유형의 장관은 자신의 역할을 공무원이 제출한 정책대안 중에서 하나를 선택하는 쪽에 중점을 두는 스타일이라 할 수 있다. 집행형 혹은 조직 관리형은 정책의 개발이나 선택보다는 주로 부처조직의 인사나 조직의 운영, 조직원의 사기 제고, 외부압력 배제 등 조직의 내부적 관리에 상대적으로 많은 관심과 시간을 투입하는 유형을 말한다. 대사형은 부처정책의 대외홍보, 타 부처와의 업무조정, 이익집단 설득 조정, 부처의 위상 강화 등 외부관계자와의 접촉을 통해 부처업무를 추진하는 데 상대적으로 많은 시간을 할애하는 유형이라고 할 수 있다. 여기서 외부 관계자란 정당이나 의회 관계자나 언론, 다른 부처, 이익집단 관계자 등이 해당된다고 할 수 있다. 끝으로 소극형을 들 수 있다. 정책문제나 조직내부관리, 부처업무와 관련된 대외접촉에는 별 관심이 없으며 부하가 가지고 온 결재서류에 서명날인 하는 일이 업무의 대부분을 차지하는 유형으로 특별히 하는 일 없이 자리를 지키는 유형을 의미한다고 할 수 있다. 보신형(면피형) 혹은 무사안일자로서의 역할 유형이라 할 수 있다.

Headey에 따르면 자신이 면접한 장관의 절반만이 정책설계에 주된 관심을 가지고 있고 나머지는 자신들의 역할을 부하공무원

---

4, p.568.

(고급공무원)이 제시한 대안(policy alternatives)가운데 하나를 고르
거나 자신들에게 추천한 구체적인 안을 보증(인정)하는 데
(endorsing) 국한시키고 있다는 조사결과를 밝히고 있다.[35] Headey
는 또한 장관직을 수행하는 데 장관에게 필요한 적절한 기술(skills
appropriate for a minister)은 무엇인지를 알아보기 위해 장관 25
명을 대상으로 실시한 설문조사에서 아래 표와 같은 결론을 얻어
냈다.

<표 2-2> 장관의 역할인지와 역할기술 관계

|  | 전문적 지식 | 행정적, 관리적 기술 | 일반적 능력[1] |
|---|---|---|---|
| 정책설계형<br>(initiator) | 12명[2] | 10명[2] | 7명 |
| 정책선택형<br>(selector) | 4명 | 3명 | 14명 |
| 정책형성 역할<br>무응답[3] | 없음 | 2명 | 4명 |
| 계 | 16명 | 15명 | 25명 |

주 1) 지성(intelligence), 성격(character), 판단력(judgement) 등
　　2) 6명의 정책설계형 장관은 전문적 지식과 행정적 기술
　　　　(executive skills)이 모두 요구된다고 응답
　　3) 6명의 응답자는 정책설계형이나 정책선택
　　　　역할에 대해 아무 응답을 하지 못함

이 표에 의하면 정책설계형이라고 자신을 생각한 대부분의 장관

---

35) Richard Rose, "The Political Status of Higher Civil Servants in Britain,"
in Suleiman Ezra N., ed., *Bureaucrats and Policy Making* (London: Holmes
& Meier, 1984), p.154.

(23명중 16명)들은 정책분야의 전문적 지식이나 기술 혹은 양자를 장관이 지녀야 할 유용한 속성(attribute)으로 보았다. 영국의 경우 장관들이 전문적인 지식과 행정적 기술을 가지고 있느냐 하면 대부분은 그렇지 않다고 한다. 거의 모든 장관들이 하원의 평의원으로서 오랫동안 도제수업을 받았던 사람으로부터 임명되기 때문이다. 의회의 생활은 말이나 논쟁기술의 개발에는 도움이 되지만 특별한 문제에 대해 전문성을 기르는 데는 별로 효과가 없다고 한다. 장관이 그들의 직무를 수행하는 데 요구되는 기술이 부족할 경우 아무래도 정책에 대한 영향력은 부하(공무원)에게 넘어갈 개연성이 높다. 장관과 비교해 볼 때 공무원들은 전문가이자 경험 있는 노련한 행정가이기 때문이다.

Headey는 이처럼 장관의 역할 유형을 5가지 기준으로 나누어 설명하면서 각 유형에 대응하는 능력이나 기술은 무엇인지에 대해 정책설계형과 정책선택형을 중심으로 밝히고 있다.

한편 Keman은 서유럽 국가를 중심으로 한 분석에서 장관의 유형36)에는 두 가지가 존재하고 있음을 보여주고 있다. 하나는 일반가로서의 정치가형이다. 다른 하나는 관리자형 혹은(및) 전문가형이다. 이러한 두 가지 유형은 비록 정도의 차이는 있지만 여러 국가에서 발견된다. 스칸디나비아국가(덴마크 제외), 오스트리아, 네덜란드에서는 관리자나 전문가 집단의 유형이 우세하고, 다른 나

---

36) Hans Keman, "Ministers and Ministries," in Jean Blondel and Jean-Loise Thiebault, eds., *The Profession of Government Minister in Western Europe*(Hampshire: Macmillan Academic and Professional, 1991), pp.117-118; Bruce W. Headey, op. cit., pp.63-86. Keman의 전문가 혹은 관리자형은 Headey의 정책설계형, 정책선택형, 집행형을, 일반가형은 대사형이나 소극형이 포함된다고 할 수 있을 것이다.

라에서는 일반적인 기술을 지닌 정치가형이 우세하다. 이러한 두
가지 유형은 정부의 정책 부문 속에 서로 다르게 퍼져 있다.

즉 Keman은 장관을 크게 전문가형과 일반가형으로 나누면서 이
러한 유형이 서부유럽의 어느 국가에 해당되는 지에 연결고리를 제
시했다는 점에서는 나름대로 이론적 기여를 하고 있다고 할 수 있다.

Dogan은 강한 장관 모형(strong minister model)과 약한 장관 모
형(weak minister model) 등 2가지로 장관의 유형을 나누었다.[37]
강한 장관이란 커다란 이슈가 발생했을 때 무엇이 필요한지를 장
관이 알며, 잘 개발된 프로그램을 자신의 부처에 가지고 오고, 의
회나 압력단체, 관련부처 등의 반발을 무마할 수 있는 정치적인
비중과 기술을 가지고 있는 유형의 장관을 말한다.

이 경우 부하공무원인 고급관료는 강한 장관의 충실한 보조자로
서 역할을 한다. 즉 장관에게 충분히 정보를 제공하며, 기술적 행
정적 관점에서 선택안을 분석하고, 사소한 업무처리를 장관으로
하여금 피하게 하며, 장관과 관련된 정책이 재빨리, 긍정적으로 효
과를 볼 수 있도록 보장하는 데 있다고 할 것이다.

약한 장관은 전문적인 지식이나 부처임무에 대한 구체적인 의견
이 없으며, 내각동료나 사무차관과의 거래에서 정치적인 힘을 보여
주지 못하고, 주요 정책을 변화시킬 기회가 왔는데도 불구하고 수동
적인 입장을 취하며, 일상화 된 정책에 몰두하는 유형의 장관을 말
한다.

Dogan의 장관 역할 유형 분류의 특징은 장관과 고급관료와의

---

37) Mattei Dogan, "The Political Power of the Western Mandarins:
Introduction," in Mattei Dogan, ed., *The Mandarins of Western Europe*
(New York: John Wiley and Sons, 1975), p.40.

관계에서 장관이 얼마나 정치적 역동성을 보여주느냐 하는 점을
기준으로 강한 장관, 약한 장관으로 나누고 있다고 할 수 있다. 때
문에 장관의 역할 중 정치적인 측면 외에 전문성이나 관리적 측면
에 대한 분석이 취약하다는 한계를 갖고 있다고 할 수 있다.

이상에서 약술한 Headey와 Keman, Dogan 등 3 연구자의 역할
유형 및 특징을 표로 정리하면 아래와 같다.

<표 2-3> 장관의 역할론

| 연구자 | 역할 유형 분류 | 특징 및 한계 |
|---|---|---|
| Headey | - 정책설계형<br>- 정책선택형<br>- 집행형<br>- 대사형<br>- 소극형 | - 영국의 전 현직 장관을 대상으로 설문조사<br>- 장관의 역할 유형이 임명권자의 임명기준과<br>  어떻게 연계되는 지 설명해 주지 못함 |
| Keman | - 전문가형<br>- 일반가형 | - 서부유럽국가의 장관 대상 연구<br>- 역할 유형에 대응하는 국가 연구했으나 장<br>  관의 선택기준이나 사임이유 등과의 연계는<br>  고려치 않음 |
| Dogan | - 강한 장관<br>- 약한 장관 | - 서부유럽국가 장관 연구<br>- 장관의 정치적 활동 측면 중시, 관리나 정책<br>  측면 소홀히 다룸 |

## 2) 장관의 임명기준

Wyszommirski는 미국의 역대 대통령(루스벨트~레이건)에 대한 사
례연구를 통해 대통령은 다음과 같은 이유로 장관을 선택하게 된다고
한다.[38] 구체적으로 대통령의 장관선택기준을 살펴보면 다음과 같다.

---

38) Margaret Jane Wyszommirski, "Presidential Personnel and Political

첫째가 대통령의 정치적 자산(political capital)을 증가시키기 위해서이다. 대통령이 행정가, 입법가, 정책설계자, 주창자, 민주적 정치가로서 책임과 역할을 다하기 위해서는 정치적 자산을 필요로 한다는 것이다.

둘째는 내각의 정책적 혹은 상징적 대표성을 증가(representative link)시키기 위해서이다.

셋째는 대통령의 정책설계를 보좌(political operation assistant, expert policy adviser)하기 위해서이다.

넷째는 행정부처에 대한 관리와 감독(departmental administrator)을 실시하기 위해서이다. 이처럼 장관선택의 동기나 임명기준이 다양한 것은 장관에 대한 대통령의 역할기대가 여러 가지임을 시사한다고 볼 수 있다.[39]

요컨대 Wyszommirski의 장관 선택에 대한 연구는 비록 대통령 중심제 국가인 미국의 대통령을 기준으로 하고 있으나 크게 대통령의 장관 임명기준을 3가지로 나눌 수 있을 것으로 해석된다. 첫째는 정책전문성(expertise)에 따른 임명이다. 둘째는 일반관리자(manager)로서의 기준이다. 셋째는 상징적 대표성(representatives) 등 정치적 기준에 따른 임명이라고 할 수 있다.

따라서 임명권자 혹은 최고통치권자의 장관에 대한 임명기준, 그리고 임명기준에 따른 장관의 역할기대는 일률적으로 제시하기는 어렵다고 해석할 수 있을 것이다.

---

Capital: From Roosevelt to Regan," in M. Dogan, *Pathways to Power: Selecting Rulers in Pluralist Democracies*(Boulder, Colo.: Westview Press, 1989), pp.45-73.

39) 카터와 케네디는 주로 전문성(expertize)을 기준으로 장관을 충원했다고 한다. *Ibid.*, pp.57-58.

### 3) 장관의 사임이유

Woodhouse는 1990년대 영국정부의 장관이 어느 경우에 사임하는 지에 대한 연구를 진행했다.[40] 그의 연구에 따르면 장관에게 사임이 요구되는 상황은 2가지라고 한다.

첫째는 장관이 개인적으로 실수를 저지르는 경우이다. 개인적인 실수나 착오(personal error or personal fault)에는 경솔한 언동 (private indiscretion) 및 정치적인 판단 미스(political misjudgement)가 포함된다는 것이다.

둘째는 장관이 소속한 부처가 일을 잘못 처리한 경우이다. 이를 부처의 실수(departmental fault)라고 부르고 있다.

다만 이러한 과오나 잘못이 있을 경우 장관이 사임하느냐 여부는 정치적인 행위자의 판단에 달려있다고 한다.

요컨대 Woodhouse의 연구내용은 장관의 사임이유로 개인적인 잘못과 소속부처의 잘못 등 두 가지로 분류하고 있다고 할 수 있다. 이 두 가지는 장관의 역할과 책임에 따른 사임이유에 해당한다고 할 수 있을 것이다. 따라서 장관이 개인적으로 예컨대 더 많은 시간을 가족과 함께 보내기 위해, 혹은 정치권 밖에서 경력을 찾기 위해, 혹은 병환 때문에 사임하는 경우는 장관의 역할과 책임에 따른 사임과 별 관계가 없다고 할 것이다.

이와 관련해 영국의 존 메이저 총리시절의 장관들은 고도의 정책에서 중대한 오류가 있는 경우에만 장관으로서 책임을 지고 사임했다고 한다. 1990년대 영국의 경우에는 장관의 사임조건이 장

---

40) Diana Woodhouse, "Ministerial Responsibility in the 1990s: When do ministers resign?", *Parliamentary Affairs*, 46(1993), No. 3, pp.277-294.

관의 역할과 관련된 것으로 매우 엄격하게 적용되었다고 해석할
수 있다.

한편 Blondel은 서부유럽국가에 대한 장관사임 연구에서 장관직
을 떠나는 상황을 5가지로 나누어 설명하고 있다.[41]

첫째, 선거에서 정당이 패배하거나 의회에서의 패배가 있는 경우
이다.

둘째, 대통령 중심제 국가에서 새로운 국가의 수장이 등장해 새
로운 정부가 형성될 때이다. 즉 정권이 바뀔 때이다.

셋째, 개인적 이유에 의해 사임하는 경우이다. 건강이나 재정적
도덕적 스캔들로부터 다른 직업을 찾기 위해 물러나는 경우 등 다
양하다고 할 수 있다. 서유럽의 경우 개인적 사유로 인해 장관직
을 사임하는 경우는 매우 적다고 한다. 서유럽 장관의 약 1/17이
이에 해당한다고 한다.

넷째, 인사개편이 일어나는 경우이다. 프랑스의 경우는 약 33%,
영국은 20%, 스웨덴은 17%가 이런 이유로 장관직을 사임하고 있다.

다섯째, 수상이 새 내각을 형성하거나 기존의 수상이 내각의 사람
들을 바꾸는 경우이다. 대체로 서부유럽의 경우 장관 4명중 한명 꼴
(25%)로 이러한 유형의 새 정부 형성으로 장관직을 물러나고 있다.

요컨대 Blondel의 연구는 위에서 기술한 것처럼 장관은 그의 역할과
책임에 따라 물러나는 경우보다는 정치적인 이유나 상징적인 이유[42]

---

41) Jean Blondel, "The Post-Ministerial Careers," in Jean Blondel &
   Jean-Loise Thiebault, eds., *The Profession of Government Minister in Western
   Europe*(Hampshire: Macmillan Academic and Professional, 1991), p.155.
42) 여기서 상징적인 이유란 장관이 자신의 역할과 관련해 책임져야 할
   뚜렷한 사유나 명분 없이 장관직을 물러나는 경우를 의미한다고 할
   것이다. 필자 주

에 따라 장관직을 물러나는 사례가 많다고 해석할 수 있을 것이다.

지금까지 서술한 Woodhouse와 Blondel이 연구한 장관의 사임이유를 정리하면 다음과 같다.

<표 2-4> 장관의 사임이유

| 연구자 | 사임이유 | 특징 |
|---|---|---|
| Woodhouse | - 장관 개인의 잘못<br>- 장관 소속부처의 잘못 | - 1990년대 영국장관의 사임이유 연구<br>- 장관의 역할과 관련돼 사임하는 경우가 대부분 |
| Blondel | - 정치적인 이유<br>- 상징적인 이유<br>- 기타 개인적 이유 | - 서유럽국가 장관 사임이유 연구<br>- 주로 장관의 역할이나 책임과 연계되지 않은 사임연구가 주된 내용임 |

## 4) 장관의 재임기간

한편 장관의 재임기간에 대해 살펴보면 아래와 같다. 이에 대한 연구자로는 Wolfgang, Blondel 등이 포함된다고 할 것이다.

Wolfgang은 재임기간은 리더의 잠재적 영향력의 몇몇 징표를 제공한다고 지적했다. 이와 함께 그는 영국정부의 경우 장관이 효율적으로 역할을 수행하기 위해서는 적어도 3년이란 기간동안은 같은 부처에 소속되어야 한다고 주장한다. 이러한 이유로 서부유럽의 경우 장관의 약 절반가량이 정책적 영향력을 거의 가지지 못한 것 같다고 그는 진단하고 있다.[43]

---

43) Wolfgang C. Muller & Wilfried Philipp, "Prime Ministers and other Government Heads," in Jean Blondel & Jean-Louis Thiebault, eds., *The Profession of Government Minister in Western Europe*(London: Macmillan, 1991), pp.137-138.

한편 Blondel 등의 연구(1945～1980년)에 따르면 장관의 평균 재임기간은 서부유럽의 경우 4.5년에 해당하는 것으로 분석되었다. 아래 표에 따르면 룩셈부르크, 아일랜드, 아이슬란드, 오스트리아, 스웨덴, 독일 등 6개국은 장관의 평균재임기간이 서부유럽국가 평균치보다 높게 나타나고 있다.

장관의 재임기간에 차이가 나는 이유는 여러 가지가 있을 수 있다.

첫째가 장관이 집권정당에 소속된 인물인지 여부가 재임기간에 차별화를 가져올 수 있다는 것이다. 특히 스웨덴과 오스트리아에서는 이런 현상이 뚜렷하다. 스웨덴에서는 사회당 장관이 다른 정당(브류조아)의 장관보다 거의 6년 이상 더 장관직에 머물렀다. 그러나 네덜란드와 독일의 경우는 집권정당과 장관재임기간과의 관련성이 별로 없어 보인다. 전자는 기독교 민주당 장관의 재임기간이 다른 정당의 장관보다 약 반년 정도 더 길었다. 후자인 독일에서는 자유당 장관이 두 주요정당 소속 장관에 비해 재임기간이 약간 짧았다. 독일의 경우 집권정당과의 관련성을 고려한다 해도 장관의 평균 재임기간은 무시할 수 있을 정도로 별 차이가 없다. 기독 민주당장관은 5.7년, 사회당 장관은 5.3년, 자유당 장관은 5.2년처럼 비슷하기 때문이다. 영국의 경우는 두 정당(보수당, 노동당)의 집권기간이 거의 같기 때문에(1984년까지 기준) 장관의 평균 재임기간에서도 별 차이가 없는 것으로 나타났다(보수당 5.0년, 노동당 4.5년 등).

두 번째 요인은 내각의 존속기간이다.[44]

---

44) Wilma E. Bakema, "The Ministerial Career," in Jean Blondel and Jean-Loise Thiebault, eds., *The Profession of Government Minister in Western Europe*(Hampshire: Macmillan Academic and Professional, 1991),

장관의 운명은 부분적으로 정부의 변화에 의존한다고 할 수 있
다. 내각의 변화는 장관교체에 영향을 미칠 수 있다는 말이다. 집
권정당의 규칙적인 변화와 정당 내각의 개편은 장관의 생존가능성
을 줄인다고 할 수 있다. 따라서 재임기간에 영향을 미친다고 할
수 있다.

<표 2-5> 유럽 14개국의 장관 재임기간(단위: 년)

| 국 가 | 룩셈 부르크 | 아일 랜드 | 아이 슬란드 | 오스 트리아 | 스 웨 덴 | 독 일 | 영 국 | 덴 마 크 | 네덜 란드 | 노르 웨이 | 이 태 리 | 벨 기 에 | 프랑스 5공화국 | 핀 란 드 |
|---|---|---|---|---|---|---|---|---|---|---|---|---|---|---|
| 재 임 기 간 | 6.8 | 6.1 | 6.1 | 6.0 | 5.9 | 5.6 | 4.8 | 4.4 | 4.0 | 3.9 | 3.8 | 3.8 | 3.6 | 3.0 |

한편 서부유럽국가의 경우 장관의 직업적 경력배경을 보면 장관
의 절반가량(52%)이 3개의 직업집단에서 나왔다. 즉 법률가(22%),
교육자(19%), 공무원(11%)이 그것이다. 교육자의 경우 대학교수의
비중이 높았다(전체장관의 11%). 공무원의 경우는 고급공무원의
비중이 높았다. 이러한 비율은 장관 취임시의 비율인 데 나중에는
법률가의 비율이 16%까지 떨어지는 반면, 공무원의 비율은 15%
선까지 높아졌다. 교육자의 비율은 거의 변함이 없었다(17%선).[45]

---

pp.77-78.

45) Jean-Louis Tiebault, "The Social Background of Western European
   Cabinet Ministers," in Jean Blondel and Jean-Loise Thiebault, eds., *The*
   *Profession of Government Minister in Western Europe*(Hampshire: Macmillan
   Academic and Professional, 1991) pp.19-24.

## 5) 내각제·대통령제 비교

정부(국가)를 구분할 때 여러 가지로 분류할 수 있겠으나 정치체제별로 보면 크게 의원내각제 정부(국가)와 대통령 중심제 정부(국가)로 나눌 수 있다. 의원내각제 정부의 경우 의회의 다수당에서 수상이 나오고 수상이 장관의 임명권을 가지고 있는 것이 일반적인 현상이라고 할 수 있다. 그러나 대통령 중심제의 경우는 보통 대통령이 최고통치권자로서 장관에 대한 임명권을 가지고 있다고 할 수 있다.

내각제 정부의 경우 장관자리는 주로 다수당 의원으로 메워진다. 때문에 장관은 보다 정치적인 기술이 발달되어 있다고 보아야 한다. 그래서 의원내각제 정부의 경우 장관은 행정가적이라기보다는 정치적이라고 할 수 있다. 이러한 제약적 요소들로 인해 내각제 정부의 장관들은 전문가가 되기 어렵다고 할 수 있다.[46] 의원내각제의 경우 장관이라는 자리는 의원이 노리는 선망의 자리이다. 따라서 의원의 관점에서 의회는 그들이 내각장관 등 보다 나은 자리로 이동하기 위한 징검다리로서의 역할이 크다고 할 수 있다. 만약 의원 중 일부가 장관이 되었을 경우 장관의 1차적 관심사항은 아마추어 혹은 선거민의 대표성이 되는 것이다. 전문적인 관리자나 혹은 기술가형 전문가가 되는 것이 아니다. 부처의 주요 기능 중 하나는 장관자신의 자아발전에 봉사하는 것이라고 할 수 있다. 따라서 부처의 프로그램 관리 기능 등은 장관의 우선순위에

---

46) Jean Blondel, "Cabinet Government and Cabinet Ministers," in Jean Blondel & Jean-Louis Thiebault, eds., *The Profession of Government Minister in Western Europe*(London: Macmillan, 1991), pp.6-8, pp.9-10, pp.14-18. pp.191-192.

서 별다른 중요성을 가지지 못한다고 할 수 있다.[47]

대통령 중심제 정부에서의 장관의 역할은 의원내각제 정부의 장관과는 다르다. 의원내각제 정부에서는 일반가형 장관이 많은 데 비해 대통령 중심제 정부에서는 전문가형이 우세하다고 할 수 있다. 때문에 장관의 경력배경도 관료(공무원)이나 전문직업인, 군 출신자 등 전문분야에서 일하던 사람들이 많다.

구체적으로 국가별로 나누어 보면 다음과 같다.

의원내각제 국가인 일본의 경우 내각장관의 전형으로 꼽히고 있는 것이 얼굴마담형(figurehead)이다.[48] 아키라 구보다(Akira Kuboda)라는 일본 학자는 이러한 이유로 장관이 인사나 정책형성측면에서 적극적인 리더십 역할을 수행하지 못하고 있는 점을 들고 있다.[49] 때문에 장관의 역할은 수동적이고 대응적이다. 일본의 경우 장관은 주로 당과 선거구민들의 필요에 의해 임명되는 데다 경험도 없고 전문지

---

47) Richard Rose, *Ministers and Ministries: A functional Analysis*(Oxford: Clarendon Press, 1987), p.266, p.273.

48) 일본의 장관은 통상 12개월을 넘지 못하는 것으로 돼 있다. 이러한 단기적 재임기간으로 인해 부처의 업무나 직원에 대해 파악할 수 있는 충분한 시간을 가질 수 없다. 중요 정책 프로그램을 설계하고 완성한다는 것은 거의 불가능에 가깝다. 이러한 사실은 장관의 무기력증(impotence)을 초래하고 말았다. 전후 일본의 경우 많은 장관들은 Headey의 소극형 장관(minimalist)이 주류를 이루었다고 말할 수 있다. Yung H. Park, *Bureaucrats and Ministers in Contemporary Japanese Government* (California: Institute of East Asian Studies, 1986), pp.1-2, p.5, p.8, p.45, p.139, p.183.

49) 일본의 장관은 법적인 규정에 의해 정책형성권(policy making), 정책집행권(policy implementation), 예산권(expenditure), 인사권(personnel) 등 폭넓은 권력을 가지고 있으나 실제 현실에 있어서는 법적 규정과 많은 갭이 있다고 한다. *Ibid.*, pp.1-2.

식과 정보도 부족한 상태에서 장관직을 떠맡는다. 게다가 정책전문
성을 개발할 시간적 여유도 없어서 주로 정보제공과 자문을 부하공
무원으로부터 받는다는 점이 주요 원인으로 꼽히고 있다. 그러나 일
본의 장관은 최근에 들어서 소극적 역할에서 벗어나 훨씬 강력하고
복잡한 역할을 수행하고 있다. 장관의 경력배경으로는 관료출신이
약 33%를 점하고 있는 데 이들 관료출신들이 강력한 장관으로서의
역할을 해 나가고 있다.

영국의 경우도 장관이 제대로 역할을 수행하는 데 많은 애로를
겪고 있다고 한다. 장관이 부처의 업무를 장악하는 데 두 가지 장
애물이 존재하기 때문이다. 하나는 부처의 현안으로 걸려있는 핵
심문제가 무엇인지에 대해 잘 모른다는 것이다. 다른 하나는 재임
기간이 너무 짧다는 것이다.[50]

장관의 재임기간도 서로 차이가 있다고 한다. 대체로 대통령 중
심제 정부가 의원내각제 정부보다 재임기간이 짧다고 한다. 전자
의 경우 새로 임명된 대통령은 새로운 장관을 뽑지만 후자의 경우
는 수상이 바뀌더라도 장관을 경질하는 경우는 흔하지 않기 때문

---

50) 영국의 경우는 내각의 교체가 상대적으로 빈번한 편에 속하기 때문에
재임기간이 짧다고 한다. Heclo는 정치적 임명자(political appointee)들
은 일반적으로 'short-timer' 혹은 'in-and-outer'라고 불리며 따라서 이
들은 상대적으로 짧은 시간동안 정부의 직위를 유지하고 있다. 이러한
이유로 장관은 역할과 목표를 바라보는 시각이 단견적일 수밖에 없다
고 한다. Blondel, *Comparative Government*(New York: Philip Allan, 1990),
p.296; James B. Christoph, "High civil servants and the politics of
concensualism in Great Britain," in Mattei Dogan ed., *The Mandarins of
western Europe*(New York: John Wiley & Sons, 1975), pp.38-44; Carolyn
Ban & Patricia W. Ingraham, "Short-Timers Political Apponintee
Mobility and Its Impact on Political-Career Relations in the Regan
Administration," *Administration & Society*, 22(1990), No. 1, p.108.

이다.51) 다만 같은 내각제 정부라도 재임기간이 크게 다른 경우는 있다.52) 국가별로 재임기간을 나누어 설명하면 아래와 같다. 우선 대통령 중심제 국가인 미국의 경우 장관의 평균 재임기간은 35개 월로 약 3년 정도인 것으로 나타났다.53) 프랑스의 경우는 이보다 훨씬 짧다. 내각교체가 빠르기 때문이다. 내각의 평균 수명은 18개 월이라고 한다.54)

이상의 내용을 표로 정리하면 다음과 같다.

<표 2-6> 의원내각제, 대통령 중심제 장관역할·재임기간

|  | 대통령 중심제 | 의원내각제 |
|---|---|---|
| 장관의 역할 | 전문가 역할 | 일반가 역할 |
| 평균재임기간 | 짧다 | 길다 |
| 국가 | 프랑스 등 | 일본, 영국 등 |

---

51) Blondel, op. cit., p.269.

52) 일본과 스웨덴의 경우 두 나라는 하나의 정당이 수십 년 동안 정권을 잡고 있다는 점에서 공통점을 가지고 있다. 그러나 장관의 재임기간은 일본의 경우가 1년 미만으로 단명하나 사회민주당체제의 스웨덴은 보통 8년 이상의 재임기간을 갖는다. *Ibid.,* p.269.

53) 미국의 클린턴 대통령은 재임기간 동안 루빈과 서머스 등 2명의 재무 장관을 기용했다. 서머스는 루빈이 장관시절 차관으로 있다 루빈이 사임하자 그 자리를 바로 승계했다고 한다. 이상일, "한국 공무원들 자리 왜 이렇게 바꾸나," 「월간중앙」 2000년 6월호 참조.

54) 이상일, 전게논문 참조.

## 2. 국내의 연구

우리나라의 경우에는 장관에 관한 연구가 우선 양적인 측면에서 볼 때 얼마 되지 않은 데다 연구내용도 대체로 배경연구에 초점을 맞추고 있다고 할 수 있다. 장관의 연구내용을 크게 분류하면 다음과 같이 정리할 수 있다.

첫째는 장관 등 고위행정엘리트의 충원 및 사회적 배경(social background)에 관한 연구이다. 구체적으로 연구내용을 보면 차관 급이상의 행정엘리트를 대상으로 충원이 어떻게 이루어지고 있는지를 고찰한 연구(양성철)와 장관의 임면(任免)에 관한 연구(박천오), 장관의 사회적 배경(출신지역, 경력, 학력 등)에 관한 연구(박종민), 입법·사법·행정부의 엘리트를 대상으로 한 배경차원(background dimensions)의 연구(안병만) 등이 이에 해당한다고 할 수 있다.

둘째, 장관의 역할 및 직무수행방식에 관한 실증적 연구이다. 연구자로는 이선우 등이 있다.

셋째, 리더십에 관한 연구이다. 이종범 등이 진행한 고위행정가의 리더십에 관해 연구 등이 이 범주에 해당한다 하겠다.

넷째, 장관에 대한 규범론적 연구이다. 김광웅이 진행한 장관의 자질 및 역할에 대한 연구가 이에 포함된다고 할 수 있다.

한국의 장관에 관한 연구는 거의 대부분이 1990년대에 행해졌으며 연구내용은 장관의 충원과 사회적 배경에 관한 연구가 주종을 이루고 있다고 할 수 있다.

아래에서는 양성철 등의 실증적 차원의 연구, 김광웅 등의 규범적 차원의 연구, 이종범 등의 고위행정가 리더십 연구 순으로 논의하기로 한다.

## 1) 실증적 차원의 장관연구

양성철은 역대 정부(이승만 정권~김영삼 정권 초반 1993. 2)의 차관급 이상 행정엘리트공무원 1998명을 대상으로 충원을 중심으로 연구를 진행하되 분석방법은 문헌조사방식을 주로 이용했다.[55] 주로 충원된 행정엘리트의 출신지역, 출생연도, 재임기간, 전직, 교육적 배경, 등용당시의 연령 등을 변수로 삼아 분석을 시도했다. 이른바 장관의 사회적 배경에 무게를 둔 연구라 할 수 있다.

양성철의 연구는 연구대상이 매우 광범위하다는 점에서 연구결과의 일반화에는 일단 성공하고 있다고 말할 수 있으나 정부간에 각 변수들이 어떠한 차이가 나는 지에 대해서는 명확한 해답을 주지 않고 있다. 또한 연구대상 기간이 김영삼 정부 초기(1993년 2월)까지라는 점에서 민간인 출신 정부의 사회적 배경파악에 어떠한 실마리도 제공하고 있지 않다고 할 수 있다.

박천오는 이승만 정부로부터 박정희·전두환·노태우·김영삼 정부까지를 연구대상 기간으로 잡아 기존 장관들의 임명과 해임 등이 어떤 관행을 보여주었으며 그러한 관행이 생기게 된 요인은 무엇인지에 대해 밝히고 있다.[56] 연구방법으로는 주로 일간지나 월간지 등 시사자료(documentary)를 활용하고 있다. 이 같은 자료를 통한 현황 분석을 토대로 어떻게 하면 장관의 임명과 해임이

---

55) 양성철, 한국정부론(서울: 박영사, 1994).
56) 박천오, "기존 장관 任免 관행의 정책·행정상 폐단과 시정방안,"「한국 행정학보」29(1995), 제4호, pp.1581-1600.

행정의 안정성과 연속성 및 생산성에 기여할 것인지에 대해 구체적인 처방을 제시하고 있다.

그의 연구에 따르면 노태우 정부의 경우 20회 이상의 개각이 있었고, 때문에 재임기간 3년을 채우고 물러난 장관은 한사람도 없었다고 밝히고 있다. 노태우 정부의 장관에 대한 인사 특징으로 시류에 질질 끌려 다니는 인사 스타일과 장관을 정치적 희생양으로 최대한 활용했다는 점을 꼽고 있다. 김영삼 정부의 경우는 업적이나 능력 등 장관의 실적기준보다는 신뢰성이나 충성도, 친분관계, 의리 등 귀속적·정실주의적인 요소를 장관충원의 주요기준으로 삼았다고 하고 있다. 이와 함께 장관의 재임기간의 경우는 김영삼 정부가 평균 12개월로 역대 정권 중 가장 짧았다는 분석결과를 내놓고 있다.

그는 또한 역대정부에서 장관을 교체한 주요요인으로 두 가지를 제시하고 있다.

하나는 정치적 곤경을 돌파하기 위한 편의주의적인 발상에서 장관을 갈아치웠다는 것이다. 다른 하나는 추종 정치세력에 대해 혜택을 골고루 주기 위해 장관을 교체했다는 것이다. 이 같은 장관 임면 관행이 왜 발생하는가에 대해 장관의 역할에 대한 인식부족, 장관의 업무수행에 대한 몰이해, 장관의 자격요건에 대한 무관심 등을 들고 있다. 이러한 이유로 기존의 장관 임면 관행은 다음과 같은 폐단을 낳고 있다고 분석한다. 즉 i) 거시적·장기적 정책문제를 회피하게 만들며 ii) 정책·행정상 과도기의 영속화를 초래하고 iii) 장관의 정책·행정에 대한 노하우 축적을 어렵게 한다는 것이다. 게다가 장관이 자주 바뀜으로써 i) 장관과 부하(공무원) 사이의 공동체적 신뢰감을 잃게 하며 ii) 부하공무원에 대한 장관의 영향력을 감퇴시키고 iii) 장관간의 상호 팀워크 형성을 어렵게 만든다는 것이다. 이러한 관행의 시정방안으로 임명절차의 체계화 및 재임기간의 적정화, 정치권과 사회일반의 의식전환 등을 제시하고 있다.

박종민은 1963년부터 김영삼 정부가 들어서기 전인 1993년까지 약 30년간 장관선택의 유형을 사회적 배경을 중심으로 분석하고 있다.[57] 구체적으로 보면, 그는 박정희 정부의 3공화국(1963-1972), 전두환 정부의 5공화국(1980-1988), 노태우 정부의 6공화국(1988-1993)을 분석대상 시기로 삼아 장관선택의 지역적, 교육적, 직업적, 의회적 기초(장관이 되기 전의 경력이 국회의원이었는지 여부를 가리킴)를 검토하고 있다. 연구결과 그는 다음과 같은 결론을 내리고 있다.

ⅰ) 출신지역은 각료선택에 영향을 주고 있다.

ⅱ) 대학교육은 장관임명의 필수조건으로 보인다.

ⅲ) 장관이 되는 주요 통로(pathway)로는 관료나 학자 및 군인이다. 이 중 관료의 비중이 가장 높았다고 하고 있다.

ⅳ) 그러나 정당정치 및 국회의원의 경험은 장관의 임명과는 별 무관한 것으로 나타났다고 밝히고 있다.

아울러, 그는 장관선택을 제약하는 구조적인 요인으로 정치체제의 형태[58](의원내각제냐 대통령제냐), 행정부처의 성격[59](정책전문성인가 행정전문성인가), 임명권자의 동기[60]등을 들 수 있다고 하

---

57) 박종민, "한국에서의 장관선택의 기초; 변화와 연속성," 고려대 행정문제연구소 「행정과 정책」 1996, 제2호, pp.37-63.

58) Jean Blondel, *Government Ministers in the Contemporary World* (Oxford, 1985).

59) Richard Rose, *op. cit.*

60) Fenno, Richard F. Jr, *The President Cabinet*(Havard University Press, 1959); Wyszomirski, Margaret Jane, "Presidential Personnel and Political

고 있다. 요컨대 박종민의 연구는 주로 장관의 사회적 배경에 초점을 맞추고 있다고 할 수 있다.

안병만은 1공화국(1948년)부터 김영삼 정부초기인 1993년(4월 현재)까지 정부엘리트의 변동을 분석하고 있다.[61] 주로 배경차원(background dimensions)의 분석에 초점을 맞추고 있다. 여기서 그는 정부엘리트를 연구대상으로 하되 입법부의 경우는 역대 국회의원을 포함시키고, 행정부에서는 장·차관급 고위관료 및 서울시장, 부산시장, 도지사 등을, 사법부에서는 대법원 판사 이상을 포함시켜 연구를 진행했다. 정부 엘리트의 일반적 배경으로 출생, 교육, 경력 배경을 분석하였다. 출생의 경우는 출생시기와 출생지역을 들었고 교육적 배경은 학력, 출신교, 해외수학을, 경력은 엘리트로 충원되기 전의 직업과 정부엘리트로의 충원횟수 등을 기준으로 다루었다. 특히 행정엘리트의 경우 전직으로서의 관료출신의 비중이 늘어나고 있다고 진단하면서 이의 원인으로 기술적 전문성(technical expert)을 들었다. 안병만은 정부별로 비교론적 관점에서 정부엘리트의 변동을 연구하고 있으나 일반적인 배경에 초점을 두고 연구하고 있는 관계로 장관의 역할과는 무관한 연구라고 할 수 있다.

이선우는 전직 장관에 대한 설문조사방법을 활용하여, 장관의 역할과 직무수행방식 등을 중심으로 장관에 관한 연구를 진행했다.[62] 조사대상은 제3공화국('63. 12)이후부터 김영삼 정부('98. 2)

---

Capital: From Roosevelt to Regan", in M. Dogan ed., *Pathway to Power: Selecting Rules in Pluralist Democracies*(Boulder, Col.: Westview Press, 1989), pp.45-73; John Coakley & Brian Farell, "Selection of ministers in Ireland, 1922-1982," in M. Dogan ed., *Pathway to Power: Selecting Rules in Pluralist Democracies*(Boulder, Col.: Westview Press, 1989), pp.199-218.

61) 안병만, 한국정부론(서울: 다산출판사, 1996), pp.233-283.

까지 장관을 지낸 496명 중 사망자, 장관 2회 이상 재임자 등을 뺀 296명의 모집단을 대상으로 했으며 조사방식은 모집단을 대상으로 한 우편설문조사였다('98. 6~7). 이중 회수된 49명의 응답 장관의 설문결과를 토대로 분석을 시도했다. 설문의 주된 내용은 정책과정에 있어서 장관의 영향력 및 역할, 장관교체가 부처정책이나 운영방식에 미치는 영향, 장관의 직무수행 스타일, 장관직을 수행하는 데 장애가 되는 요소, 정책참여자 집단과 장관과의 우호적·비우호적 관계, 바람직한 장관의 자질이나 능력 등이었다.

분석결과를 보면 정책참여자 집단 중 장관의 영향력이 가장 크다고 평가함으로써 정책결정의 주도권은 장관에게 있음을 나타내 주고 있다. 또한, 장관이 바뀌게 되면 부처의 정책이나 운영방식이 많은 영향을 받고 있음을 연구결과는 보여주고 있다. 정책결정과정에서의 장관의 역할에서는 '문제 및 정책필요성의 제기'에 주안점이 주어졌음이 조사결과 밝혀졌고 장관직의 원활한 수행을 위해서는 대통령과의 관계가 중요하며 정책전문성이 높게 요구된다는 응답이 많았다. 또한 장관의 경력배경으로는 공직경험이 중요하다는 의견이 많았다. 장관이 업무를 수행하는 데 가장 애로를 느꼈던 정책참여자 집단(비공식, 공식 참여자 집단 포함)으로는 언론이 1순위로 꼽혔다. 장관직의 수행에 가장 커다란 장애요소로는 짧은 재임기간을 제기하는 응답자가 많았다. 이선우의 장관에 대한 연구내용은 설문조사를 통해 얻어낸 결과였다. 그런데 설문에 응한 응답자(응답 장관)의 비율이 전체 모집단에서 차지하는 비율이 너무 낮기 때문에 연구결과에 대한 신뢰성에 의문이 제기될 수 있다는 약점을 안고 있다고

---

62) 이선우, "장관의 역할과 직무수행에 관한 연구," 한국 행정학회 2000년도 하계학술대회 발표논문.

할 수 있다.

## 2) 규범적 차원의 장관연구

김광웅은 우리나라의 경우 대통령 1인에게 막강한 권력이 집중되는 대통령 중심제 국가이기는 하나 장관이 중심이 되어 공공행정을 펼치는 것이 바람직하다는 논지를 폈다. 그러면서 장관의 자질과 능력 및 역할이 어떠해야 하는 지에 대한 규범적 논의를 통해 다음과 같은 결론을 도출하고 있다.[63]

첫째, 장관적임자를 임명 혹은 선정할 때에는 부처의 성격과 규모(예, 예산 등)를 고려해야 한다. 그런데 구체적으로 부처의 성격과 예산규모를 어떻게 고려해야 하는 지에 대한 설명은 없다.

둘째, 장관의 업무처리기 성공을 거두기 위해서는 부처간의 유기적인 협조관계가 중요하다. 부처의 업무(tasks)나 사업은 자신의 부처만 관련되어 있는 것이 아니라 다른 부처와 연계돼 있기 때문이라고 주장한다.

셋째, 언론과의 우호적인 관계가 장관의 성공적인 역할 수행에 도움이 된다고 지적한다.[64]

다만 김광웅의 연구는 실증적인 차원의 연구가 아니라는 점에서 규범적으로 논의된 내용에 대한 검증이 필요하다고 할 것이다.

---

63) 김광웅, "한국의 장관론: 역할, 자질, 능력," 서울대 행정대학원 「행정논총」32(1994), 제2호, pp.36-49.

64) 김영삼 정부시절 마지막 문화체육부 장관을 역임한 송태호 씨는 부처 업무의 원활한 추진을 위해서는 언론과의 관계가 매우 중요하다는 점을 필자와의 면담에서 털어놓은 바 있다(2000년 4월 21일 오전 11시 20-12시 50분, 홍익대 문헌관 1403호 동아시아 연구소에서 면담).

### 3) 고위 행정가의 리더십연구

이종범 등은 장관급 행정가 7명을 대상으로 한 사례연구(case study)를 통해 이들 공공기관의 리더들이 행정의 각 부문에 어떠한 영향을 미쳤는지를 검토하고 있다.65) 이종범 등은 변환적(전환적), 상황적 리더십 모형을 설정해 박정희 정부시대인 1960년대부터 1990년대까지를 연구대상 시기로 삼아 경제개발기의 행동형 행정가 4명(김학렬 경제기획원 장관, 김현옥 서울시장, 최형섭 과학기술처 장관, 김 준 새마을지도자 연수원장)과 경제안정기의 설득형 행정가 3명(김재익 경제수석, 내무·교통·농수산부 장관 역임한 고건, 체신부 장관 역임한 오명)등 모두 7명의 행정가를 사례로 선택하여 리더십을 분석하고 있다.

연구대상 장관급인사는 연구대상 시기 동안 교환적 리더십(transactional leadership)대신 전환적 리더십(transformational leadership)을 보인 장관급 인사들 중 성공적인 정책변화를 가져왔다고 판단되는 인사를 분야별로 선정했다. 리더십 분석을 위한 변수는 크게 3가지로 나누고 있다. 하나는 상황변수요, 두 번째는 독립변수로서의 리더십이요, 종속변수는 정책의 변화 등으로 설정했다.66)

---

65) 이종범 편, 전환시대의 행정가: 한국형 지도자론(서울: 나남, 1997)참조.

66) 이종범 등은 이러한 분석모형을 설정한 것에 대해 검증된 분석결과를 토대로 한 것이 아니고 사례분석차원에서 개괄적으로 설정한 모형이라고 설명한다. 이러한 틀에 의해 분석된 결과를 종합해서 새로운 상황적합적 지도자론을 만들고자 했다는 것이다.

　　연구자들이 내세우는 구체적인 변수를 보면, 상황적 변수로는 경제사회 발전의 정도, 시민사회의 진전 정도, 정치적 맥락, 타 부처와의 관계, 부하직원들과의 관계, 결정내용에 대한 국민의 지지 또는 수용 정도를 들었다.

연구결과 이들은 상황(맥락)과 지도자의 특성이 조화를 이루면서 융합될 때 비로소 정책변화가 성공을 거둘 수 있다는 결론을 내놓고 있다. 이종범 등의 연구는 사례연구를 통해 시대적 상황에 맞는 지도자형을 도출해 내고 있다는 점에서는 이론적 기여를 하고 있다고 볼 수 있다. 그러나 너무나 적은 표본사례를 대상으로 연구를 진행시킨 관계로 연구결과를 행정가 전반에 적용시켜 일반화하기에는 무리가 따른다는 약점을 안고 있다고 해석할 수 있다.

요컨대 위에서 지적한 '한국의 장관'에 관한 연구자들은 장관의 역할에 대한 연구에 있어서만큼은 매우 빈약한 연구결과를 내놓고 있다고 말할 수 있다. 이상에서 설명한 한국의 장관연구자들의 접근방법 및 연구내용을 정리하면 다음 표와 같다.

---

지도력의 특성과 관련된 변수로는 비전제시 능력, 전문적 식견, 反전통적 행동, 직업적 소명감, 인상관리 능력, 조정 및 합의도출 능력, 민주주의에 대한 소명감, 기회 포착능력, 추진력, 설득력 및 그 밖의 개인적 특성과 관련된 변수들을 설정했다.

종속변수로서의 정책은 구체적이고 가시적인 정책은 물론이고 민주적 절차와 관련된 발상의 전환 등 비가시적인 성격을 가진 것도 포함시켰다. 이종범 편, 전게서 참조.

### <표 2-7> 한국에서의 장관론 접근방법 및 연구내용

| 연구자 | 접근방법 | 연구내용 |
|---|---|---|
| 양성철 | 역사적 접근 | - 분석대상: 이승만 정부~김영삼 정부 초기 차관급 이상 행정엘리트<br>- 분석초점: 충원엘리트의 사회적 배경, 재임기간, 전직 등 |
| 박천오 | 역사적, 비교론적 접근 | - 분석대상: 박정희, 전두환, 노태우, 김영삼 정부의 장관<br>- 분석초점: 장관임면의 관행, 원인, 처방적 대안 |
| 박종민 | 역사적 접근 | - 분석시기: 제3공화국~제6공화국(1963~1993)<br>- 분석초점: 장관선택의 지역적, 직업적, 교육적 배경 |
| 안병만 | 역사적 비교론적 접근 | - 분석시기: 제1공화국~김영삼 정부초기(1948~1993)<br>- 분석초점: 정부엘리트(입법, 사법, 행정)의 출생, 교육, 경력적 배경 |
| 이선우 | 역사적 접근 | - 분석대상: 제3공화국 이후~김영삼 정부까지 장관<br>- 분석초점: 장관의 역할 및 영향력 |
| 김광웅 | 규범적 논의 | - 장관의 자질, 역할, 능력에 대한 일반론 |
| 이종범 | 상황적·변환적 접근 | - 장관급 행정가 7명의 리더십 연구 |

# 제3장 장관역할에 대한 분석틀

본 연구는 3가지의 단계적 구조를 가지고 있다. 제1단계에서는 장관이 바뀌었을 때 부처행정에 변화가 있는 지를 분석한다. 장관의 승계효과를 살펴보는 단계라 할 수 있다. 본 연구에서는 외국의 연구인 맥락주의 입장과 개인주의 입장을 원용해 장관승계 효과를 고찰하기로 한다. 제2단계는 장관의 역할(role)은 무엇인지를 고찰하는 단계이다. 이 단계에서는 대통령의 장관 임명기준에 관한 외국의 연구와 부처의 장으로서 장관의 역할 유형에 대한 국내외의 연구가 참조될 것이다. 제3단계는 유능한 장관과 그렇지 않은 장관과는 특성에서 어떠한 차이가 나는 지와 장관이 역할을 수행하는데 장애 요인이 무엇인지를 밝힘으로써 장관이 효과적으로 직무를 수행할 수 있는 조건을 밝히는 단계이다. 이 단계에서는 성공적 장관에 대한 국내의 연구와 임면 기준, 경력, 재임기간 등에 관한 국내외의 연구가 원용될 것이다.

이하에서는 이러한 3단계에 따라 분석모형을 정립한다. 이어서 연구가설을 설정한 뒤 개념의 조작화와 측정방법에 대해 논의하기로 한다.

# 제1절 분석모형

## 1. 승계효과 분석

장관의 승계가 부처활동이나 성과에 미치는 영향을 평가할 수 있는 적절한 방법이 무엇인지를 찾아내기란 쉬운 일이 아니다. 앞에서 본 바와 같이 승계에 대한 연구는 대부분이 측정 가능한 변수를 통해 성과를 분석하고자 하였다. 예를 들면 스포츠 팀의 경우는 승률을, 산업조직의 경우에는 이윤이나 판매액 등을 통해 승계효과를 고찰하였던 것이다.

그러나 공공행정조직을 대상으로 승계효과를 분석하기 위해 성과변수를 선정한다는 것은 사적조직과는 다른 특수성이 크게 존재한다고 할 수 있다. 공공부문의 성과물은 양적인 요소보다는 측정이 어려운 질적인 요소에 의해 평가되는 경우가 많기 때문일 것이다. 정부조직의 승계효과 연구가 많지 않은 것도 이러한 측면을 반영한 결과가 아닌가 생각된다.

부처활동의 변화를 잴 수 있는 변수로는 무엇이 있을까. 우선 예산을 들 수 있다. 예산이 많이 늘었는지 줄었는지 여부는 장관의 영향력 정도를 보여주는 하나의 기준이라고 판단될 수 있기 때문이다.[67) 예산의 변동을 통해 기관장(시장)의 영향력 정도를 파악한 외국의 연구(Salancik & Pfeffer)도 같은 맥락이라고 해석할 수

---

67) 김대중 정부에서 두 번째 문화관광부 장관을 지낸 박지원 씨의 경우 재임기간 동안 문화관광부 예산을 크게 늘려 '실세 장관' 혹은 '힘 있는 장관'의 평을 받은 것도 이러한 사례에 속한다고 할 수 있다.

있다. 도 하나의 변수로 소속부처의 인원을 생각할 수 있다. 인원의 증감은 예산의 변화와 관련이 있다. 인원이 늘어나면(줄어들면) 인건비가 늘어난다(줄어든다). 따라서 예산(경상예산)이 늘어난다 (줄어든다)고 할 수 있다. 이렇게 예산과 인원변화는 서로 연계돼 있다. 이와 같은 측면에서 볼 때 부처의 필요한 인원을 적시에 충원할 수 있는 장관이 있다면 그를 영향력 있는 장관이라고 부를 수 있지 않을까 생각된다. 다음으로는 조직개편횟수의 변수를 상정할 수 있다. 새로운 조직을 만들거나 기존의 조직을 줄이거나 없애는 것 등을 의미하는 데, 새로운 조직을 만든다는 것은 보통 조직운영을 위한 예산이나 인원이 필요하다는 것을 의미한다고 할 것이다. 반대로 조직을 감축하는 것은 그만큼 조직의 예산이나 인원이 줄어드는 상황과 관련이 있다고 할 수 있다. 이렇게 조직의 개편도 예산의 변화, 인원의 변화와 서로 맞물려 움직인다고 할 수 있다. 말하자면 조직개편, 예산, 인원의 변화는 서로 별개의 변수가 아닌, 톱니바퀴처럼 서로 밀접한 연관성을 가지는 변수라 할 수 있다. 이러한 관점에서 조직의 개편을 적시에 할 수 있는 장관이 있다면 그렇지 않은 장관에 비해 상대적으로 영향력을 가지고 있다는 판단이 가능할 것이다. 이와 관련, 관료들은 자신들의 권한이나 권력 등을 극대화하기 위해 가능한 한 조직의 예산을 늘리거나 인원을 확대하려는 속성을 갖는다고 하는 Niskanen의 '조직(예산)극대화 가설'은 이러한 점에서 본 연구와 맥을 같이 한다고 할 것이다. 끝으로 생각할 수 있는 변수는 법률안이라고 할 수 있다. 행정부가 국회에 제출한 법률안은 대체로 국민들에게 많은 영향력을 미칠 수 있는 중요한 내용을 담고 있다고 할 수 있다.[68] 법률안에는 해당부처의 주요정책이나 사업 프로그램이 담겨질 수 있다는 것이다. 주요 정책이나 사업 프로그램이 제대로 집행되어 소기의 성과를 내려면 예산이나 인원, 나아가 조직의 변화 등이 따라야 할 것이다. 이렇게 법률안에는 정책이나 예산, 인원, 조직의 개편에 관한 주요골격 등이 포함되어 있다고 해석하여야 할 것이다. 따라서 국민의 권리와 의미에 상당한 영향을 미칠 수 있는 법률안을 제정할 수 있다는 것은 법률제정의 정당성 여부를 떠나 소속부처 장관의 영향력 정도를 가늠하는 하나의 잣대로 볼 수 도 있을 것이다.

이상과 같은 근거로 본 연구에서는 부처의 활동변화를 측정할 수 있는 변수로 4가지를 들었다. 법률안 제안수, 조직개편횟수, 예산변동률, 인원변동률(고위직 인원변동률 포함) 등이 그것이다. 이에 따라 본 연구에서는 승계가 정부조직의 활동에 어떠한 차이를 가져오는 지를 위에서 제시한 변수를 중심으로 고찰하고자 한다. 이렇게 다양한 변수를 통해 포괄적으로 접근하는 것이 승계효과를 보다 객관적으로 파악해 줄 수 있을 것으로 판단된다.

장관승계는 어떠한 변수로 측정할 수 있을까. 장관교체와 관련된 변수를 찾으면 될 것이다. 장관의 교체빈도가 많을(적을) 경우 대체로 소속부처 장관의 평균 재임기간은 짧아질(길어질) 것이다. 승계변수로 재임기간을 사용하고 있는 외국의 연구(Salancik & Pfeffer; Lieberson & O'Connor)는 이러한 맥락에서 본 연구와 공통점이 있다고 할 것이다.

부처를 기준으로 부처활동의 변화를 고찰하는 경우 부처 고유의 개별 특성이 무시된다는 한계가 있다고 할 수 있다. 따라서 이러한

---

68) 정정길, 전게서, pp.68-69.

약점을 보완하는 차원에서 개별 장관을 기준으로 부처활동의 변화를 분석해야 할 필요가 있다고 생각된다. 개별 장관을 기준으로 하는 경우 부처활동의 변화를 잴 수 있는 변수 중 예산변동률과 인원변동률은 적합하지 않다고 판단된다. 예산(변동률)의 경우 우리나라 부처의 예산편성작업은 집행 전년도 2월부터 시작되므로 편성된 예산이 실제로 집행되는 데까지는 1년 10개월이 소요된다고 할 수 있다. 게다가 장관이 부처 취임 후 업무를 파악하는 데 소요되는 기간(3~6개월)까지 고려할 경우 최소 2년이라는 재임기간이 필요하다할 것이다.[69] 그런데 우리나라 장관의 평균 재임기간은 1년 남짓에 불과하다. 때문에 하나의 부처의 예산이 편성되어 집행되기까지 평균 잡아 두 명 정도의 장관이 관여하고 있다는 의미가 된다. 이러한 점에서 예산과 개별 장관을 직접 연계해 분석하는 것은 현실적으로 합리적인 방법이라고 할 수는 없을 것이다. 인원(변동률)의 경우에도 부처의 인원변동을 기획한 장관에 대한 단기간의 자료(2~3년 전)는 있다. 그러나 10년 전이나 그 이상의 중·장기 인사관련 자료는 행정 내부적으로 보관되어 있는 부처가 없다.[70] 또한 인사 담당 공무원이 인사 관련부처에서 20년 정도 계속 근무한다는 것도 불가능에 가까운 일이다. 설사 가능한 일이라 해도 인사변동 내역을 하나하나 정확히 기억해 낼 수는 없을 것이다. 따라서

---

69) 조석준, 한국행정학(서울: 박영사, 1992), p.458.

70) 공무원의 인사문제를 담당하는 행정자치부의 경우, 인원변동을 기획한 장관이 누구이고 집행한 장관이 누구인지에 대한 내부 자료가 없으며 정부기록보존소에도 장관과 연계된 인사자료는 없고 기껏해야 지금으로부터 2~3년 전 자료만을 확인할 수 있을 뿐이라고 한다 (2001년 1월 본 연구자와 관련부처 인사담당자와의 전화면담에서 확인한 내용임).

본 연구처럼 20년이라는 기간을 연구범위로 잡는 경우 부처의 개
별 장관과 연계된 인사변동자료를 구한다는 것은 현실적으로 불가
능하다고 할 것이다.

## 2. 장관역할 분석

앞에서 전술한 승계효과를 분석하는 경우 그 결과는 크게 부처
활동에 '변화가 있다'와 '별 변화가 없다'로 분류될 수 있을 것이
다. 부처활동에 변화가 있는 경우, 장관은 어떠한 역할(기능)을 하
는 것인지에 대한 고찰이 필요하다 할 것이다. 반대로 부처활동에
변화가 없다고 한다면 그 경우 장관은 도대체 어떠한 역할을 하는
존재인지를 밝히는 것이 중요하다 할 것이다.

본 연구는 이 같은 점을 고려하여 장관의 역할을 두 가지로 나
누어 살피기로 한다. 하나는 부처활동에 변화가 없는 경우 장관의
역할이다. 임명권자인 대통령에 대한 장관의 역할을 말한다. 다른
하나는 부처활동에 변화가 있다고 하는 경우의 역할로 행정부처의
장으로서 장관의 역할을 고찰하고자 한다. 아래에서는 장관의 역
할을 두 가지로 나눈 근거를 자세히 설명하고자 한다.

### 1) 대통령에 대한 역할

대통령에 대한 장관의 역할에 대한 국내의 선행연구는 아직까지
는 없는 것 같다. 다만 외국의 선행연구는 있다. 정통 대통령 중심
제 국가인 미국에서 역대 대통령의 장관 임명기준 혹은 선택기준
을 분석한 연구(Wyszommirski)가 그것이다. 이 연구에 따르면 장

관선택 기준으로 4가지가 제시되고 있다. 정치적 자산의 필요성, 상징적 대표성의 고려, 대통령의 정책설계 보좌, 소속 행정부처의 관리와 감독 필요성 등이다. 이러한 외국의 연구는 한국행정의 현실을 분석하는 데 하나의 준거 틀을 제시해줄 수 있다고 판단된다. 우리나라에서는 장관이 임명되는 경우 여러 가지 기준이 정부당국에 의해 제시되곤 한다. 전문성이니, 개혁성이니, 행정경험 풍부 등이 그것이다. 그러나 자세히 임명사례를 분석해 보면 출신지역이나 성별, 혹은 대통령과의 친소관계 등 정치적인 요소가 장관임명에 크게 반영되고 있는 사실을 목도하게 된다. 또한 각종 사건 사고가 발생해 정국이 어수선해지거나 민심이나 여론이 집권세력에게 우호적이지 않을 때 '국정쇄신이나 민심수습'이라는 명분아래 대폭 혹은 소폭 개각을 통해 새 장관을 임명하는 경우가 각 정권마다 적지 않게 있어 왔던 게 사실이다. 이러한 임명사례 등은 장관이 대통령의 정치적 자산(political assets)이나 정치적인 도구(political instruments)로 활용되고 있는 사례라 할 수 있을 것이다. 따라서 이 경우의 장관의 역할은 정치적인 비중이 크다고 할 수 있다. 이와 같은 관점에서 고찰되는 장관의 역할이란 부처의 정책이나 부처의 조직 관리자로서의 역할과는 분명히 다르다고 해석할 수 있다. 때문에 본 연구는 정치적인 측면이 강한 이러한 장관의 역할을 부처의 長으로서의 역할과 구분해 '대통령에 대한 역할'로 명명하고자 한다. 외국의 연구사례처럼 본 연구에서도 '대통령에 대한 장관의 역할'은 대통령의 장관 임명기준을 통해 도출될 수 있다고 본다. 구체적으로 임명기준에 의해 도출된 역할을 보면 정치적 역할, 정책전문가 역할, 일반관리자 역할 등이라 할 수 있다.71) 하지만 이러한 역할들은 명목상 분리되어 있을 뿐이다. 실제

로는 정치적인 기준이 정책전문가 역할이든 일반관리자 역할이든
상당한 비중으로 고려되어 있다고 할 수 있다. 요약하면 대통령에
대한 장관의 역할은 정치적 자산 혹은 정치적 도구로서의 역할비
중이 상대적으로 크다. 따라서 정치적인 기준에 초점을 두고 분석
되는 장관의 역할이라고 말할 수 있다.

## 2) 부처장의 역할

장관의 승계효과가 '존재한다'고 하는 경우 부처의 장으로서 장
관의 역할을 고찰하는 것이 필요하다. 여기서 말하는 부처의 장으
로서의 역할은 정치적 기준이 전혀 고려되지 않은 역할이라는 점
에서 전술한 대통령에 대한 장관의 역할과 다르다고 할 수 있다.
부처의 장으로서 장관의 역할에 관한 외국의 연구 중 본 연구가
원용한 연구로는 Headey의 연구를 들 수 있다. 이 연구는 장관이
재임기간동안 어떠한 부문에 역점을 두었는지를 기준으로 장관의
역할 유형을 나눈 것이라 할 수 있다. 그가 연구한 역할 유형을
보면 정책설계형과 정책선택형, 집행형, 대사형, 소극형이었다.[72]
이러한 역할 유형은 내각책임제를 정치제체로 한 영국의 사례를
중심으로 분류된 것이어서 문화적으로 동양권에 속하며 대통령 중
심제를 채택하고 있는 한국의 행정에 적용하는 경우 일부 수정이
필요하다고 생각된다.

먼저 정책설계형과 정책선택형으로 나누어 논의하기보다는 이

---

71) 각 역할에 대한 자세한 설명은 개념의 조작화와 측정방법에서 다룬
    다.
72) 자세한 내용은 제2장 선행연구의 탐색을 참조할 것.

두 가지를 통합해 정책 역할 유형으로 보는 것이 합리적이라고 생각된다. 정책설계형과 정책선택형의 경우 장관이 재임기간동안 정책의 설계에만 전념하거나 부하공무원이 제시한 정책대안 중 하나를 선택만 한다고는 보기가 어렵다. 오히려 재임기간동안 장관별로 어느 유형에 더 치중하는지에 대해서는 정도의 차이는 있겠지만 두 가지 유형이 혼재돼 있다고 보는 것이 한국행정의 현실 상황에 부합된다고 판단되었기 때문이다.

집행형은 조직의 내부문제 해결에 치중하는 역할 유형이므로 우리의 현실에 그대로 적용해 사용하더라도 큰 문제는 없을 것이란 생각이다. 다만 본 연구에서는 집행형이라는 명칭대신 조직 관리 역할 유형이라고 부르고자 한다.

대사형은 외부관계자와 공식적 비공식적으로 만나 설득이나 협의 등의 과정을 통해 부처의 업무를 추진하는 데 역점을 두는 유형으로 본 연구에서도 그대로 원용할 수 있을 것으로 생각된다. 다만 본 연구에서는 대사형을 대외관계 역할 유형으로 바꾸어 사용하기로 한다.

소극형은 부처업무에 별 관심이 없고 의전적인 행사나 부처업무 결재 등에 거의 대부분의 시간을 할애하는 유형이라 할 수 있다. 본 연구에서는 이를 소극 역할 유형으로 불러 사용하고자 한다.

이처럼 본 연구에서는 장관의 역할 유형을 정책 역할, 조직 관리 역할, 대외관계 역할, 소극 역할 유형 등 4가지로 나누어 고찰하기로 한다. 각각의 역할에 대한 개념 정의를 보면 다음과 같다.

첫째, 정책 역할 유형이다 이 유형은 특정정책의 개발이나 추진에 역점을 두고 활동하는 장관의 유형을 말하는 것으로 본 연구에서는 보기로 한다.

둘째, 조직 관리 역할 유형이다. 이 유형은 조직이나 인사 등 부처내부 문제의 해결과 운영개선에 역점을 두고 활동하는 유형이라고 할 수 있다. 본 연구에서는 부하에게 업무수행에 요구되는 재량권과 함께 책임도 부여하는 장관의 역할 유형도 포함시키기로 한다.

셋째, 대외관계 역할 유형이다. 부처에 대한 외부 압력을 배제하고 정당이나 의회 청와대 등 관련 기관의 협조를 확보하는 등 부처의 대외업무 추진에 역점을 두고 활동하는 유형이라고 이 책에서는 보고자 한다.

넷째, 소극 역할 유형이다. 이 역할 유형은 부처정책, 부처의 조직 관리, 부처의 대외관계나 위상제고 등 부처의 일에 별 관심이 없는 장관의 유형을 말한다. 외부에 나가 연설을 하거나 인사말을 하거나 테이프 컷팅을 하는 등의 의전적인 일에 관심을 가지거나 특별히 하는 일 없이 장관직을 즐기는 유형이 여기에 해당된다고 이 책은 보고자 한다.

## 3. 직무수행 조건 분석

장관의 역할은 전술한 바와 같이 정치적 자산이나 도구로서의 역할과 부처의 장으로서의 역할 등이 있다. 그런데 정치적 자산(도구)으로서의 역할이 지나치면 부처의 업무수행에 큰 지장을 줄 수 있을 것으로 생각된다.

이러한 측면에서, 장관이 효과적으로 직무를 수행하기 위해 어떠한 조건이 필요한지를 고찰하기 위해 본 연구에서는 첫째, 유능한 장관과 그렇지 않은 장관의 특성을 비교했다. 특성 비교를 위한 변수로 본 연구는 임명기준, 해임사유, 재임기간, 경력 등을 선정했다. 둘째, 직무수행시의 애로점이 무엇인지를 파악하고자 했다. 본 연구에서는 직무수행에 있어 장애 요인을 크게 장관의 속성과 관련된 개인적 요인과 구조적·환경적 요인으로 나누어 고찰하고자 한다.

여기서 유능한 장관이란 부처의 업무를 성공적으로 수행한 장관을, 무능한 장관이란 부처의 업무를 수행하는 데 있어 적응에 어려움을 겪었던 장관을 의미하는 것으로 본 연구에서는 보기로 한다. 아래에서는 먼저 유능·무능 장관의 속성변수를 살펴본 뒤 직무수행 시 애로점을 보기로 한다. 임명기준은 장관을 임명한 기준이 전문성이냐, 정치적인 기준이냐, 아니면 일반관리성을 기준으로 했느냐를 나타내는 것으로 어떠한 기준이 상대적으로 더 필요한지는 부처마다의 특성에 따라 다를 것으로 판단된다. 예컨대 경제관련부처의 경우는 상대적으로 고도의 전문성이 많이 요구되는 부처라 할 수 있고 환경부의 경우는 어떠한 정책을 펴나가는 데 있어서 다른 부처나, 경제 단체, 시민단체 등과 의견조율을 상대적으로 많이 필요로 하는 부처이기 때문에 정치적 기준이 보다 많이 요구될 수 있다. 해임사유는 장관을 어떠한 이유에 의해 경질시켰느냐 하는 것을 의미한다. 크게는 일이나 업무(역할)에서 책임질 사유가 발생해서 경질되는 경우가 있을 수 있고 반대로 부처의 업무와 무관한 사유로 경질되는 경우가 있을 수 있다. 부처업무에 따른 책임으로 물러나는 사례가 많을수록 장관은 일을 더욱 잘하려는 의욕과 동기를 가질 것이다. 이에 비해 일을 아무리 잘해도 업무외적인 사유로 인해 경질되는 사례가 많아진다면 일에 대한

의욕은 크게 저상될 것이다. 재임기간은 장관별 능력에 따라 상대
적으로 차이가 있을 수 있겠으나 대체로 단기간보다는 충분한 기
간이 주어질 경우 부처업무를 수행하는 데 크게 도움이 될 것으로
생각된다. 우리나라의 경우 장관이 부임하여 부처업무를 조금 알
만하면 바뀌는 사례가 많다는 지적은, 업무와 관련해 재임기간의
중요성을 강조한 것으로 풀이할 수 있을 것 같다.[73] 경력은 장관
이 되기 전에 종사했던 분야나 직종에서의 경험정도를 말하는 것
으로 예컨대 지방행정을 총지휘하는 장관의 경우는 기본적으로 내
무행정에 관한 경험이 풍부한 인사가 그렇지 않은 인사에 비해 부
처 업무를 잘 처리할 수 있을 것으로 생각된다. 군사행정을 담당
하는 장관의 경우도 군에서 오랜 기간 동안 실전경험을 쌓은 군사
전문가가 보다 효율적으로 업무를 처리할 수 있다고 판단된다. 이
러한 점에서 장관직의 원활한 수행을 위해 대통령과의 관계와 전
문성여부, 공직 경험 유무 등이 중요하다는 국내의 연구(이선우)는
본 연구와 일정한 연계성을 가지고 있다고 할 수 있다.

둘째, 장관이 직무를 수행하는 데 장애요소를 보면 전문적 지식
이나 기술이 부족해서 업무처리에 애로를 겪는 경우가 있을 수 있
다. 이러한 장애요소들은 개인적 요인으로 볼 수 있다. 또 하나는
장관이 개인적으로 볼 때 전문적 식견이나 우수한 자질을 가지고
있으나 관련 기관들이 업무처리에 비협조적이거나 아니면 일과 무
관한 이유로 장관직을 물러나게 되는 경우 등은 부처업무를 효율적

---

73) 김영삼 정부 말기 문화체육부 장관을 역임한 송태호 씨(홍익대 초빙
교수)는 필자와의 면담에서 장관이 제대로 일을 하려면 적어도 재임
기간이 3년 정도는 돼야 입안한 정책이 집행단계를 거쳐 결실을 맺
을 수 있다고 강조했다(2000년 4월 21일 오전 11시 20-12시 50분, 홍
익대 문헌관 1403호 동아시아 연구소에서 면담) .

으로 처리하는 데 커다란 지장을 가져올 수 있다. 본 연구에서는 이러한 장애 요인들을 개인적 요인과 구분해 '구조적·환경적 요인'으로 부르고자 한다. 다만 유능·무능장관의 특성과 직무 수행 시 애로점은 별개로 독립된 변수이기보다는 서로 밀접하게 연계돼 있다고 할 수 있다.

# 제2절 연구가설의 설정

본 연구의 연구가설은 크게 2가지로 나눌 수 있다. 하나는 승계효과에 관해 설정한 연구가설이며, 두 번째 가설은 두 가지 장관의 역할(대통령에 대한 역할, 부처장으로서의 역할)을 기준으로 설정한 가설이다. 다만 이러한 연구가설은 엄격한 의미에서의 과학적인 검증을 위해 설정된 것이라기보다는 이 책의 연구진행을 돕기 위해 설정된 것으로 본 연구에서는 보기로 한다.

아래에서는 두 가지 연구가설을 차례대로 설명하고자 한다. 그리고 각각의 가설에 대한 설정 근거를 구체적으로 기술하기로 한다.

<가설 Ⅰ> 장관이 바뀌면 부처의 행정에 변화가 발생할 것이다. 이 가설은 구체적으로 다음과 같이 나눌 수 있다.

Ⅰ-ⅰ) 장관의 교체빈도가 많은 부처와 그렇지 않은 부처간에는 법률안 제안횟수에서 차이가 있을 것이다.

Ⅰ-ⅱ) 장관의 교체빈도가 많은 부처와 그렇지 않은 부처간

에는 조직개편횟수에서 차이가 있을 것이다.

Ⅰ-ⅲ) 장관의 교체빈도가 많은 부처와 그렇지 않은 부처간에는 예산의 증감폭과 인원의 증감폭에 차이가 있을 것이다.

Ⅰ-ⅳ) 장기 재임한 장관과 단기 재임한 장관은 법률안 제안수와 조직개편횟수에서 차이를 보일 것이다.

<가설 Ⅰ>은 장관이 부처를 책임지는 長으로서 행정부문에 영향력을 행사할 수 있는지와 영향력을 행사할 수 있다면 그 크기정도는 얼마나 되는지를 알아보기 위해서 설정되었다고 할 수 있다. 승계와 조직성과 변화와의 관계를 검토한 제2장 선행연구의 내용 중 맥락주의 입장과 개인주의 입장이, 장관이 바뀌는 경우 어떻게 한국행정의 현실에 나타나는지를 고찰하는 것이 본 연구의 제1단계 연구주제이기 때문이다. 특히 <가설 Ⅰ-ⅲ>을 설정한 것은 재임기간이 길고 짧음에 따라 그것이 예산이나 인원의 변동에 얼마만큼 영향을 미치는지를 분석함으로써 Niskanen 등이 주장하는 '조직(예산)극대화 가설'을 한국 행정에서 부차적으로 검토하기 위한 목적이 있다 할 것이다. 조직극대화 가설이란 관료들은 자신들의 위신과 체면을 높이기 위해 집무실의 크기나 인원을 늘리는 등 조직의 확대에 관심이 많으며 이를 통해 자신들의 권한을 확장하고자 한다는 내용을 담고 있다.[74]

<가설 Ⅰ-ⅰ~ⅲ>의 내용은 부처를 분석단위로 한 것이며 <가설 Ⅰ-ⅳ>는 개별 장관을 분석단위로 한 것이다.

---

74) 김동건, 현대재정학(서울: 박영사, 1997), pp.124-133; 소병희, 공공선택의 정치경제학(서울: 박영사, 1993), p.150.

<가설 Ⅱ> 대통령에 대한 장관의 역할과 부처장으로서의 장관의 역할은 상호 연관성을 가질 것이다. 이 가설은 크게 3가지로 나눌 수 있을 것이다.

<가설 Ⅱ-①> 대통령에 대한 장관의 역할은 정부별, 부처별 특성에 따라 차이를 보일 것이다.

<가설 Ⅱ-②> 부처장으로서의 장관의 역할은 정부별, 부처별 특성에 따라 다를 것이다.

<가설 Ⅱ-③> 정치적 도구나 정치적 자산으로서의 장관의 역할과 부처장으로서의 장관의 역할은 연계되어 있을 것이다. 이 가설은 구체적으로 다음과 같이 분류될 수 있을 것이다.

Ⅱ-③-ⅰ) 전문성을 기준으로 임명된 장관일수록 부처의 정책개발이나 추진에 역점을 둘 것이다.

Ⅱ-③-ⅱ) 정치적 기준으로 임명된 장관일수록 부처의 대외업무 추진에 역점을 둘 것이다.

Ⅱ-③-ⅲ) 일반관리자 기준으로 임명된 장관일수록 조직내부문제의 해결에 역점을 둘 것이다.

Ⅱ-③-ⅳ) 장관의 임명기준(전문성, 일반관리성, 정치적 기준)과 부처행정부문(정책, 조직 관리, 대외위상)의 변화정도는 서로 관계가 있을 것이다.

<가설 Ⅱ>의 내용은 본 연구의 두 번째 분석단계에 따라 설정

된 것이다. 즉 장관의 역할은 무엇인지를 검토하기 위해 설정된 것이라 할 수 있다.

<가설 Ⅱ-①>은 대통령에 대한 장관의 역할 유형은 무엇인지를 고찰하기 위해 설정된 것이며 <가설 Ⅱ-②>는 부처장으로서의 장관의 역할 유형은 무엇인지를 분석하기 위해서 설정되었다고 할 수 있다. 정부별로, 부처별로 나누어 분석을 시도하는 것은 정부의 특성과 부처의 특성에 따라 장관의 역할 유형이 달라질 수 있다고 판단되었기 때문이다.

먼저 정부별 특성이란 장관의 임명권자인 대통령이 민간인 출신인지 아니면 군 출신인지에 따라 나누어진 개념으로 볼 수 있다. 한국의 행정 상황을 감안하는 경우 김대중·김영삼 정부는 민간인 출신이 집권한 정부라 할 수 있고 전두환·노태우 정부는 군 출신이 집권한 정부라 할 수 있다. 특히 군 출신 정부는 대체로 정통성의 기반이 취약하므로 이러한 약점을 전문가의 등용으로 만회하려는 가능성이 크다고 할 수 있다. 이에 대해 민간인 출신 정부는 민주화 투쟁과 관련해 집권한 정부라 할 수 있다. 집권하기까지 많은 사람들에게 물질적, 비물질적 지원을 받았다고 할 수 있다. 이러한 이유로 민간인 정부는 정치적인 보상이나 상징적인 대표성 차원에서 이들 신세진 사람들을 장관에 임명할 가능성이 상대적으로 높다고 할 수 있다.

부처별 특성을 기준으로 가설을 설정한 것은 부처업무가 고도의 전문적 지식이나 기술을 요하는 것인지 여부에 따라 장관의 역할 유형이 달라질 수 있다고 보았기 때문이다.

<가설 Ⅱ-③>은 두 가지 역할이 어떠한 연계관계에 있는지를 검토하기 위해 설정되었다. 임명기준과 역할 유형과의 관계, 임명

기준과 행정 각 부문의 변화정도관계를 가설로 설정한 것은 장관이 어떠한 기준에 의해 임명되었는지를 알면 장관이 재임기간동안 어떠한 역할에 전념하는지를 알 수 있으며 나아가서는 관련 행정 부문의 변화도 발생시킬 수 있다고 해석되었기 때문이다.

<가설 Ⅱ>에서의 장관의 두 가지 역할 유형은 제2장 선행연구에서 고찰한 바와 같이 장관의 선택기준을 연구한 Wyszommirski와 부처장으로서의 장관의 역할 유형을 연구한 Headey의 이론에서 빌려와 한국현실에 맞게 수정해 적용한 것이라 할 수 있다.

지금까지 기술한 장관역할 분석의 3단계절차를 그림으로 나타내면 다음 쪽 <그림 3-1>과 같다.

## \<그림 3-1\> 장관역할 분석 3단계 절차

| | 분석 초점 | 분석단위 | 분석변수 |
|---|---|---|---|
| 제<br>1<br>단<br>계 | ·승계효과 분석 | 부처 | ·장관교체(재임기간)<br>·법률안 제안수<br>·조직개편횟수<br>·예산 변동률<br>·인원 변동률, 고위직인원 변동률 |
| | | 개인 | ·장관교체(재임기간), 경력, 전문성<br>·법률안 제안수<br>·조직개편횟수 |

| | | 분석초점 | 분석단위 | 분석변수 |
|---|---|---|---|---|
| 제<br>2<br>단<br>계 | 2<br>가지<br>장관<br>역할 | ·대통령에 대한 역할 | 전체장관 | ·역할 유형 |
| | | | 정부 | ·역할 유형 |
| | | | 개별부처 | ·역할 유형 |
| | | ·부처장의 역할 | 전체장관 | ·역할 유형<br>·행정부문 변화정도 |
| | | | 정부 | ·상동 |
| | | | 개별부처 | ·상동 |
| | | ·두 가지 역할 연계 | 전체장관 | ·임명기준, 장관역점부문<br>·임명기준, 행정부문 변화정도 |
| | | | 정부 | ·상동 |
| | | | 개별부처 | ·상동 |

| | 분석 초점 | 분석단위 | 분석변수 |
|---|---|---|---|
| 제<br>3<br>단<br>계 | ·직무수행 조건 분석 | 부처 | ·유능한 장관의 특성(임면<br>기준, 재임기간, 경력) |
| | | 부처 | ·직무수행 애로점 |

# 제3절 개념의 조작화 및 측정방법

## 1. 부처승계효과 측정

장관이 바뀌는 경우 부처활동의 변화를 잴 수 있는 각 측정지표의 산출기준을 보면 다음과 같다.

첫째, 법률안 제안수에서 법률안이란 장관이 재임기간동안 국회에 제출한 법률안 중 국회 본회의를 통과한 뒤 정부에 이송돼 공포된 것만을 대상으로 했다. 법률안은 제정된 것과 개정된 것을 모두 포함시켰다.

둘째, 조직개편횟수는 장관이 재임하는 기간동안 소속부처의 직제에 관한 대통령령이 몇 번 공포되었나 하는 횟수를 기준으로 산출해 냈다.

셋째, 예산변동률과 인원변동률, 고위직인원변동률은 각각 아래와 같은 식을 통해 산출해 냈다.[75] 특히 고위직인원변동률은 일반직을 기준으로 1급에서 3급까지의 공무원을 대상으로 산출되었다.

---

[75] 평균예산변동률의 측정은 82년부터 2000년까지 각 부처의 소관별 세출예산(일반회계 기준)을 기준으로 했다. 평균인원변동률은 82년부터 90년, 92년부터 96년 98년부터 99년까지 각 부처의 총 정원을 기준으로 산출했다. 82부터 98년까지는 정무직, 별정직, 특정직 일반직, 기능직, 고용직을 합해 산출했고, 99년의 경우는 여기에 계약직을 합해 산출했다. 고위직인원변동률은 1981년부터 2000년까지를 기준으로 산출했다.

부처의 t년도의 예산변동률=[t년도 예산-(t-1년도 예산)]/(t-1년도  예산)

부처의 t년도의 인원변동률=[t년도 인원-(t-1년도 인원)]/(t-1년도인원)

부처의 t년도의 고위직인원 변동률=[t년도 고위직인원-(t-1년도 고위직 인원)]/(t-1년도 고위직 인원)

본 연구에서는 이러한 측정지표를 통해 부처활동의 변화에 차이가 있는지를 분석하는 것이 주된 목적이므로 빈도수(법률안 제안수나 조직개편횟수)의 많고 적음이나 변동률(예산이나 인원)의 높고 낮음이 바람직한 것인지 아닌 지에 대한 판단은 유보하기로 한다.

부처행정의 변화를 측정하는 지표를 구하는 데 사용한 자료는 전두환 정부출범부터 김대중 초기정부(1980년 9월~2000년 8월 7일 현재)가지 20년 동안의 객관적 자료였다. 구체적으로는 법률안 제안수의 경우 국회회의록 자료 사이트[76]와 법제처 법령자료, 사이트[77] 그리고 해당부처 정보공개 청구 자료가 참조되었다. 조직개편횟수와 인원관련 자료는 행정자치부의 조직정책 자료[78], 행정자치부 조직정책 자료 사이트[79]이었다. 예산안 자료는 예산관련부처(경제기획원, 재정경제원, 예산청 등)의 부처별 예산안 자료와 해당부처에 대한 정보공개 청구 자료 등을 들 수 있다.

한편, 개인을 분석단위로 하여 부처행정의 변화를 고찰하는 경우 부처행정에 영향을 미칠 수 있는 변수로 본 연구에서는 재임기간과

---

76) 국회회의록 인터넷 사이트(http://node3.assembly.go.kr:5006/)참조.

77) 법제처 법령자료 인터넷 사이트(http://www.moleg.go.kr/) 참조.

78) 행정자치부, 정부조직변천사, 1998년도 상하권.

79) 행정자치부 조직정책자료 인터넷 사이트(http://org.mogaha.go.kr:7003/jojik/) 참조.

경력, 전문성 등을 선정했다. 제2장 선행연구에서 고찰한 바와 같이, 조직의 성과에 영향을 미칠 수 있는 변수로 리더 개인의 특성을 중시한 개인주의론자들(Hambrick & Mason; Doig & Hargrove; Bowling & Wright)의 연구가 한국의 행정현실에도 적용될 가능성이 있다고 보았기 때문이다. 아래에서 각 변수들의 측정방법을 설명하면 다음과 같다.

첫째, 재임기간은 장관이 취임한 날로부터 경질된 날까지의 기간(개월)을 말하는 것으로 본 연구는 보고자 한다. 장관 재임기간은 전두환 정부출범이후(1980년 9월)부터 김대중 초기정부(2000년 8월 7일 현재)까지 존속한 16개 부처 장관 258명을 기준으로 산출했다. 산출을 위해 이용된 자료는 조선일보 인터넷 인물 DB의 '부처별 역대장관' 메뉴였다.[80]

둘째, 경력은 장관으로 취임한 각료가 장관 취임 전 종사했던 주된 직종을 의미하는 것으로 본 연구는 보고자 한다. 예컨대 장관에 임명된 인사가 오랜 기간동안 관료나 정치인 혹은 학자로서 일을 해온 경우 이를 경력으로 간주한다는 뜻이다. 다시 말하면 경력이란 장관이 되기 전 가장 오랫동안 종사한 분야(혹은 직종)에서의 경험정도를 말한다. 다만, 장관이 되기 전 다양한 직종이나 분야를 경험한 경우에는 다음과 같은 원칙을 정해 경력을 산출해 냈다.

ⅰ) 종사기간이 가장 긴 직종을 기준으로 경력을 산출해냈다. 예컨대 법무부 장관의 경우 임명직전 경력이 변호사라 하더라도 검사로서 근무한 연수가 훨씬 많은 경우(보통은 검찰총장 출신이

---

80) 조선일보 인물DB 자료 인터넷 사이트
   (http://db.chosun.com/cgi-bin/man/manPutHtml.cgi)참조.

법무부 장관이 되는 사례가 많았음)는 경력을 법조인이 아닌 관료
(검찰 공무원)로 산출했다.

ii) 종사기간이 다른 직종에 비해 짧더라도 장관임명에 커다란
영향을 미친 직종이라고 판단되는 경우는 직전 직종을 경력으로
보았다. 예컨대 현직 집권당 국회의원을 당정관계차원이나 계파
안배차원에서 장관에 임명하는 경우 국회의원의 경력연수가 다른
직종의 연수에 비해 짧다 해도 국회의원이라는 직책이 장관이 되
는 데 큰 영향을 미쳤다고 판단할 수 있으므로 이때의 경력은 정
치인으로 간주했다는 의미이다. 경력분석을 위해 활용한 자료는
조선일보 인물DB 인터넷 자료와 마이크로필름 신문자료(조선일보,
중앙일보), 동아연감[81]등이었다.

셋째, 전문성여부란 장관으로 임명된 자가 해당부처 업무와 관
련해 전문적 지식이나 식견을 가졌거나 관련 사적 조직에서 풍부
한 경험을 쌓았는지를 나타내는 것으로 본 연구에서는 보고자 한
다. 전문성여부는 후술하는 임명기준과 같다고 할 수 있으므로 여
기서는 생략하기로 한다.

---

81) 동아일보사, 동아연감, 1981년~2000년판 참조.

## 2. 장관역할 측정

### 1) 대통령에 대한 역할

제3장 제1절(분석모형)에서 기술한 대로 대통령에 대한 장관의 역할은 임명기준을 통해 도출된다고 하였다. 장관의 임명기준은 어떻게 파악할 수 있을까. 여러 가지 방법이 있을 수 있으나 크게 주관적인 방법과 객관적인 기록물 자료를 활용하는 방법이 있을 것이다.

첫째, 주관적인 방법은 장관 임명당시의 대통령이나 보좌진(비서진), 장관자신이나 그의 보좌진(비서진)에게 면담이나 설문지 등을 통해 임명기준에 관해 직접 물어보는 방법이다. 이러한 방법은 일정기간(비교적 짧은 기간)동안 재임했던 극히 적은 수의 장관을 대상으로 하는 경우에는 합리적인 방법일 수 있다. 그러나 우리의 연구처럼 장기간동안 재임한 수백 명의 장관을 대상으로 분석하는 경우에는 현실적으로 제약이 많은 방법이라 할 수 있다. 당사자들이 아주 오래 전의 일을 기억하기에도 한계가 있으며 자신의 생각과 다른 응답을 할 소지가 많고 주관적인 편견이 개재될 가능성이 있기 때문이다.

둘째, 장관의 임명에 관한 시사기록물자료(신문, 잡지, 연감 등)를 활용하는 방법이다. 본 연구에서는 주관적 방법이 가지는 방법론상의 약점을 최대한 줄이면서 장관의 역할에 관해 일반화된 결론을 도출해 내는 데는 객관적인 시사 자료를 활용하는 방법이 합리적이라고 생각된다. 이러한 자료들은 면담이나 설문지 방법에 의한 자료취득 방법에 비해 상대적으로 객관성을 확보할 수 있기 때문이다. 여기서 임명기준이란 신문이나 잡지, 연감 등 시사기록

물자료에 나타난 장관 인사당시의 임명기준을 말하는 것이다. 이
에 따라 참조한 시사기록물 자료는 다음과 같다. 조선일보 중앙일
보[82], 동아일보, 한겨레신문, 한국일보 등 유력 일간지와 동아연감,
연합연감 등 연감류, 월간조선 시사저널 등 월간지, 그리고 대통령
회고록[83], 각종 시사단행본[84]과 인터넷 사이트 자료(조선일보 인물
DB, 조선일보사건 DB)[85] 등이었다. 이렇게 광범위한 자료를 검토
한 것은 임명기준에 대한 해석이나 평가가 시사기록물마다 서로
다를 경우 어떠한 기준이 보다 정확성에 가까운 지를 파악하기 위
해서였다. 본 연구자가 임명기준을 선정한 단계를 구체적으로 제
시하면 다음과 같다.

먼저 조선일보와 중앙일보의 기사를 기준으로 임명기준을 확인
해 나갔다. 확인해 가는 과정에 임명기준에 대한 해석이나 평가가
두 신문 간 커다란 차이가 나거나 애매하여 정확한 판단을 하기가
곤란한 경우가 있었다. 이런 경우에는 동아일보나 한겨레신문, 한
국일보 등 다른 신문을 1차로 검토하였고 그래도 판단이 안서는
경우에는 연감류와 월간지, 시사단행본 등을 참조하여 가장 많이
거론된 내용을 임명기준으로 선정하였다. 본 연구자는 이러한 과

---

82) 1980년부터 1990년까지의 임명기준은 두 신문의 마이크로필름을 조
  사해 분석되었다.

83) 김영삼, 김영삼 회고록: 민주주의를 위한 나의 투쟁(서울: 백산서당,
  2000).

84) 주돈식, 문민정부 1천2백일: 화려한 출발, 소리 없는 실종(서울: 사람과 책,
  1997); 노재현, 靑瓦臺비서실 2(서울: 중앙일보사, 1994); 박보균, 靑瓦臺비
  서실 3(서울: 중앙일보사, 1994); 오병상, 靑瓦臺비서실 4(서울: 중앙일보
  사, 1995); 정두언, 최고의 총리 최악의 총리(서울: 한울, 2001) 참조.

85) 인터넷 사이트(http://db.chosun.com/cgi-bin/man/manPutHtml.cgi)참
  조.

정을 거쳐 장관 342명에 대한 임명기준을 1차로 추출해 냈다.

추출한 임명기준은 크게 4가지이다. 하나는 정치적인 보상차원에서 임명된 경우이다. 두 번째는 상징적인 대표성 차원에서 임명된 경우이다. 세 번째는 일반관리성을 기준으로 임명된 사례이다. 네 번째는, 전문성에 의해 임명된 사례이다.

구체적으로 각 임명기준 하나하나를 아래에서 자세히 설명하기로 한다.

첫째, 정치적 보상차원에서 장관에 임명되는 경우는 다음 4가지 경우를 기준으로 삼았다. ⅰ) 대통령의 측근 심복부하를 임명하는 경우이다. ⅱ) 국회의원선거에서 지역구를 양보한 인사를 대가차원에서 장관자리에 앉히는 경우이다. ⅲ) 부진이 예상되는 지역의 국회의원선거에 출마해 아쉽게 패배하였거나 선거에 필요한 자금이나 시설 제공 등 물질적 지원이 이루어진 경우 포상차원에서 장관에 임명하는 사례이다. ⅳ) 정당 간 연대나 혹은 정당 내 계파를 고려해 장관자리를 제공하는 경우이다. 정당 간 연대에 다른 임명사례를 하나 들면 부처업무에 관해 전문성도 부족하고 행정경험도 없는 인사를 특정정당의 몫으로 안배하는 차원에서 건설교통부 장관에 임명한 경우이다.

둘째, 상징적 대표성 차원에서 임명되는 경우는 아래의 사례를 기준으로 삼았다. ⅰ) 행정경험도 없고 부처업무와 관련해 전문적 식견이나 비전을 가지고 있지 않은 인사를 여성안배 차원에서 장관에 임명하는 사례(교육부, 환경부, 문화부 등)이다. ⅱ) 전문성이나 조직 관리 능력 등에서 검증이 안 된 인사를 특정지역이나 특정부문 출신이라는 이유로 장관에 입각시키는 경우(예, 농림부, 교통부) 등이다. 즉 상징적 대표성 차원의 임명이란 출신지역이나 성 등 특정연고 관련자나 특정부문 종사자(예, 군인)라는 점을 가장 중시해 임명하는 것을 의미한다고 할 것이다.

셋째, 일반관리성을 기준으로 임명된 경우는 관련부처의 행정경험이 전혀 없거나 일천한 인사를 장관에 임명하는 경우이다. 예컨대 지방행정분야에서만 일해 온 정통내무 관료를 행정경험이 없는 다른 부처의 장관에 임명하는 경우가 이러한 사례에 속한다고 할 수 있다(예, 내무부 관료출신을 교통부 장관에 임명하는 경우).

넷째, 전문성에 의해 임명된 경우이다. 전문적 식견이나 지식 혹은 기술을 갖추었거나 관련분야 사조직 혹은 공공조직에서 풍부한 경험을 쌓은 인사를 장관에 임명하는 경우가 이에 해당한다고 할 수 있다. 이러한 예로는 사조직의 CEO를 지낸 인사를 관련부처(예, 정보통신부)의 장관에 임명하거나 경제학 교수를 경제 관련부처(예, 재경원 동력자원부 산업자원부 등) 장관에 입각시키는 경우, 지방행정경험이 풍부한 관료를 관련부처(예, 행정자치부 등)의 장으로 앉히는 사례 등을 들 수 있다.

본 연구자는 이상의 기준에 의거해 임명기준을 선정했으나 선정결과 대해서는 오류가 있을 수도 있다는 판단에서 제2차적인 확인작업은 20년 이상 정치부 기자 경력을 가진 현직 중견언론인[86]에게 용역을 의뢰해 이루어졌다. 중견언론인에 의한 2차 검토결과 3명의 장관에 대한 임명기준에 오류가 있다는 사실을 전달받았으며

---

86) 최규식 당시 한국일보 정치부장(현 열린우리당 국회의원)께서 오류수정작업을 해 주셨다. 본 연구자는 2000년 8월 초 한국일보 편집국 정치부를 방문해 본 연구자가 행한 임명기준 조사자료(A4지 41매 분량)를 최규식 당시 정치부장에게 건네면서 수정작업을 도와달라고 부탁을 하였다. 본 연구자는 9월 중순께 최규식 정치부장으로부터 검토 수정된 임명기준자료를 돌려받았다.

본 연구자는 다른 시사기록물 자료를 다시 참조해 잘못된 부분을 바로 잡았다.

이와 같은 임명기준 선정 작업을 통해 도출된 역할을 보면, 정치적 수혜자로서의 역할, 상징적 대표자로서의 역할, 일반관리자로서의 역할, 정책전문가로서의 역할 등 4가지이다.

정치적 수혜자로서의 역할은 정치적인 보상차원에서 장관을 임명하는 경우 기대할 수 있는 장관의 역할로, 상징적 대표자로서의 역할은 지역이나 성, 군인이나 개혁성향의 인물 등 특정 연고관련자를 임명하는 경우 기대되는 장관의 역할을 말하는 것으로 본 연구에서는 보고자 한다. 일반관리자로서의 역할은 일반관리자를 임명하는 경우 기대되는 장관의 역할로, 정책전문가로서의 역할은 전문성을 고려해 임명하는 경우 기대할 수 있는 장관의 역할을 말하는 것으로 본 연구에서는 보고자 한다.

대통령에 대한 장관의 역할은 위에서처럼 4가지로 설명했으나 실제로는 4가지 장관의 역할에는 정치적인 보상이나 상징적인 대표성 등 이른바 정치적인 기준이 상당한 수준으로 고려돼 임명되는 게 한국행정의 일반적인 현상이라 할 수 있다. 따라서 대통령에 대한 장관의 역할에 대해 본 연구는 다음과 같은 전제를 하고자 한다.

첫째, 정치적인 보상이나 상징적 대표성을 고려해 임명한 경우 장관의 역할은 모두 '정치적 역할'로 통일해 처리하고자 한다. 그것은 정치적 기준에 의한 임명에 해당된다고 볼 수 있기 때문이다.

둘째, 일반 행정 경험을 토대로 장관을 임명하더라도 정치적 기준이 고려되는 경우이다. 예컨대 일반관리자이면서 정치적인 보상이나 혹은 상징적 대표성이 감안되는 사례가 그것이다. 이러한 경우 정치적 기준과 일반관리자 기준 중 어떠한 기준이 더 강하게 임명에 영향을 미쳤는지에 대해서는 여러 가지 해석이 가능하다. 객관적이며 일률적인 판단기준을 만들기가 현실적으로 거의 불가능하다는 뜻이다. 본 연구는 이러한 현실적 상황을 고려, 이 경우의 정치적인 기준은 일반관리성이라는 임명기준의 범주에 포함시켰다. 즉 '일반관리자로서의 역할' 범주에는 정치적 기준이 함께 섞여 있다고 볼 수 있다.

셋째, 정책전문가를 임명하는 경우 정치적 기준이 고려되는 경우이다. 이 경우에도 일반관리자 임명의 경우와 같은 이유로 정치적인 기준은 정책전문가 역할범주에 모두 포함시켜 처리했다. 즉 정책전문가 역할에는 정치적 기준이 함께 혼재되어 있다고 볼 수 있다.

위에서 기술한 바와 같이 대통령에 대한 장관의 역할을 측정하는 지표는 약간 추상적이라는 한계를 안고 있다고 할 수 있다. 다만 분석을 위한 자료 확보 차원과 한국의 행정현실을 고려하여 측정지표를 산출해 낸 것이라 할 수 있다.

## 2) 부처장의 역할

부처장으로서의 장관의 역할은 어떻게 측정할 수 있을까. 문헌자료 등 객관적인 자료를 통한 장관의 역할 측정은 현실적으로 어렵지 않나 생각된다. 전임 장관의 하루 일정표에 대한 자료를 보존하고 있는 부처도 없다. 역대장관들의 비서관출신들에게 물어서 전임 장관들이 어떻게 하루하루를 보냈는지를 알 수 있는 방법은 있다. 그러나 이 방법도 비서관출신들을 찾기가 쉽지 않다. 혹 비서관 출신자들이 현역 공무원으로 종사한다해도 그들이 장관의 역할과 관련된 면담에 응해 주는 것도 쉬운 일이 아니다.[87] 이러한 이유로 개별 면담이 아닌 설문조사방법을 활용하였다. 설문조사방법을 구체적으로 설명하면 다음과 같다.

현행 장관급 16개 부처 국·과장급 간부를 대상으로 부처별로 각 9명씩에게 설문지를 우송해 회수하는 방식을 사용했다. 설문지 우송 시기는 2001년 1월 하순께와 2월 하순, 3월 초순이었으며 이 중에서 70% 수준에 해당하는 88매가 회신되었다. 원칙적으로 현직 국장급 이상을 설문대상으로 했다. 다만 회신이 불가능하다고 판단된 경우에는 전직국장급 이상이나 현직 과장급 공무원 중 고참과장을 대상으로 하여 설문조사를 실시했다. 설문지 회신횟수(부처별 응답자)를 부처별로 보면 환경부 6명, 외교통상부 7명, 노동부 6명, 건설교통부 8명, 재정경제부 6명, 정보통신부 6명, 농림부 5명, 산업자원부 6명, 교육부 5명, 문화관광부 5명, 행정자치부 6명, 과학기술부 7명, 보건복지부 6명, 통일부 9명, 법무부 1명, 국방부 없음 등이다. 이 가운데 회신율이 극히 낮은 법무부와 보안상의 이유로 회신이 불가능하다는 입장을 보인 국방부는 제외시켰다. 이러한 설문자료를 토대로 부처장으로서의 장관의 역할을 파악하는 구체적인 측정방법을 보면 다음과 같다. 설문지에 적시된 장관별로 장관 재임 시 행정 각 부문(정책부문, 조직 관리 부문, 대외위상 부문 등)의 변화가 얼마정도 일어났는지를 선택하게 했다.[88] 척도는 리커트 4점 척도를 이용했다. 구체적으로 보면, '매우

---

87) 본 연구자는 몇몇 중앙부처 현역국장으로 근무하는 비서관출신에게 모셨던 장관에 대한 평가를 요구했으나 "오히려 비서관으로 장관님을 모신 사람 입장이기 때문에 대답하기가 곤란하다"는 이메일 응답을 받아야만 했다.

큰 변화' 1, '상당한 변화' 2, '어느 정도 변화' 3, '별 변화 없음' 4 등이다. 이러한 기준에 따라 산출된 행정부문의 변화 평균치가 2.5 보다 작은 경우 장관은 관련 행정부문에서 '적어도 상당한 수준의 영향력을 가진 것'으로 평가했다.

이러한 측정지표를 통해 제2장 선행연구에서 검토한, 리더승계와 조직성과의 변화에 관한 2가지 이론, 즉 맥락주의 입장과 개인주의 입장이 부처장으로서의 장관의 역할에서 어떻게 적용되는지를 분석하고자 했다.

한편 부처장으로서의 장관의 역할 유형은 정책 역할, 조직 관리 역할, 대외관계 역할, 소극 역할 유형 등 4가지가 있다는 것은 제3장 제1절 분석모형의 설정에서 설명했으므로 생략하기로 하고 장관역할 유형을 도출하기 위해 사용된 설문내용을 구체적으로 보기로 한다. 먼저 임명기준을 토대로 장관을 선정하였다. 선정된 장관들을 정부별(노태우, 김영삼, 김대중)나누어 적시한 뒤 "장관들이 재임기간동안 가장 역점을 둔 부문은 무엇이었습니까?"라는 질문을 던졌다. 질문에 대한 응답은 5가지 카테고리로 분류된 것 중에서 하나를 고르는 폐쇄형 방식을 택했다. 5가지 카테고리를 세분하면 ⅰ) 특정정책의 개발이나 추진 ⅱ) 부처 내부 문제의 해결과 운영개선 ⅲ) 부처의 대외업무 추진(외압배제 및 정당 의회 청와대 등 협조 확보) ⅳ) 직원들이 자율적으로 업무 수행하도록 간섭 최소화 ⅴ) 기타(구체적으로) 등이었다. 이러한 질문에 대한 응답 결과를 장관별로 조사하여 5가지 카테고리 중 가장 응답횟수가 많이 나온 카테고리를 역점부문으로 선정해 부처장으로서의 역할 유

---

88) 자세한 설문내용은 <부록: 설문지>를 참조할 것.

형을 도출해 냈다.

## 3. 직무수행 조건 측정

장관이 효율적으로 역할수행을 하기 위해 어떠한 조건이 필요한
지에 대해 두 가지 분석을 실시한다고 기술한 바 있다(제3장 제1절
분석모형의 설정). 하나는 유능한 장관과 무능한 장관의 특성차이를
재임기간, 경력, 임면기준이라는 객관적 자료를 통해 알아보는 것이
며 다른 하나는 장관역할 수행 시 애로점을 주관적 자료로 고찰하는
일이다.

### 1) 유능·무능장관

본 연구에서는 유능한 장관과 무능한 장관을 분석했다. 16개 부
처 국·과장급을 대상으로 한 설문조사를 통해서였다. 부처별로
노태우 정부부터 김대중 초기정부(2000년 8월 7일 현재)까지 부처
별로 역대 장관 187명을 전부 적시했다. 그리고 장관별로 i) 업
무를 성공적으로 수행한 장관 ii) 보통수준의 업무수행 장관 iii)
적응에 어려움을 겪었던 장관 중 어디에 해당하는지 O표시를 하
게하고 그 이유를 개방형으로 구체적으로 기입하게 했다. 본 연구
에서는 이러한 조사절차를 거쳐 부처별 유능, 무능 장관을 선정했
다. 유능 장관은 성공장관으로 응답된 수가 가장 많은 장관과 차
순위 장관으로 선정했다. 또한 성공장관으로 응답된 수가 가장 많
은 장관이 동수일 경우나 성공장관으로 응답된 차순위 장관이 동
수일 경우에는 모두 유능 장관에 포함시켰다. 다만 성공장관으로

응답된 수가 보통장관으로 응답된 수보다 적은 경우에는 유능 장관을 선정하지 않았다(예, 환경부). 이러한 기준에 의해 16개 부처에서 유능 장관으로 뽑힌 장관은 모두 29명으로 집계됐다. 무능장관도 유능 장관의 선정과 같은 기준으로 가려졌다. 16개 부처에서 모두 34명의 장관이 무능한 장관으로 추출되었다.

다음으로 유능한 장관과 무능한 장관의 속성은 어떠한 차이가 있는지를 임명기준, 경질사유, 경력, 재임기간 등 4개 변수를 통해 고찰하였다. 개별 속성에 대한 분석 자료는 시사기록물이나 조선일보 인물DB 인터넷 자료 등이었다. 한편 4가지 변수 중 임명기준, 경력, 재임기간은 제3장 제1절 3항(직무수행조건)에서 설명했으므로 생략하고 여기서는 경질사유에 대해 간략히 고찰하기로 한다.

본 연구에서는 장관이 경질되는 사유를 크게 두 가지로 나누었다. 하나는 부처의 업무와 관련돼 책임을 지고 물러나게 되는 귀속책임사유이다. 다른 하나는 부처업무에 따른 책임과 관련 없이 경질되는 비귀속책임사유이다. 이렇게 경질사유를 분류한 것은 선행연구의 Blondel과 Woodhouse의 연구결과를 원용했기 때문이다. Blondel은 주로 비귀속책임사유에 의해, Woodhouse는 귀속책임사유에 의해 장관의 경질이 이루어진다는 연구결과를 내놓은 바 있다. 다만, 한국 행정 현실을 고려할 때 장관의 경질사유를 귀속책임사유 하나로만 설명하거나 혹은 비귀속 책임 하나로만 설명하는 것은 현실성이 크게 떨어진다고 판단된다. 장관은 자신에게 귀속되는 책임에 의해 물러나는 경우도 있는 반면 자신의 업무책임과는 무관한 이유에 의해 경질되는 사례 등 귀속, 비귀속 사유가 혼재되어 있다고 보는 것이 타당하다고 보기 때문이다. 예를 들면 의약분업 실시에 따른 엄청난 국민 부담과 불편 등에 의해 장관이 교체되는 경우는 부처업무와 관련돼 책임을 물어 경질된 사례가 볼 수 있을 것이다. 이에 반해 큰 무리(대과)없이 원만하게 업무를 수행해왔다는 평을 받아온 장관을, 출신지역이 차관과 같으면 곤란하다는 이유로 전격 경질한 사례는 업무책임에 따른 경우라고 볼 수 없을 것이다.

본 연구에서는 귀속책임사유에 의해 경질되는 경우는 두 가지 기준에 의해 정했다. 첫째는 부처업무의 책임을 물어 교체된 경우이다. 둘째는 장관 개인이 도덕적으로 문제를 일으켜 업무수행에 중대한 차질을 빚을 우려가 있다는 이유로 물러나게 되는 경우이다. 성이나 금전 문제 등 이른바 스캔들에 의해 교체되는 경우가 대표적인 사례라 할 수 있다. 한일어업협정 파문에 따라 경질되는 경우가 전자의 예이며 사직당국에 의해 뇌물수수혐의가 포착됨에 따라 경질되는 사례가 후자의 예에 속한다고 할 수 있다.

비귀속책임사유에 의해 경질되는 경우는 다음 3가지의 경우를 포함시켰다. ⅰ) 정치적 사유에 의해 물러나게 되는 경우 ⅱ) 상징적 사유에 의해 물러나게 되는 경우  ⅲ) 기타사유에 의해 물러나게 되는 경우 등이다.

첫째, 정치적인 사유에 의한 경질이란 선거나 권력관계의 변화(혹은 이동)에 의해 물러나게 되는 것을 의미하는 것으로 본 연구에서는 보고자 한다. 업무를 차질 없이 추진해 온 현직 장관을 국회의원 선거에 출마시키기 위해 교체하는 경우, 집권당 임기후반에 있는 국회의원 선거를 앞두고 선거주무부처 장관을 '공정한 선거관리를 한다'는 명분아래 갈아 치우는 경우 등이 이에 속한다고 할 수 있다. 이밖에 부처업무를 무난하면서도 합리적으로 처리해 왔다는 평을 받은 장관을 ' 당시 총리와의 불화관계'를 이유로 총리의 요청을 받아들여 대통령이 갈아 치우거나 정권이 교체됨에 따라 장관이 물러나는 사례, 혹은 정부조직의 개편에 따라 부처가 흡수 통합되는 바람에 물러나게 되거나, 다른 부처로의 영전성 인사이동으로 자리를 옮기게 되는 경우 등이 정치적 사유에 의해 물러나게 되는 사례라 할 수 있다.

둘째, 상징적 사유에 의한 경질이란 장관이 뚜렷이 책임져야 할 사안이 아니거나 혹은 뚜렷한 책임사유 없이 장관직을 물러나게 되는 경우를 뜻하는 것으로 이 책에서는 보고자 한다. 흐트러진 민심을 수습하거나 국정쇄신 차원에서 대폭 장관을 갈아 치운다든지, 임명권자와 친분관계에 있는 인사를 장관자리에 앉히기 위해서 별 탈 없이 직무수행을 해온 장관을 갈아 치우는 경우, 무리없이 직무수행을 해 온 장관을 너무 오래(보통 1년 이상) 장관직을 수행했다는 이유로 물러나게 한다든지 혹은 희생양 차원에서 장관을 물러나게 하는 사례가 이에 해당한다고 하겠다. 본 연구에서는 희생양 차원(scapegoat)의 경질인사를, 부처업무와 별 관련이 없는 사건이나 사고가 발생해 정권적 차원에서 집권세력에게 크나큰 부담을 줄 경우 이러한 국면이나 난관을 돌파해 나가기 위해 특정 부서 장관의 목을 베어버리는 경우를 의미하는 것으로 보고자 한다.[89]

셋째, 기타 사유에 의한 경질이란 비귀속책임에 따른 경질은 확실

---

89) 본 연구자가 시사기록물을 통해 조사한 바에 의하면 전두환 정부부터 김대중 초기정부에 이르기까지 모두 4건의 희생양차원의 인사가 있었던 것으로 분석되었다. 매우 미미한 수준이라 할 수 있다. 이처럼 희생양 차원의 인사비중이 적은 것은 정권적 부담차원의 사단이 벌어졌을 때 주로 민심 추스르기 차원에서 대폭개각이라는 방편이 집권세력에 의해 많이 이용되었기 때문으로 해석된다.

한 데 상징적 사유도 아니고 정치적 사유도 아닌 이유로 물러나게 되는 경우를 의미하는 것으로 이 책에서는 판단하고자 한다. 건강 등을 이유로 물러나게 되는 사례가 여기에 해당한다고 할 수 있다.

경질사유를 이렇게 나누는 것은 이러한 분류방식이 후술되는, 효과적인 직무수행 조건을 설명하는 데 있어 한국행정의 현실에 보다 부합한다고 판단되었기 때문이다. 경질사유에 대한 분석 자료는 임명기준처럼 객관적인 시사기록물(신문자료, 시사월간지, 연감 등)이다. 경질사유 분석기간은 1980년 9월 전두환 정부 출범이후부터 2000년 8월 7일 현재 김대중 초기정부까지이다. 분석대상 장관은 23개 부처의 전체장관(중복자 포함) 325명이다.

이러한 객관적 자료를 토대로 본 연구자는 20년에 걸친 장관의 경질사유를 광범위하게 조사하였다. 조사는 임명기준에서 설명한 방식과 같은 방식으로 진행했다.90) 다만 본 연구자가 조사한 경질 사유내용에 오류가 있을 수도 있기 때문에 이를 재점검한다는 차원에서 제2차적인 수정작업은 임명기준에 대해 검토해 주신 중앙일간지의 중견 정치 전문 기자가 해 주셨다. 전문가에 의한 2차 검토 결과 장관 4명에 대한 경질사유가 애매한 것으로 나타나, 다른 신문과 연감, 시사월간지 등을 참조해 잘못된 부분을 바로잡았다.

## 2) 역할수행 애로점

장관이 역할을 수행하는 경우 장해 요인이 무엇인지를 고찰하기 위해 설계된 설문내용은 다음과 같다(부록 참조).

"귀 부처 장관이 장관직을 수행하는 데 장애가 되어온 요소는

---

90) 자세한 내용은 제3장 제3절 대통령에 대한 역할 편을 참조할 것.

무엇이라고 보십니까, 가장 큰 장애 요인부터 순서대로 2가지만 고르시오"라는 질문에 대해 응답형식은 폐쇄형으로 했다. 구체적으로 보면 ⅰ) 장관의 제한된 권한 등 구조적 요인 ⅱ) 짧은 재임기간 ⅲ) 야당의 비협조 ⅳ) 언론의 비협조 ⅴ) 관련 국회상임위의 비협조 ⅵ) 청와대 등의 지나친 간섭 ⅶ) 장관의 전문성 부족 ⅷ) 기타 (구체적으로) 등 8가지이다. 여기서 ⅶ) 장관의 전문성 부족 항목은 장관의 개별적 속성에 관한 것이며 나머지 항목은 구조적, 환경적 요인과 관련된 것이라 할 수 있다.

# 제4장 장관승계와
# 부처행정변화 관계

제3장 장관역할에 대한 분석틀에서 기술한 바와 같이 본 장에서는 장관승계와 부처활동변화를 고찰하기로 하되 먼저 부처별로 활동변화효과를 분석한 뒤 개별 장관별로 살펴보기로 한다.


## 제1절 부처별 변화효과

부처를 기준으로 하는 장관승계와 활동변화와의 관계분석에서는 장관의 평균재임기간에 대한 승계현황을 먼저 고찰하기로 한다. 그런 다음 활동변화효과를 중점적으로 분석하고자 한다.


### 1. 승계현황

전두환 정부부터 김대중 초기정부(1980년 9월부터 2000년 8월 7일 현재)까지 16개 부처장관의 평균재임기간을 부처를 기준으로 살펴보면 외교부가 21. 1개월로 가장 길다. 반면 내무부(행정자치부 포함)는 9.3개월로 가장 짧다. 내무부 장관의 재임기간이 이렇게 짧은 이유는 대통령이나 국회의원 혹은 자치 단체장 선거 등 주요한 선거업무를 실질적으로 관리하는 부처로 최고통치권자의 의중을 훤히 꿰뚫고 이를 실천에 옮길 수 있는 인사가 임명된 것이 주요원인 중 하나가 아닌가 생각된다.[91] 16개 부처 평균 재임기간은 13.88개월로 나타나 1년을 조금 넘는 수준이다.

위 평균값을 기준으로 부처를 나누면 외교, 문화(17개월), 국방(17개월), 정보통신(14.6개월), 농수산(농림부 포함; 14.6개월), 노동(14.5개월), 산업자원부(14.1개월) 등 7개 부처는 재임기간이 평균값보다 길게 나타났다. 반면 평균치보다 낮은 재임기간을 보인 부처는 나머지 9개 부처로 통일(13.6개월), 교육(13.5개월), 과학기술(13.2개월), 건설(건설교통부 포함;12.9개월), 법무(12.8개월), 보건복지(12.6개월), 재정경제(12개월), 환경(9.4개월), 내무부 등이다.

이상에서 본 대로 부처별 장관의 평균재임기간은 문화, 국방, 외교, 내무, 환경 등의 부처를 제외하고는 평균을 중심으로 대부분 집중 분포돼 있음을 알 수 있다. 이처럼 재임기간의 경우 부처별로 별 차이가 없다는 점이 한국행정의 하나의 현상이 아닌가 생각된다.

정부별로 전두환 정부부터 김대중 초기정부(1980년 9월부터 2000년 8월 7일 현재)까지의 평균재임기간을 보면[92] 전두환 정부가 18.31개월로 가장 길었다. 다음이 노태우 정부 13.72개월, 김영삼 정부 12.25개월, 김대중 정부 11.57개월 순으로 각각 집계돼 군 출신 정부에서 민간인 정부로 정권이 이동함에 따라 재임기간이 조금씩 짧아지고 있음을 알 수 있다. 이렇게 민간인 정부의 장관

---

91) 제5장 제1절에서 후술하겠지만 내무부(행정자치부) 장관의 경우 정치적인 기준을 고려해 임명되는 비율이 81% 수준으로 매우 높게 나타나고 있다.

92) 물론 16개 부처를 대상으로 한 정부별 장관의 재임기간이다.

재임기간이 상대적으로 짧은 것은 집권하기까지 경제적인 지원이나 경제외적인 지원을 해 준 많은 사람들에게 신세나 은혜를 갚는 수단으로 최고통치권자인 대통령이 장관 임명이라는 제도를 활용하였기 때문이 아닌가 생각된다.[93]

한편 외국의 장관 재임기간을 보면 서부유럽의 경우가 평균 4.5년, 미국이 35개월, 프랑스가 18개월로 나타나 서구에 비해 우리나라 장관의 재임기간은 짧은 편이라 할 수 있다. 장관이 사임하는 시기 즉 장관의 승계시기를 보면 민심수습이나 국정쇄신 등이 필요할 때 가장 많았던 것으로 분석되었다. 전체 325건 중 59건이나 되었다.[94] 정부별로는 전두환 정부가 전체 96건의 장관 경질 사례 중 43건, 45%로 가장 많았다. 이어 노태우 정부 13%(12/93), 김영삼 정부 4%((4/101) 순이었고 김대중 정부는 없었다(0/35). 군 출신정부의 경우 각종 사건이나 사고로 인해 여론이 악화되고 그것이 정권유지에 부담을 주는 것으로 판단되는 경우 장관의 대폭 물갈이라는 극약처방을 통해 민심이나 여론을 돌리려고 하였음을 알 수 있다.

## 2. 효과분석

### 1) 법률안 제안수

16개 부처 장관 258명이, 전두환 정부 출범시기인 1980년 9월부터 김대중 초기정부인 2000년 8월 7일까지, 제안한 법률안이 국회를 통과해 정부에 이송, 법률로서 공포된 것(제정, 개정된 것 모두

---

93) 자세한 내용은 제5장 제1절 대통령에 대한 역할에서 논의하기로 한다.
94) 제1장 서론 제3절에서 보았듯이 23개 부처를 기준으로 한 분석결과이다.

포함)은 모두 1497개로 나타났다. 따라서 장관 1인당 평균 법률안 제안수는 5.80개로 집계되었다.

정부별로 보면 김대중 정부의 장관 1인당 법률안수가 9.78개로 가장 많았고 김영삼 정부 7.58개, 전두환 정부 3.85개, 노태우 정부 3.73개로 각각 집계되었다. 대체로 민간인 정부의 장관이 제안한 법률안 수가 군 출신 정부의 그것에 비해 상대적으로 많은 편임을 알 수 있다. 정치인 출신의 민간인 정부는 명령과 위계질서를 존중하는 군 출신 정부에 비해 여론이나 민심의 동향에 보다 예민하게 반응하기 때문에, 다양한 국민요구 사항이 행정부의 제안법률이라는 형태로 나타나지 않았나 생각된다.

부처별로 총 법률안 수를 보면, 재정경제부가 192개로 가장 많았고 내무부 181개, 산업자원부 165개, 법무부 151개, 건설교통부 131개, 보건복지부 106개, 국방부 99개, 농수산부 96개로 각각 집계됐다. 반면 통일부는 5개로 가장 적었고 외교부 27개, 문화부 35개, 과학기술부 43개, 환경부 57개, 정보통신부 62개, 교육부 68개, 노동부 79개로 나타났다. 부처별 총 법률안 제안수의 평균은 93.56개이다.

여기서 보는 바와 같이 부처별 총 법률안 제안수가 평균치를 상회하는 부처는 경제 관련부처(재경, 산업, 건설, 농수산)와 치안·법질서 관련부처(법무, 내무, 국방)가 많음을 알 수 있고 하회하는 부처는 지식정보 관련부처(교육, 문화, 정보통신, 과학기술 등), 안보 관련부처(통일, 외교), 사회복지 관련부처(환경, 노동)가 많았다. 경제와 민생 관련부처의 법률안 제안수가 상대적으로 많은 것은 일반국민들 특히 서민들에게 중요한 경제활동이나 민생에 관련된 내용 등이 행정부처에 의해 많이 입법화되었기 때문일 것이다. 반면 통일외교 분야의 경우 법률안 제안수가 상대적으로 적은 것은 정치체제가 다른 상대방이 존재하기 때문에, 많은 경우 법을 만드는 데 이들 당사자들과 장기간에 걸친 협상과 조율이 필요하기 때문이 아닌가 생각된다.

장관승계가 부처활동에 변화를 가져오는지를 보기 위해 부처별 평균재임기간과 총 법률안 제안수를 살펴보면 다음과 같다.

<표 4-1> 평균재임기간과 총 법률안 제안수

| 부처 | 경질장관수 | 평균재임기간 | 총 법률안 제안수 |
|---|---|---|---|
| 내무 | 25 | 9.3 | 181 |
| 재경 | 20 | 12 | 192 |
| 복지 | 19 | 12.6 | 106 |
| 건설 | 18 | 12.9 | 131 |
| 통일 | 17 | 13.6 | 5 |
| 산자 | 17 | 14.1 | 165 |
| 법무 | 17 | 12.8 | 151 |
| 정보통신 | 16 | 14.6 | 62 |
| 농수산 | 16 | 14.6 | 96 |
| 노동 | 16 | 14.5 | 79 |
| 교육 | 15 | 13.5 | 68 |
| 과학기술 | 15 | 13.2 | 43 |
| 환경 | 12 | 9.4 | 57 |
| 문화 | 12 | 17 | 35 |
| 국방 | 12 | 17 | 99 |
| 외교 | 11 | 21.1 | 27 |

위 표에 나타난 평균재임기간과 총 법률안 제안수와의 관계를 분석해 보면 우선 평균재임기간이 9개월 정도로 짧은 부처인 내무

부와 환경부의 총 법률안 제안수는 181개와 57개로 큰 차이를 보인다. 또한 평균재임기간이 1년 정도인 재경부, 보건복지부, 건설교통부의 총 법률안 제안수는 192개, 106개, 131개로 차이가 매우 크다. 재임기간이 16개 부처 평균치와 근사한 분포를 보이는 과학기술부, 교육부, 통일부 산업자원부의 총 법률안 제안수는 각각 43개, 68개 5개, 165개로 부처에 따라 차이가 크게 나타나고 있다. 재임기간이 평균을 상회하는 부처의 재임기간과 총 법률안 제안수와의 관계를 살펴보면, 재임기간이 14개월 정도인 정보통신부, 농수산부 노동부의 총 법률안 제안수는 62개, 96개, 79개로 일정하지가 않다. 평균재임기간이 17개월로 같은 문화부와 국방부의 경우도 총 법률안 제안수는 35개 99개로 큰 차이를 보이고 있다.

위 표를 보면 이처럼 재임기간과 총 법률안 제안수와는 어떠한 일정한 관계가 존재하지 않은 것처럼 보인다. 두 변수 간의 관계를 보다 정확히 알기 위해 산포도(scatter diagram)를 그려본 뒤 상관분석(correlation analysis), 회귀분석(regression analysis)을 실시하기로 한다.[95]

먼저 16개 부처를 기준으로 한 부처별 평균재임기간과 총 법률안 제안수의 산포도는 다음과 같다.

---

95) 김우철 외 편저, 現代統計學(서울: 영지문화사, 1983), pp.218-219 참조.

<그림 4-1> 평균재임기간과 총 법률안 제안수의 산포도

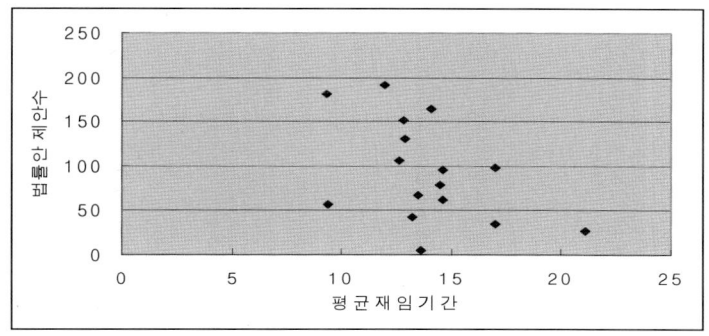

주) 단위; 법률안 제안수는 개수, 평균재임기간은 개월임

위 그림은 평균재임기간이 길어짐에 따라 법률안 제안수는 줄어들고 있는 듯한 경향을 보이고 있다. 상관분석을 통해 산출된 상관계수는 음(-0. 46)으로 나왔다. 따라서 상관계수의 제곱인 결정계수는 0.21로 산출돼 독립변수인 재임기간이 종속변수인 법률안 제안수의 변화정도를 21% 정도 설명해주고 있다. 독립변수의 설명정도가 상당한 수준임을 알 수 있다. 재임기간에 따른 법률안 제안수의 변화는 우연의 오차에 의한 것인지 아닌지를 확인하기 위해 분산분석(ANOVA)을 실시한 결과 통계적으로 유의미한 관계가 성립하지 않았다. 이러한 사실로부터 재임기간의 차이에 따른 법률안 제안수의 변화는 우연의 오차에 의한 것으로 해석할 수 있다고 할 것이다.

이상에서 나타난 통계적 사실로부터 장관의 재임기간의 길고 짧음 즉 장관 교체빈도의 많고 적음이 법률안 제안수에 미치는 영향력은 미미한 수준에 불과하다고 할 수 있을 것이다. 요컨대 법률안 제안수를 기준으로 한 부처활동변화는 장관 교체여부에 의해 크게 영향을 받는다고 해석하기는 어렵다 할 것이다.

## 2) 조직개편회수

전체적으로 16개 부처 258명의 장관이 모두 266회의 조직개편을 단행해 장관 1인당 1.03회씩 조직을 개편한 것으로 분석되었다.[96]정부별로는 김영삼 정부가 1.18회로 김대중 정부 1.15회와 비슷하게 나타났고 전두환 정부와 노태우 정부는 각각 0.83회와 0.98회로 분석돼 이들 두 정부는 장관 1인당 조직개편횟수가 평균수준에 미치지 못한 것으로 집계되었다.

총 조직개편횟수의 부처별 평균은 16.625회로 나타났다. 부처별로 보면 제정경제부가 29회로 가장 많았다. 이어서 국방부 26회, 보건복지부 25회, 건설교통부 22회, 법무부 21회, 내무부 19회로 각각 집계돼 이들 부처들은 평균 조직개편횟수를 상회하고 있다. 경제 관련 일부부처와 치안·질서관련부처들이 상대적으로 많이 포함되어 있다. 재정경제부의 조직개편횟수가 상대적으로 많은 것은 급변하는 대내외 경제여건변화에 맞게 조직을 바꾸는 것이 민생경제는 물론 국가간의 대외경쟁력 확보차원에서도 유리한 환경을 조성해주기 때문이 아닌가 생각된다. 국방이나 법무 내무부 등 법질서 및 대내외 치안 관련부처의 조직개편이 상대적으로 많은 것은 외부적, 내부적 환경변화가 심화되고 있는 상황에서 타 국가의 침입이나 국내범죄사범으로부터 국가를 보위하고 민생질서를

---

96) 앞에서 서술한 재임기간과 법률안제안수와의 관계에서처럼 분석기간은 전두환 정부부터 김대중 초기정부(1980년 9월~2000년 8월 7일 현재)까지로 동일하다.

확보하기 위해서는 이러한 상황변화에 걸맞은 조직개편이 필요했기 때문이었을 것으로 해석된다.

나머지 10개 부처들은 평균 조직개편횟수에 못 미치는 부처들이다. 구체적으로 보면, 외교·교육·환경부가 각 16회이며 정보통신부 15회, 과학기술부 14회, 산업자원부 13회, 노동부 11회, 문화부 9회, 농수산·통일부는 각 7회로 집계되었다. 이들 부처들을 세분해 보면 통일외교관련부처와, 교육문화관련부처, 사회복지부처(환경, 노동), 정보과학 관련부처, 일부 경제 관련부처(산업자원, 농수산)라 할 수 있다. 이러한 부처 가운데 문화부나 농수산부, 통일부의 조직개편횟수가 상대적으로 적게 이뤄지고 있는 것은 여러 가지 이유가 있겠으나 일반국민들을 입장에서 직접적으로 크게 이해관계가 걸려있는 부처가 아니기 때문이 아닌가 판단된다. 반면 외교, 정보통신, 과학기술 등의 부처는 국가의 경쟁력차원과 국제사회에서의 생존권 우위 확보라는 관점에서 조직의 개편이 절실히 요청되었기 때문으로 해석된다.

다음으로 장관의 승계 즉 평균재임기간과 조직개편회수는 어떠한 관계가 성립하는지를 고찰하기 위해 두 변수를 표로 정리하면 다음과 같다. 아래 표에서 나타나듯이 평균재임기간이 가장 긴 외교부의 개편횟수는 16회로 재임기간이 짧은 환경부나 재임기간이 평균값에 해당하는 교육부의 개편횟수와 같게 나타났다. 또한 평균재임기간이 17개월인 문화부와 국방부의 조직개편횟수는 9회, 26회로 양 부처간 조직개편횟수의 차이가 상당히 크다. 재임기간이 13~14개월 정도인 부처들의 조직개편횟수는 7~16회 범위 내에, 재임기간이 12개월 정도인 부처들의 조직개편횟수는 21~29회의 범위 내에 각각 포함돼 있다. 이렇게 표를 기준으로 관찰하는 경우 재임기간과 조직개편횟수 간에는 상관성이 그렇게 강한 것처럼 보이지 않는다.

<표 4-2> 평균재임기간과 총 조직개편횟수

| 부처 | 경질장관수 | 평균재임기간 | 조직개편횟수 |
|------|----------|------------|------------|
| 내무 | 25 | 9.3 | 19 |
| 재경 | 20 | 12 | 29 |
| 복지 | 19 | 12.6 | 25 |
| 건설 | 18 | 12.9 | 22 |
| 통일 | 17 | 13.6 | 7 |
| 산자 | 17 | 14.1 | 13 |
| 법무 | 17 | 12.8 | 21 |
| 정보통신 | 16 | 14.6 | 15 |
| 농수산 | 16 | 14.6 | 7 |
| 노동 | 16 | 14.5 | 11 |
| 교육 | 15 | 13.5 | 16 |
| 과학기술 | 15 | 13.2 | 14 |
| 환경 | 12 | 9.4 | 16 |
| 문화 | 12 | 17 | 9 |
| 국방 | 12 | 17 | 26 |
| 외교 | 11 | 21.1 | 16 |

두 변수 간에 관계를 보다 제대로 파악하기 위해 산포도와 상관분석, 결정 계수($R^2$: coefficient of determination)를 차례로 보기로 한다.

아래 그림은 두 변수 간 산포도를 나타내고 있다. 두 변수 간에는 음의 상관관계가 있는 것처럼 보인다. 상관분석결과 -0.2라는 상관계수가 산출되었다. 따라서 상관계수의 제곱인 결정 계수는 0.04정도 값을 가진다 할 수 있다. 이것의 의미는 평균재임기간(독

립변수)이 조직개편횟수의 변량을 약 4%정도 설명해 줄 수 있다
는 뜻이다. 재임기간이 조직개편횟수의 변량을 설명해 주는 정도
가 매우 미미한 수준임을 알 수 있다. 즉 재임기간의 차이에 따라
조직개편횟수의 변량의 범위가 차별화를 보이고 있는 것은 우연의
오차에 의한 것이지 본질적인 차이를 나타내고 있는 것으로 해석
하기는 어렵지 않나 생각된다. 실제로 재임기간을 독립변수로 조
직개편횟수를 종속변수로 하여 회귀분석을 실시해 보아도 같은 결
과가 나온다. 즉 회귀식은 통계적으로 유의미성이 없다는 것이다
(유의수준 0.05).

　이러한 분석결과를 토대로 장관의 재임기간이 길든 짧든, 즉 장
관교체빈도의 차이는 조직개편회수에 미치는 영향력이 매우 적은
수준임을 알 수 있다. 즉 조직개편횟수를 기준으로 부처행정의 변
화를 측정하는 경우 재임기간의 차이는 부처행정의 변화에 거의
영향력을 미치지 못한다고 해석할 수 있을 것이다.

<그림 4-2> 평균재임기간과 조직개편횟수 산포도

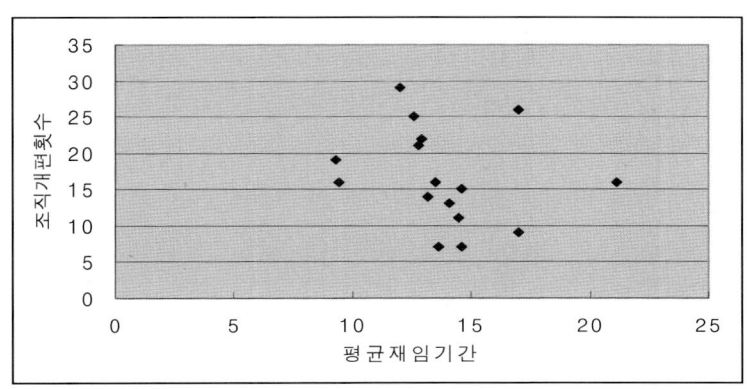

주) 단위; 평균재임기간: 개월, 조직개편횟수: 회

### 3) 예산변동률

여기서 재임기간과 예산변동률과의 관계를 고찰하는 것은 장관이 바뀌는 경우 부처별 예산이 어떻게 변화하는지를 통해 행정부문의 변화정도를 알아보고자 하는 데 그 의미가 있다 할 것이다. 전두환정부부터 김대중 초기정부까지(1980년 9월~2000년 8월 7일 현재) 16개 부처의 평균예산변동률은 0.3184로 집계되었다. 예산변동률이 비교적 큰 부처는 법무부(0.94)를 비롯하여 정보통신부(0.80), 행정자치부(0.67), 통일부(0.48), 재정경제부(0.35)등으로 집계됐다. 예산변동률이 상대적으로 작은 부처는 국방부(0.09), 외교부(0.12), 교육부(0.13), 농수산부(0.13), 과학기술부(0.16), 노동부(0.17), 산업자원부(0.18), 문화부(0.19), 보건복지부(0.20), 건설교통부(0.20), 환경부(0.21)등이다. 치안이나 법질서 관련부처와 예산이나 통신관련부처들의 예산변동률이 상대적으로 크다는 특징을 가지고 있음을 알 수 있다.

이러한 통계적인 사실로부터 역대 집권세력은 법질서나 국내치안질서 확립분야에 많은 관심과 노력을 쏟아왔음을 알 수 있다. 이들 분야는 민생치안과 밀접히 관련된 것으로 집권세력이 안정적인 정국운영을 위해서는 최소한 필요조건으로 서민생활 불안요소 제거라는 명분이 중요시되었기 때문이라 할 수 있다. 정보통신분야의 예산변동률이 큰 것은 세계적인 관점에서 사회변화의 물결이 산업화사회에서 정보통신사회로 이동함에 따른 당연한 귀결이라고 해석할 수 있을 것이다. 반면 국방이나 교육관련부처의 예산변동률이 상대적으로 적게 나타나는 것은 두 분야의 예산은 소위 경직성경비(비용이 떨어지지 않고 계속 증가하는 현상을 말함)의 성격을 지니고 있어 완만한 상승세를 보이고 있지 않나 생각된다. 기타 문화나 복지 관련 등 삶의 질과 관련된 부처(노동, 복지, 환경)의 예산변동률이 낮게 나타나고 있는 것은 역대 집권세력의 물질적 성장일변도 위주의 경제정책 추진과 관련이 있지 않나 생각된다. 재정경제부외의 경제 관련부처(건설교통, 농수산, 과학기술, 산업자원부 등)의 예산변동률이 낮은 것도 같은 맥락으로 해석될 수 있을 것이다.

아래에서는 장관들의 평균재임기간과 예산변동률과는 어떠한 관계가 있는지를 살펴보기로 한다. 다음 표는 재임기간과 예산변동률을 부처별로 정리해 놓은 것이다.

재임기간이 같으나 평균이상 제임 기간을 보이고 있는 부처인 국방부와 문화부의 경우 평균예산변동률은 9%, 20%로 차이가 크다. 재임기간이 14개월 수준인 농수산부, 산자부, 노동부의 경우 예산변동률은 13~18% 범위에 속해있으나 같은 재임기간 부처인 정통부는 80% 수준으로 되어있어 부처간 예산변동률의 편차가 크다고 할 수 있다. 재임기간이 평균치보다 짧은 경우를 고찰해 보면 재임기간이 13개월 수준인 부처 중 교육부나 과학기술부의 예산변동률은 각 13%, 16%이다. 그러나 같은 재임기간인 통일부는 48%로 이들 두 부처와 변동률에서 커다란 차이를 보여주고 있다. 재임기간이 9개월 수준인 행정자치부와 환경부의 경우 예산변동률은 각 67%, 21%로 매우 큰 차이를 보이고 있다 할 것이다. 이처럼 평균재임기간과 예산변동률 간에는 부처별로 커다란 차별성을 보이고 있어 두 변수 간에는 상관성이 그다지 높지 않아 보인다.

<표 4-3> 평균재임기간과 예산변동률

| 부처 | 경질장관수 | 평균재임기간 | 평균예산변동률 |
|------|-----------|-------------|---------------|
| 외교 | 11 | 21.1 | 0.120324674 |
| 국방 | 12 | 17 | 0.092459 |
| 문화 | 12 | 17 | 0.199499 |
| 농수산 | 16 | 14.6 | 0.137353 |
| 정통 | 16 | 14.6 | 0.806498 |
| 노동 | 16 | 14.5 | 0.178458 |
| 산자 | 17 | 14.1 | 0.185759 |
| 통일 | 17 | 13.6 | 0.481323 |
| 교육 | 15 | 13.5 | 0.132376 |
| 과기 | 15 | 13.2 | 0.167862 |
| 건설 | 18 | 12.9 | 0.208499 |
| 법무 | 17 | 12.8 | 0.942955 |
| 복지 | 19 | 12.6 | 0.200181115 |
| 재경 | 20 | 12 | 0.351596306 |
| 환경 | 12 | 9.4 | 0.21459 |
| 행자 | 25 | 9.3 | 0.676119 |

주 1) 평균예산변동률은 '82년부터 2000년까지 각 부처의 소관별 세출예산
(일반회계기준)에 의거한 연간평균 예산변동률임
2) 예산자료는 경제기획원(재정경제원, 예산청)의 각 년도의 예 산개요 참고
자료 및 예산자료를 참조함; 재임기간: 개월, 평균예산변동률: 소수
3) 경질장관수 단위: 명

구체적으로 재임기간과 예산변동률과는 어떠한 관계가 존재하는
지를 알기 위해 산포도를 보기로 한다. 아래에 나타난 산포도를 통
해 평균재임기간과 평균 예산변동률과는 음의 관계가 존재하는 것
처럼 보인다. 즉 재임기간이 커지면서 예산변동률은 낮아지는 것처
럼 보인다. 두 변수 간의 상호관련성 분석을 위해 상관분석을 실시

하니 -0.3이라는 상관계수가 도출되었다. 결정 계수는 11%로 나왔다. 따라서 평균재임기간(독립변수)은 예산변동률(종속변수)의 변량을 11%정도만 설명해 줄 수 있다고 해석할 수 있다. 독립변수의 유효성(쓸모정도)이 낮은 수준임을 알 수 있다. 이러한 통계분석결과로부터 평균재임기간이 예산의 변동률에 미치는 영향력은 미미한 수준이라고 할 수 있을 것이다. 즉 예산의 변동률로 측정되는 부처활동의 변화는 장관의 교체빈도 차이에 의해 설명되는 비중이 낮다고 할 수 있다. 실제로 평균재임기간을 독립변수로, 예산변동률을 종속변수로 하여 회귀분석을 실시한 결과 두 변수 간에는 통계적으로 유의미성이 존재하지 않은 것으로 분석돼(유의수준 0.05) 같은 결과를 보여주고 있다.

<그림 4-3> 평균재임기간과 평균예산변동률 산포도

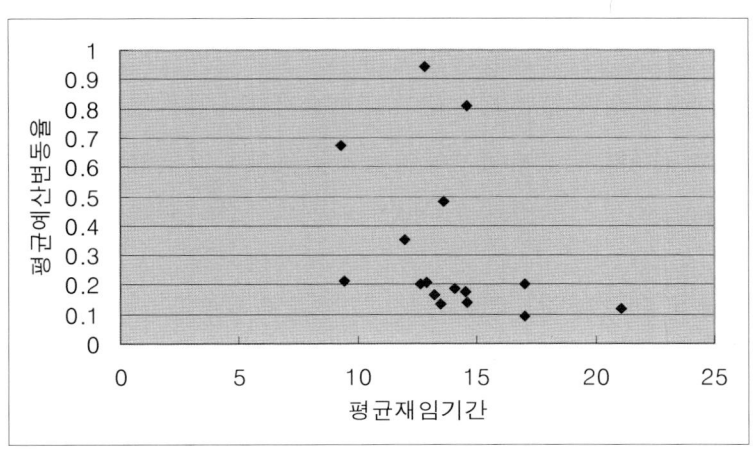

## 4) 총 인원변동률

전두환 정부부터 김대중 초기정부까지(1980년 9월~2000년 8월 7일 현재) 16개 부처의 인원변동률을 보면 연평균 0.98%로 나타났다. 역대정부를 기준으로 할 때 인원변동률은 별 커다란 움직임을 보이지 않아 왔음을 알 수 있다.

다만 부처별로 인원변동률을 보는 경우 차이가 나고 있다. 환경부가 8.5%로 가장 높게 나타났다. 이어서 산업자원부(5.5%), 법무부(2.6%), 건설부(2.2%), 교육부(1.9%), 보건복지부(1.8%), 노동부(1.8%), 행정자치부(1.6%), 문화부(1.5%), 외교부(1.0%) 등의 순으로 인원변동률이 낮게 나타나고 있다. 이들 부처들의 인원변동률은 평균치보다 상대적으로 높다. 반면 통일부(0.0%), 국방부(-0.01), 재정경제부(-0.02), 농수산부(-0.02), 정보통신부(-0.02), 과학기술부(-0.03)의 인원변동률은 감소추세를 보이고 있다. 이들 부처 가운데 환경부의 인원변동률이 특히 높게 나타나고 있는 것은 김영삼 정부시절인 1994년 12월 23일 정부조직개편안의 발표[97]로, 환경처가 환경부로 승격하면서 부처의 조직이나 규모가 크게 늘었기 때문으로 해석된다. 이렇게 부처규모가 확대된 근본적인 배경으로는 그린라운드(Green Round)등 국제적인 환경보호 흐름에 능동적으로 대처하기 위한 준비가 국가적인 차원에서 필요했기 때문으로 풀이할 수 있을 것이다.

아래에서는 부처별로 평균재임기간과 총인원변동률은 상호 어떠한 관계가 있는지를 살펴보기로 한다.

---

97) 정부조직개편안 발표로 경제기획원과 재무부는 재정경제원으로, 건설부와 교통부는 건설교통부로 통합되었다. 상공자원부는 통상산업부로, 체신부는 정보통신부로, 보건사회부는 보건복지부로 명칭이 바뀌었다.

재임기간이 평균치보다 긴 부처들의 인원변동률은 변화의 방향이 서로 다르다. 예를 들면, 재임기간이 17개월로 같은 국방부, 문화부의 경우 변동률은 각각 1.5%, -1.2%로 변동방향이 서로 다르다. 재임기간이 14개월 정도인 부처인 농수산·정통부와 노동·산업자원부의 경우 인원변동률은 각각 -0.02, -0.02, 0.01, 0.05로 변동방향이 서로 다르다. 재임기간이 평균수준(13개월)인 부처의 경우, 통일·교육부와 과학기술부는 변동률의 방향이 다르다. 통일부와 교육부는 변동의 방향은 같으나 변화폭은 서로 다르다. 재임기간이 12개월 정도인 부처의 경우 건설·법무·복지부와 재정경제부는 인원변동률이 각각 0.02, 0.02, 0.01, -0.02로 변동의 방향이 다르다. 재임기간이 9개월 정도인 환경부와 행정자치부의 경우도 인원변동률이 0.08, 0.01로 차이가 크다. 이상과 같은 분석 사실로부터 재임기간과 인원변동률과는 어떠한 일정한 변화경향이나 변화규칙이 존재하지 않은 것처럼 보인다.

<표 4-4> 평균재임기간과 총인원변동률

| 부처 | 경질장관수 | 평균재임기간 | 총인원변동률 |
|------|-----------|-------------|-------------|
| 환경 | 12 | 9.4 | 0.0858 |
| 산자 | 17 | 14.1 | 0.0559 |
| 법무 | 17 | 12.8 | 0.0265 |
| 건설 | 18 | 12.9 | 0.0221 |
| 교육 | 15 | 13.5 | 0.0196 |
| 복지 | 19 | 12.6 | 0.0188 |
| 노동 | 16 | 14.5 | 0.0186 |
| 행자 | 25 | 9.3 | 0.0164 |
| 문화 | 12 | 17 | 0.0154 |
| 외교 | 11 | 21.1 | 0.0102 |
| 통일 | 17 | 13.6 | 0.0006 |
| 국방 | 12 | 17 | -0.012 |
| 재경 | 20 | 12 | -0.028 |
| 농수산 | 16 | 14.6 | -0.028 |
| 정통 | 16 | 14.6 | -0.028 |
| 과기 | 15 | 13.2 | -0.037 |

주 1) 평균인원변동률은 '82년부터 '90년, '92년부터 '96년, '98년부터 '99 년까
　　지 각 부처인원변동률임
　2) 경질장관수 단위는 '명', 재임기간 단위는 '월'임
　3) 공무원정원 자료는 각 년도 총무처연보와 행정자치부 통계연보를 참조
　　함, 정원은 82년부터 98년까지는 정무직, 별정직, 특정직 일 반직, 기능
　　직, 고용직을 합한 것이며 99년은 여기에 계약직을 합한 개념임


　　아래에서는 산포도를 통해 구체적으로 두 변수 간의 관계에 대
한 정확한 정보를 알아보기로 한다. 그림을 통해 알 수 있는 정보
는 개괄적으로 평균재임기간이 길어질수록 총 인원변동률은 감소
하는 경향을 보인다고 할 수 있다. 두 변수 간의 상관성 정도를

알기 위해 상관분석을 실시한 결과 상관계수는 -0.28로 산출되었
다. 따라서 총 인원변동률의 변량을 평균재임기간이 설명해 주는
정도인 결정 계수는 8% 수준에 불과하다고 할 수 있다. 이러한
분석사실로부터 평균재임기간은 인원변동률을 설명하는 데 유효성
(쓸모정도)이 큰 변수라고는 할 수 없다. 다시 말하면 평균재임기
간에 따라 인원변동률에 차이를 보이는 것은 우연의 오차에 의한
것이지 본질적인 것이라고는 할 수 없다는 해석이 가능하다고 할
것이다. 이것은 평균재임기간을 독립변수로, 총인원변동률을 종속
변수로 회귀분석을 실시한 결과 두 변수 간에는 통계적으로 유의
미한 관계가 존재하지 않는다는 결과(유의수준 0.05)와도 같다고
할 것이다.

요컨대 부처행정의 변화효과를 인원변동률로 측정하는 경우 재
임기간의 길고 짧음(장관 교체의 빈도 차이)은 인원변동률에 미미
한 정도의 영향력을 미치는데 그친다고 해석할 수 있을 것이다.

<그림 4-4> 평균재임기간과 총 인원변동률 산포도

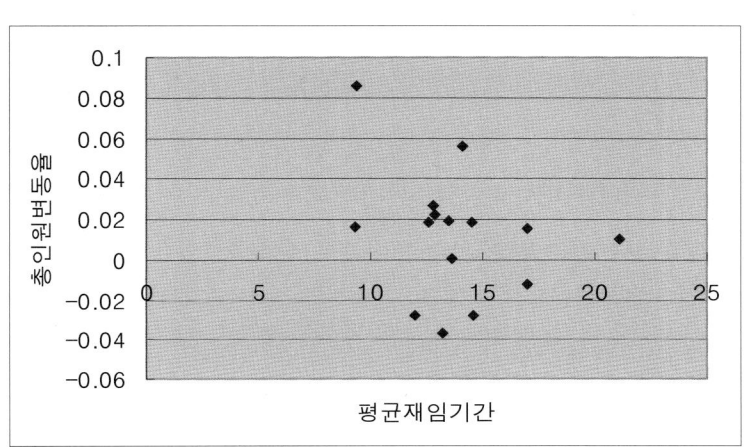

## 5) 고위직 인원변동률

전두환 정부부터 김대중 초기정부까지(1980년 9월~2000년 8월 7일 현재) 16개 부처의 고위직(1~3급 일반직 기준) 인원변동률의 평균값은 4.1%로 나타났다. 평균 고위직 인원변동률보다 높은 부처는 환경부(13.8%), 복지부(4.3%), 산업자원부(9.1%), 노동부(9.0%), 통일부(8.1%)로 집계되었다. 산업자원부를 제외하고는 사회복지(환경, 노동, 복지)나 이데올로기 성격(통일)이 강한 부처들이라 할 수 있다. 환경이나 노동, 보건복지 등 사회정책문제에 관하여 정부의 관심이 높아지기 시작한 것은 대체로 1980년대 이후로 알려지고 있다. 1987년에 일어난 6·29선언 이후 민간부문의 자율성이 대 정부관계에서 조금씩 성장하는 측면을 보여 왔다고 할 수 있다.[98] 이리하여 환경이나 노동, 보건복지 등 민간사회부문의 요구가 상대적으로 강해짐에 따라 이에 효율적으로 대응하기 위해 정부조직체계가 개편되면서 정책결정의 핵심부문을 담당하는 고위직의 인원변동도 자연스럽게 일어나지 않았나 생각된다. 1960~70년대의 경우는 특히 경제성장일변도의 정책이 주류를 이룬 것과는 대조된다고 할 수 있다.[99]

고위직 인원변동률이 평균보다 낮은 부처를 구체적으로 보면, 국방부, 건설부, 재정경제부가 3%수준이며, 교육부 2%수준, 행자부 1% 수준으로 각각 나타났다. 농수산부, 문화부, 정보통신부는 고위직 인원변동률이 1% 미만대이며 외교부는 -1%수준으로 집계되었다.

아래에서는 평균재임기간과 고위직 인원변동률은 서로 어떠한 관계가 성립하는지 분석해 보기로 한다. 이의 고찰을 위해 두 변

---

98) 정정길·이달곤 공편, 한국행정의 연구(서울: 박영사, 1997), pp.18-24.
99) 정정길, 전게서, pp.102-105.

수의 변화추이를 표로 보면 다음과 같다. 재임기간이 평균보다 긴 부처의 인원변동률을 보면, 재임기간이 같거나 비슷한 경우 편차가 크다고 할 수 있다. 예컨대 재임기간이 17개월인 국방부, 문화부의 고위직 인원변동률이 각각 3.6%, 0.6%로 나타나고 있다. 재임기간이 14개월 정도인 농수산부, 정보통신부, 노동부, 산업자원부 등 의 경우 인원변동률이 0.1%에서 9% 수준까지의 범위를 보이고 있다. 재임기간이 평균수준(13개월)인 통일부, 교육부, 과학기술부의 경우 인원변동률은 각각 8%, 2.4%, -3.5%를 보이고 있어 부처별로 차이가 크게 나타나고 있다. 12개월 정도의 재임기간을 가진 부처인 건설, 법무, 보건복지, 재정경제부의 경우는 3%에서 10%까지의 인원변동률을 보이고 있다. 재임기간이 평균미만인 부처인 환경부와 행정자치부도 13%와 1% 수준의 인원변동률을 보이고 있어 큰 차이가 발생하고 있음을 알 수 있다.

<표 4-5> 평균재임기간과 고위직 인원변동률

| 부처 | 경질장관수 | 평균재임기간 | 고위직인원변동률 |
|------|-----------|-------------|----------------|
| 외교 | 11 | 21.1 | -0.01027 |
| 국방 | 12 | 17 | 0.036092 |
| 문화 | 12 | 17 | 0.006221 |
| 농수산 | 16 | 14.6 | 0.0064 |
| 정통 | 16 | 14.6 | 0.001902 |
| 노동 | 16 | 14.5 | 0.090384 |
| 산자 | 17 | 14.1 | 0.091904 |
| 통일 | 17 | 13.6 | 0.081617 |
| 교육 | 15 | 13.5 | 0.024586 |
| 과기 | 15 | 13.2 | -0.03526 |
| 건설 | 18 | 12.9 | 0.035987 |
| 법무 | 17 | 12.8 | 0.043126 |
| 복지 | 19 | 12.6 | 0.102037 |
| 재경 | 20 | 12 | 0.033507 |
| 환경 | 12 | 9.4 | 0.138583 |
| 행자 | 25 | 9.3 | 0.01059 |

주) 고위직인원변동률은 일반직 1-3급 기준(1981년부터 2000년까지) 변동률
   임, 자료는 행정자치부, 정부조직변천사, 1998년 상하권.


   그렇다면 평균재임기간과 고위직 인원변동률 등 두 변수 간에는
어떠한 관계가 성립하는지를 보다 정확히 알기 위해 산포도를 살
펴보기로 한다. 그런 다음 상관분석과 회귀분석을 통해 상관계수
와 결정 계수를 산출하기로 한다.
   아래그림은 개괄적으로 평균재임기간이 길어질수록 고위직 인원
변동률은 낮아지는 경향을 보이고 있다. 두 변수 간에 존재하는 관
련성을 알아보기 위해 상관분석을 실시한 결과 -0.4라는 상관계수

가 도출되었다. 따라서 고위직 인원변동률의 변량을 평균재임기간이 설명해주는 정도인 결정 계수($R^2$)는 16% 수준으로 분석되었다. 평균재임기간의 유효성(쓸모정도)이 낮은 수준임을 알 수 있다. 평균재임기간에 따라 고위직 인원변동률에 차이가 발생하는 것은 우연의 오차에 의한 것이지 본질적인 오차가 아니라고 해석할 수 있을 것이다. 즉 평균재임기간이 고위직 인원변동률에 미치는 영향력의 정도나 수준은 미미하다고 해석할 수 있을 것이다. 이것은 평균재임기간을 독립변수로, 고위직 인원변동률의 변화를 종속변수로 하여 회귀분석을 실시한 결과 두 변수 간에는 통계적으로 유의미한 관계가 존재하지 않는 다는 분석결과와 일치한다고 할 수 있다(유의수준 0.05).

이상의 통계분석결과로부터 고위직 인원변동률을 통해 부처활동의 변화효과를 측정하는 경우 평균재임기간(장관의 교체빈도 차이)은 부처행정의 변화에 적은 수준의 영향을 미친다고 해석할 수 있을 것이다.

<그림 4-5> 평균재임기간과 고위직인원변동률 산포도

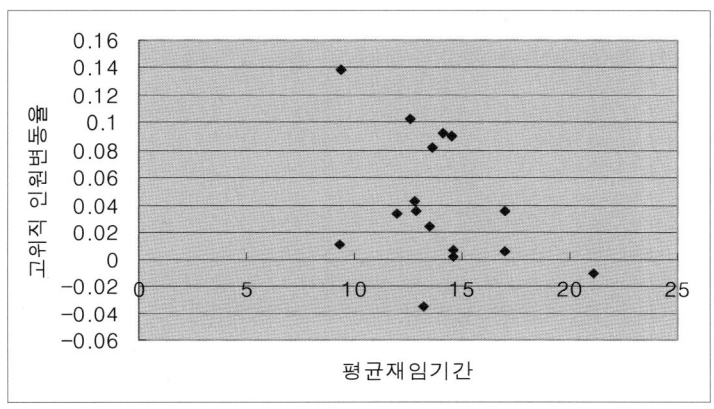

## 3. 분석요약

지금까지 부처를 기준으로 장관이 바뀌는 경우 부처활동에 변화가 있는지를 법률안 제안수, 조직개편횟수, 예산변동률, 인원변동률(고위직 인원변동률 포함)을 통해 분석하였다. 분석결과는 다음과 같다.

첫째, 법률안 제안수의 경우 장관의 평균재임기간은 법률안 제안수의 변동을 설명해주는 정도가 낮은 것으로 분석되었다. 즉 장관의 교체빈도의 차이(재임기간의 길고 짧음)가 법률안 제안수에 미치는 영향력의 정도는 낮다고 할 수 있다. 장관의 재임기간의 차이에 의한 법률안 제안수의 변화는 본질적인 차이가 아닌 우연의 오차에 의한 것으로 분석되었다.

둘째, 부처별 장관의 재임기간의 차이는 조직개편 횟수의 차이를 설명해 주는 정도가 낮은 것으로 분석되었다. 다시 말하면 장관의 재임기간의 길고 짧음 여부는 장관의 조직개편횟수에 영향을 미치는 정도가 작다고 할 수 있을 것이다.

셋째, 장관의 교체는 많든 적든 적어도 예산이나 인원의 변동에는 별다른 영향력을 미치지 못하는 것으로 분석되었다. 즉 평균재임기간이라는 독립변수는 평균예산변동률이나 평균인원변동률(고위직 인원변동률 포함)과 같은 종속변수를 설명해 주는 정도가 작아 변수로서 유효성(쓸모)은 높지 않은 것으로 나타났다. 이상의 분석사실을 통해 장관의 교체빈도(재임기간)를 기준으로 하는 경우, 장관이 예산이나 인원의 증대를 꾀하여 자신의 체면과 권위를 내세우려 한다는 이른바 Niskanen 등의 조직극대화 가설(예산극대화 가설)은 한국행정의 현실에 적용되기가 매우 어렵다고 해석할 수 있을 것이다.

장관승계가 부처행정의 변화에 미치는 효과에 대한 이 같은 연구결과는 선행연구에서 검토한 맥락주의론과 개인주의론 등 두 가지 이론 중에서 맥락주의 입장이 한국의 행정에 적용되는 사례라 할 수 있을 것이다. 요컨대 장관교체가 부처활동의 변화에 미치는 영향력은 낮거나 미미한 수준에 그치고 있다고 할 수 있을 것이다.

이런 이유로 제3장 제3절에서 설정한 연구가설 중 <장관의 교체빈도가 많은 부처와 그렇지 않은 부처간에는 법률안 제안수, 조직개편횟수, 예산과 인원의 증감폭 등이 서로 다를 것>이라는 <가설 Ⅰ의 ⅰ~ⅲ>의 내용은 본 분석결과와 부합되지 않는다고 평가할 수 있을 것이다.


# 제2절 개인별 분석


이 절에서는 분석단위(unit of analysis)를 개별 장관으로 하여 재임기간(장관의 교체빈도)이라는 독립변수가 부처행정의 변화정도와 어떻게 관련되는지를 중점적으로 밝히고자 한다. 행정의 변화정도는 법률안 제안수와 조직개편 횟수라는 두 가지 변수를 통해 확인하고자 한다.

이를 위해 16개 부처의 개별 장관 258명의 재임기간에 대한 승계현황을 설명한 뒤 재임기간과 부처행정의 변화정도 사이의 관계를 검토하기로 한다. 그런 다음 경력과 전문성이 부처활동의 변화에 어떠한 영향을 미치는지를 간략하게 고찰하고자 한다.

## 1. 승계현황

먼저 258명 개별 장관들의 재임기간의 평균은 13.6개월로 집계되었다. 재임기간이 가장 긴 경우는 53개월로 나타났고 가장 짧은 경우는 1개월로 밝혀졌다. 재임기간이 평균 이상인 경우는 116명, 평균미만인 경우는 142명으로 집계되었다. 재임기간의 분포를 구체적으로 보면 1년 미만인 경우가 44%(114명), 1년 이상 2년 미만인 경우 44.5%(115명), 2년 이상 3년 미만 25명(9.6%), 3년 이상 4명(1.5%)으로 각각 나타났다. 전체장관(258명 기준)중 89%에 해당하는 229명의 장관이 재임기간 2년 미만을 기록한 셈이다. 재임기간이 유럽이나 미국 등에 비해 상대적으로 짧음을 알 수 있다.[100]

## 2. 효과분석

### 1) 법률안 제안수

법률안 제안수의 경우 258명이 제안한 총 법률안수는 1497개로 1인당 평균 5.08개로 집계되었다. 평균치 이상의 법률안 제안수를 기록한 장관 수는 98명으로 전체(258명 기준)의 38%에 그쳤다.

개별 장관이 소속한 정부별로 총 법률안 제안수를 보면 전두환 정부 274개, 노태우 정부 258개, 김영삼 정부 652개, 김대중 정부

---

100) 자세한 내용은 제2장을 참조할 것.

313개로 집계돼 김영삼 정부에 속하는 장관의 법률안 제안수가 다른 정부의 장관에 비해 2배 이상 많은 것으로 나타났다. 김대중 정부도 초기 2년 동안을 대상으로 한 법률안 제안수의 경우 각각 8년 임기와 4년 임기를 가진 전두환 정부나 노태우 정부보다 법률안 제안수가 많음을 알 수 있다. 이것은 정치인 출신인 민간인 정부의 법률안 제안을 통한 국민욕구수렴정도가 군 출신정부에 비해 높게 나타나고 있기 때문이 아닌가 생각된다. 정치인 출신이 군 출신보다는 국민일반의 정서나 민심의 흐름에 보다 능동적으로 반응하기 때문일 것이다.

16개 부처 개별 장관 258명을 기준으로 하는 경우 재임기간과 법률안 제안수와는 어떠한 관계가 성립하는지를 고찰하기로 한다. 두 변수 간의 관련성을 개괄적으로 보기 위해 우선 산포도를 그려 보면 다음과 같다.

<그림 4-6> 개별 장관 재임기간과 법률안 제안수 산포도

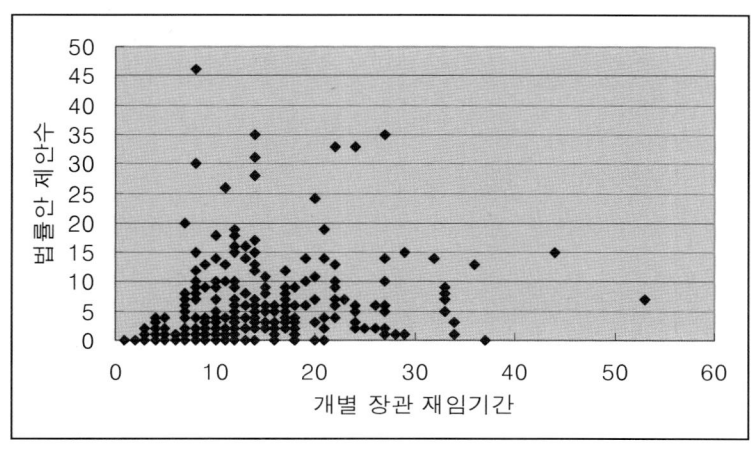

위 그림에서 보듯이 258명 개별 장관의 재임기간과 법률안 제안수와는 상관성이 강해 보이지 않는다. 두 변수 간 상관성에 대한 강도를 구체적으로 파악하기 위해 상관분석을 실시했다. 그 결과 상관계수는 0. 23이 나왔다. 독립변수인 재임기간이 종속변수인 법률안 제안수의 변동을 설명해 주는 정도인 결정계수는 5.6%로 분석되었다. 따라서 재임기간은 독립변수로서의 유효성(쓸모정도)이 높다고 해석할 수는 없을 것이다.

## 2) 조직개편횟수

16개 부처 258명의 장관이 실시한 조직개편횟수는 모두 266회로 나타났다. 1인당 평균 1.03회의 조직개편을 단행한 셈이다. 평균이상의 조직개편횟수를 기록한 장관수는 72명으로 전체의 28%로 나타났다.

개별 장관이 소속한 정부별로 조직개편횟수를 보면 전두환 정부 59회, 노태우 정부 68회, 김영삼 정부 102회, 김대중 정부 37회로 나타났다. 김영삼 정부의 조직개편횟수가 가장 많았음을 알 수 있다. 김영삼 정부의 경우 '94년 12월 대대적인 정부조직개편을 실행한 것과 관련이 있지 않나 생각된다. 특히 김영삼 정부의 조직개편은 1960년대 초 이후 30애년 만에 가장 대규모로 단행된 정부조직개편이라고 한다.[101]

아래에서는 258명 개별 장관의 재임기간과 조직개편횟수와는 어떠한 관계가 있는지를 알기 위해 두 변수의 산포도를 살펴보기로 한다. 아래 그림에서 보듯이 두 변수 간의 상관성 정도는 매우 약한 것

---

101) 정용덕, "역사적 관점에서: 한국 행정기구 개혁의 전개," 한국공공정책학회 · 바람직한 정부를 연구하는 모임 공동주최 심포지엄자료, 1997, p.95.

처럼 보인다. 구체적으로 두 변수 간의 관련성을 고찰하기 위해 상관분석을 실시한 결과 0.34라는 상관계수가 나왔다. 상관성의 강도가 높지 않다고 해석될 수 있겠다. 재임기간이 조직개편횟수의 변동을 설명해 주는 정도는 얼마나 되는지를 알아보기 위해 결정 계수를 구한 결과 0.12가 나왔다. 독립변수인 재임기간이 종속변수인 조직개편횟수의 변동을 12%정도 설명해 준다고 할 수 있다. 따라서 독립변수인 재임기간의 유효성(쓸모정도)은 높은 수준이라고 보기는 어렵다고 할 것이다.

<그림 4-7> 개별 장관 재임기간과 조직개편횟수 산포도

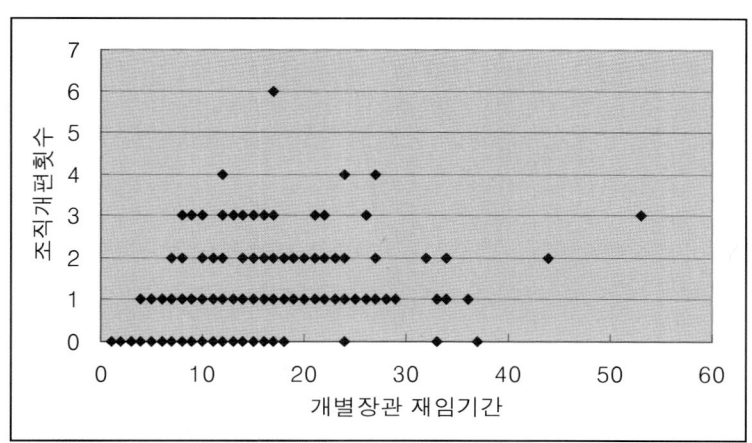

한편 258명의 장관의 경력과 전문성이 법률안 제안수와 조직개편횟수에 어떠한 영향을 미치는지를 고찰하기로 한다. 이를 위해 먼저 장관의 경력배경과 임명기준을 간략히 살펴보기로 한다. 16개 부처 258명의 경력배경을 보면 관료출신이 39.92%(103명)로 가장 많았고 정치인 20.54%(53명), 학자 18.6%(48명), 군인 8.91%(23명) 순으로

분석돼 관료출신의 장관입각비율이 가장 높게 나타나고 있음을 알 수 있다.[102] 또한 16개 부처 258명 장관의 임명기준을 보면 전문성에 의한 임명이 61.6%(159명), 정치적 기준에 의한 임명이 23.6%(61명), 일반관리 차원의 임명이 38명(14.7%)로 나타나 '외견상'으로는 전문성에 의한 임명이 상대적으로 높은 것으로 분석되었다.[103]

먼저 전문성과 법률안 제안수와의 관계를 살펴보면, 두 변수 간 상관성의 정도를 알아보기 위해 상관분석을 실시한 결과 0.049라는 상관계수가 도출되었다. 두 변수 간 상관성이 약하다고 할 수 있다. 전문성이 법률안 제안수를 설명해주는 정도인 결정 계수도 0.002로 나왔다.[104] 따라서 전문성은 독립변수로서의 설명력이 낮

---

102) 이런 점에서 선행연구에서 고찰한 박종민의 연구결과와 유사하다고 할 수 있다. 박종민은 관료나 학자 군인출신이 장관이 되는 경우가 많다고 하면서 이중 특히 관료의 입각비중이 높다고 하고 있다(자세한 내용은 제2장 제2절 장관에 관한 연구 중 실증적 차원의 연구를 참조할 것). 한편 본 연구자가 전두환 정부(1980년 9월)부터 김대중 초기정부(2000년 8월 7일 현재)까지 23개 부처 장관 342명을 대상으로 조사한 연구결과에 따르면 ii) 또한 민간인 출신 정부(김영삼 김대중 정부)의 경우 군 출신 정부(전두환-노태우 정부)에 비해 정치인과 학자의 등용비율이 상대적으로 높은 반면 군 출신의 입각비율은 낮게 나타났다. 특히 군 출신의 등용비율은 전두환 노태우 정부 때 16% 수준이던 것이 김영삼·김대중 정부로 오면서 5% 수준으로 크게 떨어졌다. 여성의 장관입각은 전두환 정부부터 김대중 정부에 이르기까지 모두 10명이 입각하였다. 부처별로 보면 보건복지부가 5명으로 가장 많았고, 환경부 3명, 문화, 교육부 각 1명씩으로 나타났다. 정부별로는 전두환 정부 1명, 김영삼 정부 4명 김대중 정부 5명으로 민간인 정부에 들어와서 여성 입각비율(상징적 대표성차원의 임명)이 높아지고 있음을 알 수 있다.

103) 23개 부처 342명을 기준으로 한 장관임명기준은 제5장 대통령에 대한 역할에서 자세히 고찰한다.

104) 258명을 기준으로 임명기준이 전문성인 경우 1, 기타의 경우 0으로

은 수준이라고 해석할 수 있다.

경력105)과 법률안 제안수와의 관계를 알아보기 위해 더미변수를 이용해 상관분석을 실시 해보니 약 0.3정도의 상관계수가 도출되었다. 어느 정도 두 변수 간 상관성이 있음을 알 수 있다. 경력이라는 독립변수가 법률안 제안수라는 종속변수를 설명해 주는 정도 (결정 계수)는 약 10% 수준으로 분석되었다. 독립변수의 설명력이 높은 정도는 아니라고 해석할 수 있다.

다음으로 전문성과 조직개편횟수와의 관계를 알아보기 위해 상관분석을 실시했다. 그 결과 상관계수는 0.12가 나왔다. 두 변수 간의 상관성 정도가 약하다고 할 수 있다. 전문성이 조직개편회수의 변동을 설명해 주는 정도인 결정 계수는 0.01로 나타나 독립변수의 유효성이 낮음을 알 수 있다.

경력과 조직개편횟수와의 관계도 상관분석결과 상관계수가 0.24로 도출돼 두 변수 간의 상관성 정도가 약함을 알 수 있다. 경력이라는 독립변수가 종속변수인 조직개편횟수의 변동을 얼마만큼 설명하는지를 파악하기 위해 결정 계수를 구해 보았다. 0.058이 나왔다. 따라서 경력이라는 독립변수가 조직개편 횟수라는 종속변수를 설명해 주는 정도는 5.8% 수준으로 낮다고 해석할 수 있다. 이 것은 경력을 독립변수로, 조직개편횟수를 종속변수로 하여 회귀분석을 실시한 결과 통계적으로 유의미한 관계가 존재하지 않은 결과와 일치하고 있다(유의수준 0.05).

---

더미변수화 해 회귀분석을 실시한 결과이다.

105) 경력은 관료, 학자, 경영인, 정치인, 군, 언론인, 법조인, 금융인, 의료인 노동운동가 등 10개의 변수로 이루어져 있다. 따라서 더미변수 9개를 사용해 회귀분석을 실시했다.

## 3. 분석요약

상에서 16개 부처 258명의 개별 장관을 기준으로 재임기간이 법률안 제안수, 조직개편횟수와 각각 어떠한 관계가 있는지를 상관분석 등을 통해 알아보았다. 분석결과는 다음과 같다.

첫째, 재임기간(장관의 교체빈도)은 종속변수인 법률안 제안수, 조직개편회수 등 종속변수를 설명해 주는 정도가 낮게 나타나 독립변수인 재임기간의 유효성은 낮은 것으로 해석되었다.

둘째, 개별 장관의 속성변수라 할 수 있는 경력, 전문성은 법률안 제안수와 조직개편회수의 변동을 설명해 주는 정도가 낮은 수준으로 분석돼 유효성이 낮은 것으로 해석되었다.

요컨대 개별 장관을 분석단위로 하고 조직개편횟수와 법률안 제안수의 변화정도를 종속변수로 삼아 통계적으로 분석한 결과, 장관이 바뀌는 경우 부처행정의 변화정도는 낮은 수준이라고 해석할 수 있을 것이다. 이상의 분석결과를 토대로 제3장에서 설정한 <장기 재임한 장관과 단기 재임한 장관은 법률안 제안수와 조직개편횟수에서 차이를 보일 것이다>라는 연구가설<Ⅰ-iv>의 내용은 사실과 부합되지 않는다고 평가할 수 있을 것이다.

# 제5장 장관의 역할 고찰

제4장에서는 장관이 교체되는 경우 부처활동에 변화가 있는지를 분석하였다. 분석단위를 각각 부처별로, 개인별로 하여 고찰한 결과는 '장관이 바뀌더라도 부처활동의 변화정도는 미미하거나 적은 수준'인 것으로 나타났다.

이렇게 부처활동의 변화가 미미한 정도라면 장관은 무슨 역할을 하는 존재인지를 알아보는 것이 필요하면서도 중요하다고 할 것이다. 이러한 문제에 답하기 위해 본 장은 구성되었다고 할 수 있다. 첫째, 제 1절에서는 대통령에 대한 장관의 역할을 논의할 것이다. 이 역할은 대통령이 장관을 임명하는 기준을 토대로 도출될 것이다. 둘째, 제2절에서는 행정부처의 책임자인 장관이 부처업무와 관련해 실제로 어떠한 역할을 하는지가 고찰될 것이다. 즉 '부처의 장으로서 장관의 역할'을 고찰할 것이다. 셋째, 제3절에서는 대통령에 대한 장관의 역할과 부처의 장으로서의 장관의 역할은 서로 어떻게 연계돼 있는지를 살펴볼 것이다. 이의 분석을 위해 대통령의 장관 임명기준을 독립변수로, 부처장으로서의 장관의 역할을 종속변수로 회귀분석을 실시할 것이다.

# 제1절 대통령에 대한 역할

대통령에 대한 장관의 역할은 임명기준을 토대로 정책전문가로 서의 역할(정책전문성에 의한 임명), 일반관리자로서의 역할(일반 관리성을 기준으로 한 임명), 정치적 수혜자로서의 역할(정치적 보 상차원의 임명), 상징적 대표자로서의 역할(상징적 대표차원의 임 명) 등 4가지로 나눌 수 있다는 점은 제3장에서 기술한 바 있다.

아래에서는 대통령에 대한 장관의 역할을 논의함에 있어서, i) 전체 장관(342명)하나로 묶어서 장관의 역할이 무엇인지 개괄적으 로 고찰한다. ii) 이어서 정부를 기준으로 장관의 역할은 무엇인지 를 분석할 것이다. iii) 그런 다음 부처를 기준으로 장관의 역할은 무엇인지를 밝혀내고자 한다. 부처별로 고찰하는 경우에는 부처의 특성에 따라 장관의 역할에 차이가 있을 수도 있기 때문이다.

본 연구에서는 부처를 기능을 기준으로 6가지로 분류해 분석하 고자 한다.[106] 첫째, 경제 관련부처이다. 여기에는 건설부, 교통부, 농림부, 동력자원부, 재정경제부, 산업자원부, 재무부, 해양수산부 등의 부처가 해당한다고 할 수 있다. 둘째, 안보관련부처이다. 통일 부, 외교부, 국방부 등이 이에 속한다고 본다. 셋째, 정보과학 관련 부처이다. 정보통신부, 과학기술부 등이 포함된다. 넷째, 교육문화 관련부처이다. 교육부, 체육부, 문화부, 공보처 등이 이에 해당한다 고 하겠다. 다섯째, 사회복지 관련부처이다. 환경부, 노동부, 복지부

---

106) 여러 가지 분류방식에 의해 부처를 나눌 수 있겠으나 본 연구에서는 분석의 편의를 위해 상식적인 수준에서 비슷한 기능을 가진 부처를 하나로 묶어서 논의를 전개하기로 한다.

등이 여기에 속한다고 할 수 있다. 여섯째, 법질서, 치안 관련부처이다. 법무부, 행정자치부 등이 이에 속한다고 할 수 있다. 기타 공무원의 인사 등 공무원의 정원에 관련한 일을 맡고 있는 총무처를 들 수 있다.

장관의 역할에 관련된 논의를 진행하면서 본 연구는 특히 대통령에 대한 장관의 역할과 관련된 가설 II-①<대통령에 대한 장관의 역할은 정부별, 부처별 특성에 따라 차이가 있을 것이다>의 내용에 대한 검토 작업도 함께 수행하기로 한다.

## 1. 전체장관 분석

전체장관 342명을 하나의 분석단위로 삼아 대통령에 대한 장관의 역할을 분석하면 다음과 같다.

전두환 정부부터 김대중 초기정부에 이르기까지 20년 동안(80. 9-2000. 8. 7 현재) 전문성을 고려한 장관의 임명사례는 342건 가운데 59%(202건)로 가장 많았다. 다음이 정치적인 보상이나 상징적인 차원에서 장관을 임명한 사례로 전체의 26%(90건)로 나타났다. 일반 행정 경험을 기준으로 임명된 사례는 전체의 15%인 50건에 불과했다.

이러한 빈도분석 결과를 통해 '표면적'으로는 임명권자인 대통령이 장관을 임명하는 데 있어 정책전문가로서의 역할을 상대적으로 높게 기대하고 있다고 해석할 수 있다.

그러나 이러한 '표면적'인 내용은 장관을 임명하는 경우 정치적인 기준이 어느 정도 고려되었는지를 나타내는 '실질적'인 내용을 분석해 볼 경우 크게 달라지게 된다.[107] 아래에서는 각 역할별로 세분해서 장관의 역할을 구체적으로 분석하고자 한다. 먼저 정책전문가 역할을 본 뒤, 정치적 역할, 일반관리자 역할 순으로 논의를 전개하고자 한다.

첫째, 정책전문가 역할 202건을 세분하면 정치적 기준(상징적 대표성, 정치적 보상차원의 임명)이 고려된 경우가 46%(94건)이다. 따라서 정치적 기준이 고려 안 된 경우(54%, 108건)에 비해 약간 비율이 낮을 뿐이다. 정치적 기준이 고려된 비중이 상당한 수준이라고 할 수 있다.

정치적 기준이 고려된 경우(94건)를 세분해 보면 정치적 보상차원에서 임명된 사례가 56건으로 가장 많았다. 다음은 상징적 대표성을 고려한 임명사례(33건)였다. 나머지(5건)는 상징적 대표성과 정치적 보상이 함께 고려되어 임명된 경우라 할 수 있다. 주로 임명권자와의 인간적 친밀도, 충성도 등이 장관 임명의 기준으로 비중이 높게 고려되고 있음을 알 수 있다.

둘째, 정치적 역할(90건)을 구체적으로 보면 다음과 같다. 정치적인 보상차원에서 임명된 사례가 59건, 66%로 가장 많았다. 다음으로 상징적 대표성을 고려한 경우가 19건, 21%로 집계됐다. 나머지 12건(13%)은 두 가지 차원 즉 정치적 보상과 상징적 대표성이 함께 고려된 경우였다. 정치적 역할을 고려한 임명사례의 경우 정치적인 보상차원의 임명이 비교적 높은 비중을 차지하고 있음을 알 수 있다. 이리하여 대통령이 장관을 정치적인 기준에 의해 임명하는 경우 정치적인 수혜자로서의 역할을 상대적으로 많이 기대

---

107) 여기서 말하는 '표면적', '실질적'인 내용의 구별은 장관의 역할을 분석하는 경우 정치적인 기준이 '중시'되었는지 여부를 가지고 나누고자 한다. 실질적인 장관의 역할이란 "정치적인 기준을 '중시'해 분석하는 경우 장관의 역할"을 의미하는 것으로 본 연구에서는 보고자 한다.

하고 있다고 해석할 수 있을 것이다.

셋째, 일반 관리자 역할(50건)을 세분해 보면 다음과 같다. 정치적 기준이 고려된 사례는 40건, 80%로 가장 비중이 높았다. 정치적 기준 중에서도 상징적 대표성이 가장 많이 고려되고 있다. 부처 행정경험을 가진 인사 중 지역이나 성적 요소(여성) 등을 고려해 장관임명을 하는 사례가 상대적으로 많음을 보여주는 경우라 할 것이다. 요약하면 역대정부는 일반관리자를 장관으로 임명하는 경우에도 정치적 보상차원이나 상징적 대표성 등 이른바 정치적 기준을 높게 적용시키고 있음을 알 수 있다.

위에서 서술한 장관의 역할을 정리하면 전체 342건의 장관 임명 사례 중 정치적 기준이 고려되어 임명되는 경우는 224건으로 65%를 점하고 있다. 이러한 사실로부터 우리나라 장관은 10명당 7명꼴로 정치적 기준이 고려돼 임명된다고 해석할 수 있을 것이다. 대통령이 장관을 임명하는 경우 정치적 보상이나 상징적 대표성 등의 기준을 상당히 높게 고려하고 있음을 알 수 있다. 지금까지 기술한 342명의 장관역할 분석을 통해 다음과 같은 내용을 도출할 수 있다. 역대정부의 대통령은 장관을 임명하는 경우 '표면적'으로는 전문가 역할을 기대하는 비중이 높다고 할 수 있다. 그러나 '실질적'으로는 정치적 기준이 높은 비율로 고려되고 있다고 할 수 있다(정책전문가 46%, 일반관리자 80%). 이러한 사실로부터 대통령에 대한 장관의 역할은 정치적 역할(대통령에 대한 충성심 유지자로서의 역할)로서의 비중이 상대적으로 크다고 해석할 수 있다.[108] 이상에서 서술한 내용을 표로 요약하면 다음과 같다.

---

108) 이 책의 분석대상 시기와 관련은 없으나 2001년 5월 21일 김대중 정부의 법무부 장관으로 안동수 변호사가 선임되자, 임명배경을 놓

<표 5-1> 임명기준으로 본 장관의 역할(단위: 건수)

| 역할 | 임명기준 | 계 | | |
|---|---|---|---|---|
| 정치적 역할 | 정치적 보상 | 59 | 정치적 기준 | 90 |
| | 상징적 대표성 | 19 | | |
| | 보상＋상징적 대표성 | 12 | | |
| 일반관리자 역할 | 일반관리 | 10 | 정치적 기준 | 50 |
| | 정치적 보상＋일반관리 | 13 | | |
| | 상징적 대표성＋일반관리 | 22 | | |
| | 보상＋상징적 대표성＋일반관리 | 5 | | |
| 정책전문가 역할 | 전문성 | 108 | | 202 |
| | 보상＋전문성 | 56 | | |
| | 상징적 대표성＋전문성 | 33 | | |
| | 보상＋상징적 대표성＋전문성 | 5 | | |
| 계 | | | | 342 |

고 지역(충청)적 요소 외에는 인선의 기준을 찾기 어렵다는 지적이
주류를 이룬 가운데 장관임명과 관련된 '충성 메모문건'이 발견돼
세간에 충격을 준 바 있다.
  그 문건의 일부를 소개하면 "대통령님의 태산 같은 성은에 감사(중
략) 대통령님께 충성을 다하겠습니다(중략)" 등의 구절로 되어있다
(밑줄 필자 첨가).
  이러한 장관임명 사례는 장관의 역할을 고찰할 때 '대통령에 대한
장관역할'의 분석에 대한 필요성을 환기시키는 사례로 해석될 수 있
을 것 같다. 조선일보, 2001년 5월 22일자 참조.

## 2. 정부 분석

대통령에 대한 역할을 정부별로 나누어 고찰하는 이유는 정부별 특성에 따라 장관의 역할이 달라질 가능성이 있다는 판단 때문이었다. 아래에서는 전두환 정부의 장관역할을 살펴본 뒤 노태우 정부, 김영삼 정부, 김대중 정부 순으로 임명권자가 기대하는 장관의 역할이 어떻게 다르게 나타나는지를 분석하기로 한다.

첫째, 전두환 정부의 경우 모두 96건의 장관임명사례를 기록했다. 이 가운데 전문성을 고려한 임명사례가 63%(61건)로 가장 비중이 높았다. 정치적 기준만을 고려한 임명사례가 24%(23건)로 뒤를 이었으며 일반관리자를 장관에 임명한 경우는 13%(12건)에 불과했다.

이처럼 전두환 정부는 '표면적'으로는 정책전문가로서의 역할을 상당히 중요하게 생각하고 있음을 알 수 있다. 이는 장관의 임명기준으로 전문성의 비중을 높게 고려하고 있다는 의미로 풀이할 수 있겠다. 그러나 각 역할에 대해 정치적인 기준이 얼마나 고려되고 있는지를 살펴보면 이러한 표면적인 역할은 크게 수정될 것이다. 구체적으로 각 역할을 고찰하면 다음과 같다.

ⅰ) 전문가로서의 역할 즉 전문성을 고려한 임명사례(61건)를 구체적으로 보면, 정치적 기준이 고려되지 않은 채 임명된 사례는 61건 중 40건이다. 그러나 정치적 기준이 고려된 사례는 나머지 21건으로 35%를 점하고 있다. 정치적 기준에 따른 임명비율이 낮지 않은 수준임을 알 수 있다.

정치적 기준이 고려된 사례 가운데는 정치적 보상차원에서 임명

된 경우가 대부분(20건, 33%)을 차지했다. 이는 정책전문가 중 정
치적인 보상차원에서 장관에 임명되는 경우가 10명당 3명꼴로 이
루어지고 있음을 의미한다고 해석할 수 있을 것이다. 정치적 보상
에 따라 임명된 경우를 구체적으로 보면 국가보위입법위원회에 참
여한 전문가들의 등용이나 5공화국 출범에 공을 세운 대가차원의
임명사례가 많은 비중을 차지한다고 할 것이다.

ii) 다음으로 장관의 정치적 역할을 구체적으로 고찰하면 다음
과 같다. 정치적 기준을 고려한 임명사례 23건 중 정치적 보상차원
의 임명사례가 가장 많았다. 56%(13건)로 나타났다. 상징적 대표성
을 고려한 경우는 35%(8건)로 다음을 차지했다. 정치적 보상＋상
징적 대표성을 고려한 사례는 9%(2건)에 불과했다. 이는 정치적
기준에 의한 임명사례를 기준으로 할 때 10건당 6건 꼴로 정치적
인 보상차원에서 장관임명이 이뤄지고 있음을 뜻한다고 할 것이다.

iii) 끝으로 일반관리자 역할을 살펴보면, 전체 임명사례(12건)
가운데 정치적 기준이 고려된 경우는 75%(9건)로 매우 높았다. 전
두환 정부는 일반관리자를 장관으로 임명하는 경우에도 정치적 보
상이나 상징적 대표성등 정치적 기준을 감안해 임명하는 사례가
매우 높음(75%)을 알 수 있다.

이상의 내용을 요약하면 전두환 정부의 경우 정치적인 보상이나
상징적 대표성 등 정치적 기준을 고려해 장관을 임명하는 사례는
전체 96건 중 55%(53건)의 비율을 점하고 있는 것으로 분석되었
다. 장관 10명당 6명꼴로 정치적인 요소가 고려돼 임명되었다고
해석할 수 있을 것이다.

둘째, 노태우 정부의 경우 장관의 역할을 살펴보면 아래와 같다.
전두환 정부와 마찬가지로 전문성을 고려한 임명사례가 가장 많았

다. 다음이 정치적 기준이 고려된 임명사례였고 일반관리자를 장관에 임명한 경우는 비중이 가장 낮은 것으로 분석되었다.

구체적으로 살펴보면 노태우 정부는 집권기간 동안 모두 93건의 장관 임명사례를 기록했다. 이 가운데 정책전문가 역할을 고려한 임명사례가 56%(52건)로 가장 높았다. 정치적 역할을 고려한 사례는 28%(26건), 일반관리자 역할을 고려한 임명사례는 16%(15건)로 각각 집계되었다.

노태우 정부는 전두환 정부처럼 장관의 임명에서 '표면적'으로는 정책전문성을 상대적으로 중시했음을 알 수 있다. 그러나 정치적 기준이 어느 정도 고려돼 임명 되었는지를 고찰해 보면 이러한 표면적인 장관의 역할은 크게 수정되어야 할 것이다. 아래에서는 대통령이 장관을 임명하는 경우 정치적인 기준을 얼마나 고려하고 있는지, 즉 '실질적'인 측면에서 장관의 역할을 분석하기로 한다.

ⅰ) 먼저 전문가로서의 역할 즉 전문성에 의해 임명된 사례(52건)를 보면 다음과 같다. 정치적 기준이 고려된 사례가 42%(22건)로 상당히 높게 나타났다. 정치적 기준이 고려돼 임명된 사례 중 정치적 보상차원에 의한 경우가 25%(13건)로 가장 많았다. 다음이 상징적 대표성을 고려한 경우로 15%(8건)였으며 정치적 보상＋상징적 대표성이 함께 포함된 사례는 2%(1건)에 그쳤다. 노태우 정부의 장관의 경우 '표면적'으로는 전문성에 의한 임명비중이 높다고 할 수 있다. 그러나 전문성에 의한 임명이라도 정치적인 기준이 상당한 수준(42%)으로 고려되고 있음을 알 수 있다.

ⅱ) 다음으로 정치적 역할 즉 정치적 기준을 고려한 임명사례(26건)를 고찰하면 다음과 같다. 26건 가운데 정치적인 보상차원에서 임명된 사례가 18건(66%)으로 가장 많았다. 상징성 대표성을

고려한 임명사례는 19%(5건으로 나타났으며, 상징적 대표성과 정치적인 보상관계를 함께 고려한 임명사례는 15%(3건)로 집계되었다. 말하자면 정치적 기준가운데는 정치적인 보상을 고려한 임명이 상대적으로 높다고 할 것이다. 측근인사를 배려차원에서 장관에 임명하거나 선거 결과에 따른 포상차원에서 장관에 앉히는 사례가 상대적으로 많았다고 해석할 수 있겠다.

iii) 끝으로 일반관리자 역할을 고려한 임명사례는 모두 15건으로 나타났다. 이중 정치적 기준이 고려된 사례는 87%(13건)로 그 비중이 매우 높았다. 정치적 기준이 고려돼 일반관리자를 임명한 경우를 구체적으로 보면 정치적인 보상 차원의 임명사례 47%(7건), 상징적 대표성 차원의 임명사례 33%(5건), 정치적인 보상과 상징적인 대표성이 함께 고려된 임명사례 7%(1건) 등으로 나타났다. 노태우 정부는 일반관리자를 장관에 임명할 때 상징적 대표성이나 정치적 보상차원 등 정치적 기준을 함께 고려하는 비중이 매우 높다(87%)고 해석할 수 있을 것이다.

지금까지의 분석을 요약하면 노태우 정부의 경우 전체 93건의 장관임명사례 중 61건, 66%가 정치적 기준이 고려돼 임명된 경우라 할 수 있다. 장관 10명당 7명꼴로 정치적인 요소(보상, 성, 지역 등)가 고려돼 임명된 셈이다.

셋째, 김영삼 정부는 본 연구의 분석대상 역대정부 가운데 가장 많은 장관임명사례를 기록했다. 모두 101명의 장관을 임명했다. 전두환 정부, 노태우 정부처럼 김영삼 정부의 경우 장관 역할은 '표면적'으로는 정책전문가 역할> 정치적 역할> 일반관리자 역할 순으로 나타나고 있다. 모두 101건의 임명사례 중 51%(52건)가 정책전문가의 역할을 고려한 것으로 나타났으며 29%(29건)는 정치적 역할을, 나머지 20%(20건)는 일반관리자 역할을 고려한 임명사례로 분석되었다.

이처럼 김영삼 정부는 장관을 임명하는 경우 전문성을 다른 기준과 비교해 약간 높게 두고 있음을 알 수 있다(51 대 49). 그러나 정치적인 기준이 어느 정도 고려돼 장관이 임명되는지를 분석하면 이러한 장관의 역할은 상당한 정도로 수정되어야 할 것이다. 구체적으로 장관의 역할을 살펴보면 다음과 같다.

ⅰ) 전문가로서의 역할 즉 전문성을 고려한 임명사례 52건을 구체적으로 고찰하면, 정치적 기준이 고려돼 임명된 경우가 48%(25건)로 그 비중이 상당히 높았다. 정치적 기준이 고려된 사례(25건)를 세분해 보면, 상징적 대표성차원의 임명사례가 23%(12건), 정치적 보상 차원에서 임명된 경우가 21%(11건)로 나타났다. 이와 같이 김영삼 정부는 정책전문가를 장관으로 임명하는 경우에도 약 절반가량(48%)은 정치적 기준(상징적 대표성이나 정치적 보상 등)을 고려하고 있음을 알 수 있다. 정책전문가로서의 역할을 기대하는 경우에도 장관의 정치적 역할비중이 높다고 해석할 수 있을 갓이다.

ⅱ) 다음으로 정치적 역할 즉 정치적 기준만을 고려한 임명사례(28건)를 살펴보면 다음과 같다. 28건의 임명사례 중 정치적 보상차원에서 임명된 경우가 73%(21건)로 가장 높았다. 상징적 대표성차원에서 임명된 경우(17%, 5건)나 정치적인 보상과 상징적 대표성을 함께 고려한 임명사례(10%, 3건)는 미미한 수준에 그쳤다. 이러한 사실로부터 김영삼 정부는 정치적 기준으로만 장관을 임명하는 경우 측근인사 배려나 포상차원의 자리안배 등 정치적 보상차원에서 장관을 임명하는 비중이 매우 높았다고 할 수 있을 것이다.

iii) 일반관리자를 기준으로 장관을 임명한 사례(20건)를 보면, 정치적 기준이 고려된 경우가 75%(15건)로 비중이 매우 높았다. 정치적 기준이 고려된 임명 사례 가운데 지역이나 성별 , 개혁 성향자 배려 등 상징적 대표성을 고려한 임명사례가 가장 많은 비중(50%, 10건)을 차지한 것으로 나타났다. 이처럼 김영삼 정부는 일반관리자를 장관에 임명하는 경우에도 정치적 보상차원이나 상징적 대표성 등 정치적 기준을 고려하는 비율이 매우 높다(75%)고 할 수 있다.

이상에서 서술한 김영삼 정부의 경우를 요약하면, 전체 101건의 장관임명 사례 중 69건(68%)이 정치적인 기준이 고려돼 임명되었다고 할 수 있다. 장관 10명당 7명꼴로 임명 시 정치적인 요소가 고려되었다는 의미로 풀이할 수 있을 것이다.

끝으로 김대중 정부의 초기집권기간(98.3-2000.8)을 중심으로 장관의 역할을 분석하기로 한다. 김대중 정부는 초기집권기간 동안 모두 52건의 장관임명사례를 기록했다. 임명기준에 따른 장관의 역할을 분석해 보면 정책전문가 역할이 71%(37건)로 가장 높았다. 다음이 정치적 역할이며(23%, 12건), 일반관리자 역할은 6%(3건)에 그친 것으로 분석되었다. 위의 분석에서 나타난 것처럼 김대중 정부도 장관을 임명할 때 '표면적'으로는 전문성을 고려하여 임명하는 비중이 높다고 할 수 있다. 이러한 점에서 전두환 정부, 노태우 정부, 김영삼 정부와 공통점을 가진다고 할 수 있다. 그러나 정치적인 기준이 어느 정도 크기로 고려되었는지를 기준으로 장관의 역할을 분석하는 경우 이러한 역할 비중은 상당한 정도로 수정되어야 할 것이다. 아래에서는 구체적으로 정치적인 기준이 얼마만큼 고려돼 장관이 임명 되었는지를 살펴보기로 한다.

ⅰ) 정책전문가 역할을 분석하면 다음과 같다. 전문성을 고려해 임명한 사례(37건)가운데 정치적인 기준이 고려된 경우는 무려 70%(26건)나 되는 것으로 나타났다. 전문성에 의해 임명된 장관 10명 중 7명꼴로 정치적인 요소가 고려되었다는 의미이다. 이러한 비율은 전두환 정부, 노태우 정부, 김영삼 정부를 포함해서 가장 높은 수준이라고 할 수 있다. 자민련과의 공동 집권이라는 태생적 한계로 인해 두 정당 간의 자리안배가 장관임명을 통해 많이 나타나고 있기 때문이 아닌가 해석된다. 정치적 기준이 고려돼 임명된 경우를 세분해 분석해 보면 정치적 보상차원이 고려된 경우와 상징적 대표성이 고려된 사례가 각각 32%(12건)로 나타나고 있다. 이처럼 김대중 정부는 정책전문가 역할을 기대하고 장관을 임명하는 경우에도 정치적 보상차원이나 상징적 대표성 등 정치적 기준을 고려하는 비중이 매우 높게 나타나고 있다(70%)고 해석할 수 있을 것이다.

ⅱ) 정치적 역할 즉 정치적 기준만을 고려해 임명된 사례(12건)를 분석하면, 정치적 보상차원의 임명사례가 59%(7건)로 가장 비중이 높았다. 다음이 정치적 보상과 상징적 대표성이 함께 고려된 경우였다(33%, 4건). 상징적 대표성을 고려한 임명사례는 단 1건으로 나타났다. 정치적 기준가운데는 정치적 보상을 고려한 임명비중이 60% 수준으로 상당히 높음을 알 수 있다.

ⅲ) 끝으로 일반관리자 역할을 고려한 임명사례는 모두 3건으로 나타났다. 3건 모두 정치적 기준이 고려되었다. 세분해 보면 상징적 대표성을 고려한 사례, 정치적 보상을 고려한 사례, 상징적 대표성과 정치적 보상을 함께 고려한 사례 각 1건 등으로 나타났다. 이처럼 김대중 초기정부는 일반관리자를 장관에 임명하는 경우 모두(100%) 정치

적 기준(정치적 보상차원, 상징적 대표성 등)을 고려하고 있음을 알 수 있다.

이상에서 기술한 김대중 정부의 경우를 요약하면, 모두 52건의 장관 임명사례 중 79%에 해당하는 41건이 정치적인 기준이 고려된 경우라 할 수 있다. 장관 10명당 8명꼴로 정치적인 요소가 고려되어 임명되었다는 뜻으로 해석할 수 있을 것이다.

지금까지 정부별로 대통령에 대한 장관의 역할을 살펴보았다. '표면적'으로는 장관의 역할 중 전문가로서의 역할이 4개 정부에서 모두 강조되고 있다는 점이 발견되고 있다. 하지만 정치적인 기준이 어느 정도 고려되었는지 즉 '실질적'인 측면에서 장관의 역할을 분석하는 경우 다음과 같은 사실이 도출되었다. 장관이 전문성에 의해 임명되었든, 일반 행정 경험을 기준으로 임명되었든 정치적인 보상이나 상징적인 대표성 등을 고려한 임명비중이 상당한 수준에 달하고 있다는 점이다. 정치적 기준을 고려한 비중을 정부별로 보면 전두환 정부 55%, 노태우 정부 66%, 김영삼 정부 68%, 김대중 정부 78%로 각각 나타나고 있다. 전두환 정부, 노태우 정부 등 군 출신 정부가 장관을 임명하는 경우 정치적 기준을 고려하는 비율은 평균 60%(114/189)선이다. 이에 비해 김영삼 김대중 정부 등 민간인 출신 정부의 경우는 장관 임명 시 정치적 기준을 고려하는 비중은 72%(110/153)로 나타나고 있다. 민간인 출신 정부가 상대적으로 정치적 기준을 높게 고려해 장관을 임명하고 있음을 알 수 있다. 이러한 현상은 김영삼 정부와 김대중 정부는 각각 3당 연합(김영삼, 노태우, 김종필 연합정당)과 2당 연합(자민련, 국민회의)에 의해 정권을 잡은 관계로 이에 따른 정치적 계파간 자리안배가 장관 임명이라는 수단을 통해 나타났기 때문이 아닌가 해석된다.

　이처럼 정치적인 기준에 의해 장관을 임명하는 사례가 많은 것은 대통령이 정치적인 자산(political assets)이나 정치적 도구(political tools)로 장관을 활용하는 비율이 상대적으로 높음을 시사한다고 해석할 수 있을 것이다. 이상에서 기술한 각 정부별 역할을 세분해 표로 정리하면 다음과 같다.

<표 5-2> 대통령에 대한 장관 역할(정부)

| 정부 | 정책전문가 역할 | | 정치적 역할 | 일반관리자 역할 | |
|---|---|---|---|---|---|
| | 정치적 기준고려 | 정치적 기준 고려 안 됨 | | 정치적 기준고려 | 정치적 기준 고려 안 됨 |
| 전두환 | 63(61) | | 24(23) | 13(12) | |
| | 35(21) | 65(40) | | 75(9) | 25(3) |
| 노태우 | 56(52) | | 28(26) | 16(15) | |
| | 42(22) | 58(30) | | 87(13) | 13(2) |
| 김영삼 | 51(52) | | 29(29) | 20(20) | |
| | 48(25) | 52(27) | | 75(15) | 25(5) |
| 김대중 | 71(37) | | 23(12) | 6(3) | |
| | 70(26) | 30(11) | | 100(3) | 0 |

주) 단위: %, 괄호 안은 건수

　위 표에서 나타난 것처럼 대통령에 대한 장관의 역할을 보면, 정치적 기준을 고려돼 임명하는 비율이 모든 정부에서 상대적으로 높게 나타나고 있다. 다만 얼마나 정치적인 기준이 고려돼 있는가

하는 정도(수준)는 정부별로 차이가 있다고 하겠다.

첫째, '표면적'인 관점에서 장관의 각 역할을 분석해 보자. ⅰ) 정책전문가 역할 즉 전문성을 고려하여 장관을 임명한 비중을 보면 김대중 정부가 가장 높다(71%). 전두환 정부(63%)> 노태우 정부(56%)> 김영삼 정부(51%) 순이다. '표면적'으로 볼 경우 정책전문가 역할비중은 군 출신 정부가 민간인 출신정부보다 약간 높다고 할 수 있다. 정책전문가 역할 비중을 보면 전두환·노태우 정부의 경우는 59.78%(61+52/96+93)인 데 비해, 김영삼·김대중 정부의 경우는 58.16%(52+37/101+52)로 나타나고 있기 때문이다. ⅱ) 일반관리자 역할, 즉 일반 행정 경험을 기준으로 장관을 임명하는 비중을 보면 전두환·노태우 정부는 14.28%(12+15/96+93), 김영삼·김대중 정부는 15.03%(20+3/101+52)로 민간인 정부가 약간 높게 나타나고 있다.

둘째, 정치적 기준을 고려하여 '실질적' 측면에서 장관의 역할을 분석하면 다음과 같다. ⅰ) 우선 전문성을 고려해 장관을 임명하는 경우 정치적 기준이 고려되는 비중을 보면 김대중 정부 70%, 김영삼 정부 48%, 노태우 정부 42%, 전두환 정부 35%로 민간인 출신정부(김영삼·김대중 정부)가 군 출신 정부(전두환·노태우 정부)보다 상대적으로 높게 나타나고 있다.

ⅱ) 정치적 기준만을 고려해 장관을 임명하는 경우 정부별 비중을 보면 김영삼 정부(29%)> 노태우 정부(28%)> 전두환 정부(24%)> 김대중 정부(23%) 순으로 나타나고 있다.

ⅲ) 일반관리자를 장관에 임명하는 경우 정치적 기준이 고려되는 비중을 보면 김대중 정부(100%)> 노태우 정부(87%)> 김영삼·전두환 정부(각 75%)로 집계되고 있다. 민간인 출신 정부와

군 출신 정부간 뚜렷한 차별성이 보이지 않고 있다.

이상의 분석사실을 토대로 할 때 다음 가설 즉

<가설 Ⅱ-① 대통령에 대한 장관의 역할은 정부별 부처별 특성에 따라 차이를 보일 것이다>

의 내용 중 정부별 특성부분은 전문성을 기준으로 하는 경우, 민간인 정부가 장관을 임명할 때 정치적 기준을 고려하는 비율은 군 출신 정부에 비해 상대적으로 높게 나타나고 있다. 하지만 일반관리자나 정치적 기준만을 고려해 장관을 임명하는 비중을 보면 민간인 정부와 군 출신 정부간에는 뚜렷한 차별성이 있다고 보기는 어렵다고 할 것이다. 따라서 위의 가설은 부분적으로 채택이 가능하다고 할 수 있다.

## 3. 부처 분석

아래에서는 부처별로 대통령에 대한 장관의 역할을 고찰한다. 부처를 6가지로 나누어 분석하기로 한다.

### 1) 경제 관련부처

건설부, 교통부, 농림부, 동력자원부, 재정경제부, 산자부, 재무부, 해양수산부 등 경제 관련부처의 장관의 역할을 분석하면 다음과 같다.

모두 99건의 장관임명사례 중 정책전문가 역할은 74%(73건), 일반관리자 역할 16%(16건), 정치적 역할 10%(10건)으로 각각 집계되었다. 그러나 이러한 역할비중은 '표면적'인 것에 불과하다. 때문에 정치적인 기준이 얼마나 고려되어 임명 되었는지를 검토해야 장관의 '실질적'인 역할을 알 수 있다. 먼저 전문성을 기준으로 임명된 사례를 보면 모두 74건의 장관이 임명되었다. 이 중 정치적 기준이 고려된 사례는 38건으로 51%에 이르고 있다. 일반관리자를 기준으로 장관을 임명한 22건의 경우에도 이중 18건, 81.8%가 정치적 기준이 고려된 경우이다.

따라서 경제 관련부처의 경우 적어도 정치적 기준이 고려돼 임명된 경우는 전체 112건의 사례 중 72건으로 64% 수준에 달하고 있다. 10명당 6명꼴로 정치적 기준이 고려되어 경제부처 장관이 임명되어 왔다고 해석할 수 있을 것이다. 경제 관련부처는 대체로 전문가 중심으로 장관을 임명하고 있으나 임명권자는 정치적인 보상이나 상징적 대표성(예, 출신지역) 등의 요소를 상당한 비중으로 고려하고 있음을 알 수 있다.

부처별로 정치적 기준이 고려된 비율을 보면 건설부 68%(13/19), 교통부 92%(12/13), 농림부 94%(16/17), 동력자원부 50%(4/8), 해양수산부 83%(5/6), 재경부 42.85%(9/21), 재무부 40%(4/10), 산업자원부 50%(9/18) 등으로 나타났다. 경제 관련부처 중에서도 대체로 부처의 힘(power)이 상대적으로 크지 않은 건설부, 교통부, 농림부, 해양수산부 등의 경우 장관 임명 시 정치적인 기준을 고려하는 비중이 상대적으로 높게 나타나고 있음을 알 수 있다. 특히 교통부와 농림부의 경우는 정치적 기준 가운데 상징적 대표성(출신지역)을 고려하는 비중이 상대적으로 높은 것으로 분석되었다.[109]

---

109) 본 연구자가 신문, 잡지 등 기록적 자료(documentary data)를 토대로 조사한 결과를 참고로 한 것임.

### 2) 안보관련부처

통일, 외교, 국방 등 안보관련부처의 장관의 역할을 살펴보면, 전체 43건 중 정책전문성을 고려해 장관을 임명한 사례가 35건, 81%로 가장 높았다. 그리고 정치적인 기준만을 고려해 임명한 경우는 6건, 일반 행정 경험자를 장관으로 임명한 경우는 2건 등으로 집계됐다.

정치적 기준이 고려된 비중을 각 역할별로 보면 다음과 같다. 전문성을 기준으로 임명된 사례(35건) 중 14건(40%)이 정치적 기준이 고려된 경우였다. 일반관리자 역할은 2건 중 1건이 정치적 기준이 고려된 사례였다. 요약하면 전체 35건의 안보관련부처 장관임명사례 중 21건, 49%가 정치적인 보상이나 상징적인 대표성 등 정치적인 기준이 고려된 경우라 할 수 있다. 이리하여 안보관련부처 장관 10명당 5명꼴로 정치적인 요소가 고려해 임명되었다고 해석할 수 있을 것이다.

개별부처별로 정치적인 기준이 고려된 비율을 보면 통일부 50%(9/18), 외교부 50%(6/12). 국방부 46%(6/13) 로 각각 집계되었다. 이들 부처들은 통일정책과 외교정책, 국방정책을 다룬다는 부처의 성격상, 상대적으로 전문성을 중시해 장관이 임명된 부처라고 해석할 수 있을 것이다. 다시 말하면 통일부의 경우는 통일행정에 문외한인 인사의 입각비중이 적었고, 외교부는 정통 외무관료의 입각비중이 높았으며 국방부의 경우에도 군사행정경험이 풍부한 인사가 장관에 임명되는 사례가 상대적으로 높았다고 할 수 있다.[110]

---

110) 본 연구자가 신문, 잡지 등 기록적 자료(documentary data)를 토대로 조사한 결과를 참고로 한 것임.

## 3) 정보과학 관련부처

정보통신부와 과학기술부 등 정보과학 관련부처 장관의 역할을 보면, 정책전문가 역할이 전체 33건 중 21건, 64%로 가장 비중이 높았다. 정치적 역할 8건(24%), 일반관리자 역할 4건(12%) 순이었다.

각 역할별로 정치적인 기준이 얼마나 고려되었는지를 보면 다음과 같다. 전문성을 기준으로 임명된 사례(21건) 가운데 38%(8건), 일반관리자를 기준으로 임명된 사례(4건) 가운데 75%(3건)가 정치적인 기준이 고려되어 임명된 경우였다. 요약하면 정보·과학관련 부처의 장관 임명사례 33건 중 58%에 해당하는 19건이 정치적인 기준이 고려된 경우라 할 수 있다. 정보과학 관련부처 장관 10명당 6명꼴로 정치적 기준이 고려돼 임명되었다고 해석할 수 있겠다. 정보통신이나 과학기술 등 전문성이 고도로 요구되는 부처의 경우에도 장관의 정치적 기준이 고려되는 정도가 상당한 수준이라고 할 수 있다.

부처별로 정치적인 기준이 고려돼 임명되는 비중을 보면, 정보통신부 71%(12/17), 과학기술부 43%(7/16)로 나타났다. 과학기술 부처의 경우 고도이 전문성을 요한다는 부처의 성격상 전문가적 식견과 자질을 가진 인사의 입각비중이 상대적으로 높음을 알 수 있다. 정보통신부의 경우는 전두환·노태우 정부 등 군 출신 정부에 비해 김영삼·김대중 정부 등 민간인출신 정부에서 전문성을 고려한 임명사례가 상대적으로 늘고 있다는 특징이 있다 할 것이다.111)

---

111) 본 연구자가 전두환 정부출범부터 김대중 정부 초기까지(1980년 9월~2000년 8월 7일 현재) 신문, 잡지 등 기록적 자료(documentary data)를 토대로 분석한 결과임.

## 4) 교육·문화관련부처

교육부, 문화부, 공보처, 체육부 등 교육·문화관련부처의 장관 역할을 보면 다음과 같다. 정치적 역할 즉 정치적인 기준을 고려해 임명된 사례는 전체 44건 중 23건, 52%로 가장 비중이 높다. 다음은 정책전문성을 고려하여 임명된 사례로 20건, 45%로 집계되었다. 나머지 1건, 2%는 일반 행정 경험을 기준으로 임명된 사례이다.

각 역할을 정치적 기준이 고려돼 임명되는지 여부를 기준으로 살펴보면 다음과 같다. 전문성을 기준으로 장관을 임명하는 사례 20건 중 6건(30%)이 정치적인 기준이 고려된 경우이며 일반관리자를 장관에 임명한 사례(1건)의 경우 정치적인 기준이 고려되었다. 요약하면 교육·문화관련부처 장관의 경우 전체 44건의 장관 임명사례 중 30건, 68%가 정치적인 기준이 고려된 경우라 할 수 있다. 이리하여 교육·문화관련부처의 경우 장관 10명당 7명꼴로 정치적인 기준이 고려돼 임명되었다고 해석할 수 있다.

부처별로 정치적인 기준으로 고려한 비중을 보면 교육부 43%(7/16), 문화부 92%(12/13), 공보처 100%(5/5), 체육부 60%(6/10), 총무처 75%(12/16) 등으로 나타나 교육부 장관의 경우 정치적 기준이 고려돼 임명되는 비율이 비교적 낮다고 할 수 있다. 특히, 공보처와 문화부의 경우는 전체 장관 중 100%, 85%가 오로지 정치적 기준에 의해 임명될 정도로 정치성이 높은 부처라 할 수 있다. 과거 정권에서 이들 부처들이 대국민 홍보나 국민을 상대로 한 이데올로기 전파를 통해 상징조직의 선봉에 섰다는 사실을 뒷받침하는 사례라 할 것이다.

## 5) 사회·복지 관련부처

환경, 노동, 복지부 등 사회·복지 관련부처 장관의 역할을 살펴 보면 다음과 같다. 전체 50건의 장관임명사례 중 정치적 기준에 의해서만 임명된 사례는 19건, 38%로 상대적으로 비중이 높았다. 일반관리자를 장관에 임명한 경우는 15건, 30%로 나타났으며 전 문성을 고려해 장관에 임명한 사례는 16건, 32%로 집계되었다. 이 와 같이 사회·복지 관련부처의 경우 '표면적'으로는 장관의 역할 중 정치적 역할, 정책전문가 역할, 일반관리자로서의 역할이 비슷 한 비중으로 나타나고 있다.

정치적 기준이 고려되는 비중을 각 역할별로 보면 아래와 같다. 일반관리자를 장관에 임명하는 경우(15건) 가운데 정치적인 기준이 고려된 경우는 73%(11건)로 나타났다. 전문성을 기준으로 장관을 임명하는 경우(16건) 정치적인 기준을 고려하는 비중은 56%(9건)나 되었다.

요약하면 사회·복지 관련부처의 경우 장관을 임명하는 경우 정 치적인 기준이 고려되는 비중은 전체 50건 중 39건으로 78% 수준 임을 알 수 있다. 이들 부처 장관 10명당 8명꼴로 정치적 기준이 고려돼 임명되었다고 해석할 수 있을 것이다.

부처별로 장관임명 시 정치적인 기준이 고려된 비율을 보면, 노 동부 76%(13/17), 환경부 69%(9/13), 복지부 85%(17/20) 등이다. 노동부의 경우는 특히 노태우 정부와 김영삼 정부의 경우 노동행정 경험이나 노동 분야에 대한 전문적인 식견을 갖추지 못한 인물을 등용한 것으로 알려지고 있다. 노태우 정부시절에는 '87년 '6·29 선언'이후 분출하는 민주화와 사회의 자율화 바람에 의해 노동운동이 왕성하게 일어났던 시기였기 때문에 노동행정의 총수격인 장관자리에 대통령을 지근거리에서 보필한 경험을 가진 심복부하들을 많이 입각시키지 않았나 해석된다. 환경부의 경우는 노태우 정부이후 비로소 독립된 부처로서 존재하고 있는 데, 김영삼 정부와 김대중 정부 등 민간인 정부에서 장관임명사례 중 적어도 50% 이상이 정치적 기준에 의해 임명되고 있는 것으로 알려지고 있다. 즉 민간인 정부에 들어와 환경부처 장관은 정치적 보상이나 상징적 대표성 차원(여성배려 등)에서 임명되는 비중이 높다고 해석할 수 있을 것이다. 보건복지부의 경우는 측근인사배려나 정당내의 몫 안배 혹은 지역구 포기에 대한 대가나 여성이나 출신지역 배려차원에서 장관임명을 활용하는 비중이 상대적으로 높은 부처였다고 해석할 수 있다.[112]

### 6) 법질서·치안 관련부처

법무부, 행정자치부 등 법질서·치안 관련부처의 장관역할을 보면, 정책전문성을 고려해 임명한 사례는 전체 44건 중 32건으로 73%를 차지했다. 정치적 기준을 고려해 임명한 경우는 10건(23%), 일반 행정 경험을 기준으로 임명한 경우는 2건 등으로 각각 나타났다.

각 역할별로 정치적 기준이 고려되는 비중을 보면 다음과 같다. 전문성에 의해 장관을 임명하는 경우(32건) 중 정치적 기준이 고려된 경우는 59%(19건)나 되었다. 일반관리자를 장관에 임명한 경우 중 정치적인 기준이 고려된 경우는 50%(1건)로 집계되었다. 요

---

112) 본 연구자가 전두환 정부부터 김대중 초기정부(1980년 9월부터 2000년 8월 7일 현재)까지 신문, 잡지 등 기록적 자료(documentary data)를 토대로 조사한 결과를 참고로 한 것임.

약하면 이들 부처의 장관 임명사례 44건 중 30건, 68%가 정치적 기준이 고려된 경우라 할 수 있다. 따라서 법질서·치안 관련부처들의 장관은 10명당 7명꼴로 정치적 기준이 고려돼 임명되었다고 해석할 수 있다. 부처별로 정치적 기준이 고려돼 임명된 비율을 보면 법무부 50%(9/18), 행정자치부 81%(21/26)로 나타났다. 특히 행정자치부는 부처의 성격상 대통령선거나 국회의원선거 지방자치 선거 등 주요 선거를 다루는 부처이므로 장관을 임명하는 경우 정치적 기준이 고려되는 비율이 높다고 해석할 수 있을 것이다. 기타 총무처의 경우는 장관 임명 시 정치적 기준을 고려하는 비중은 75%(12/16)로 나타났다. 총무처의 경우 전두환 정부부터 김영삼 정부까지 대체로 대통령의 측근인사나 충성파 등에 대해 자리를 안배해 주는 차원에서 이들을 장관에 임명하는 비중이 상대적으로 높았다고 해석할 수 있겠다.

지금까지 부처별로 장관의 역할을 살펴보았다. 이상에서 논의한 내용들을 종합적으로 정리하면 아래와 같다.

전문성을 기준으로 장관을 임명하는 사례와 정치적인 기준 만에 의해 장관을 임명하는 경우, 일반관리성을 기준으로 장관을 임명하는 경우의 부처별 평균값을 구하면 각각 57.13%, 29.47%, 13.39%로 각각 분석되었다. 부처별로 장관 10명당 6명은 전문성을 기준으로 임명되며, 3명은 정치적인 기준에 의해 임명되고 나머지 1명은 일반 행정 경험을 가진 자가 장관에 임명된다는 의미로 해석할 수 있을 것이다.

전문성에 의해 장관을 임명하는 경우가 평균치를 상회하는 부처를 보면, 국방부, 법무부, 외무부, 재정경제부, 재무부, 동력자원부(이상 100%), 산업자원부(94%), 교육부(87%), 과학기술부(75%)등 9

개 부처로 나타났다. 주로 경제 관련부처와 치안 법질서관련부처 등이 포함되어 있음을 알 수 있다. 국가의 주요 경제정책이나 교육정책, 그리고 국방외교정책이나 과학기술정책, 법질서를 다루는 부처의 경우 고도의 전문성이 있어야만 장관이 업무수행을 제대로 해낼 수 있기 때문에 이들 부처의 경우 전문성이 임명기준 가운데 중요한 요소로 고려되고 있지 않나 생각된다.

정치적 기준에 의해 장관을 임명하는 경우가 평균값을 상회하는 부처로는 공보처(100%), 문화부(85%), 해양수산부(67%), 체육부·총무처(각 50%), 교통부(46%), 환경부(38%), 행정자치부(38%), 통일부(33%) 등 10개 부처로 집계됐다. 특히 이 가운데 이데올로기 관련부처(공보, 문화)의 경우 정치적 기준에 의한 임명사례가 높다고 할 수 있다.

일반관리자를 장관에 임명하는 비중이 평균값을 상회하는 부처로는 노동부(52%), 교통부(46%), 건설부(42%), 농수산부(41%), 환경부(38%), 총무처(25%), 정보통신부(24%) 등 7개 부처(교통부, 환경부, 총무처 등 3부처 중복)로 분석되었다.

이상에서 기술한 부처별 장관의 역할에 대한 비중(수치)은 '표면적'으로 본 장관의 역할(임명기준)이라 할 수 있다. 따라서 정치적 기준이 고려된 비중을 알아야만 '실질적'인 장관의 역할(임명기준)을 파악할 수 있다. 구체적으로 정치적인 기준이 어느 정도 고려돼 임명되는지를 각 역할별로 고찰하기로 한다.

첫째, 전문성을 기준으로 장관을 임명하는 비중이 평균치를 상회하는 부처를 분석하면 다음과 같다. 산업자원부의 경우 정치적 기준이 고려돼 임명되는 비중은 53%(17명중 9명)로 가장 높았다. 외무부, 법무부, 동력자원부의 경우 정치적 기준이 고려된 임명사례는 50%로 나타났다. 이밖에 재정경제부 43%(21명중 9명), 재무부 40%(10명중 4명), 교육부 36%(14명중 5명), 과학기술부 25%(12 명중 3명) 등으로 분석되었다. 즉 전문성을 기준으로 장관을 임명 하는 비중이 높은 부처의 경우도 정치적 기준이 고려돼 임명되는 비중이 상당한 수준(25%~53%)에 달하고 있음을 알 수 있다.

둘째, 정치적인 기준에 의해 임명되는 비중이 평균을 넘어서는 부처를 고찰하면 다음과 같다. 공보처가 100%(5명)로 나타났고 문 화부 85%(13명중 11명), 해양수산부 67%(6명중 4명), 체육부·총 무처 각 50%로 집계됐다. 이밖에 교통부 46%(13명중 6명), 환경부 39%(13명중 5명), 행정자치부 38%(26명중 10명), 통일부 33%(18명 중 6명) 등의 순으로 분석되었다. 공보처와 문화부는 집권 측의 국정이념을 전파하는 기능을 담당한 관계로 임명권자가 믿을 수 있는 심복부하를 주로 장관에 임명했기 때문이 아닌가 생각된다. 체육부나 총무처 교통부의 경우도 임명권자와 친분관계가 있는 정 치인이나 군 출신 인사가 상당한 정도로 임명되었기 때문이 아닌 가 해석된다.

셋째, 일반관리자가 장관에 임명되는 비중이 평균보다 큰 부처를 살펴보면 다음과 같다. 농수산부와 총무처의 경우 정치적 기준이 고 려돼 임명되는 비중은 각각 100%로 분석되었다. 교통부의 경우는 83%(6명중 5명), 노동부는 78%(9명중 7명), 건교부 75%(8명중 6명), 환경부 60%(5명중 3명) 순으로 집계되었다. 즉 일반관리자를 임명 하는 경우에도 정치적인 보상이나 상징적 대표성 등 정치적 기준이 고려되는 비율이 매우 높다(60%~100%)고 할 것이다.

이상의 분석을 통해 부처별로 장관 임명 시에 정치적 기준이 고 려되는 비중을 순서대로 보면, 사회·복지 관련부처가 78%로 가장 높았다. 다음이 교육 문화관련부처와 법질서·치안 관련부처(각

68%)이며, 경제 관련부처 61%, 정보·과학관련부처 58%, 안보관련부처 49% 등의 순이었다. 이러한 사실로부터 제3장에서 설정한 연구가설 즉

　　<Ⅱ-① 대통령에 대한 장관의 역할은 정부별 부처별 특성에 따라 차이를 보일 것이다>

　의 내용 중 '부처별 특성' 부분을 검토해 보면 다음과 같다.

　국정이데올로기 전파와 관련된 부처(문화, 공보)나 군 출신 등이 주로 장관에 많이 임명된 교통부·총무처와 보건복지부·노동부 등 사회복지 관련부처, 지방선거나 국회의원 선거·대통령 선거 등 선거 주무부처인 행정자치부, 특정지역 출신이 주로 장관에 많이 임명되어 온 농림부, 임명권자와의 친분관계가 높은 정치인이 주로 장관에 임명되는 해양수산부 등의 경우는 정치적인 기준이 고려되어 장관이 임명되는 경우가 많은 부처라고 해석할 수 있다.

　그러나 통일 외교 국방 등 안보관련부처와 재정경제부 재무부 동력자원부 산업자원부 재무부 등 경제 관련부처, 교육부와 과학기술부 등의 경우는 부처의 특성상 업무수행에 있어서 비교적 고도의 전문적인 지식과 식견을 요구하는 정도가 높으므로 장관 임명 시 정치적인 기준이 고려되는 비중이 상대적으로 낮게 나타나고 있다. 이에 따라 위의 가설 내용은 채택이 가능하다고 해석할 수 있을 것이다. 지금까지 분석한 23개 부처에 대한 장관의 역할을 정리해 표로 나타내면 다음과 같다.

<표 5-3> 대통령에 대한 장관역할(부처)

| 부처 | 정책전문가 역할 정치적 기준 고려 | 고려 안 됨 | 정치적 역할 | 일반관리자 역할 정치적 기준 고려 | 고려 안 됨 |
|---|---|---|---|---|---|
| 건설 | 42(8) | | 16(3) | 42(8) | |
|  | 50(4) | 50(4) | | 75(6) | 25(2) |
| 과학기술 | 75(12) | | 25(4) | 0 | |
|  | 25(3) | 75(9) | | | |
| 교육 | 87(14) | | 13(2) | 0 | |
|  | 36(5) | 64(9) | | | |
| 노동 | 24(4) | | 24(4) | 52(9) | |
|  | 50(2) | 50(2) | | 78(7) | 22(2) |
| 교통 | 8(1) | | 46(6) | 46(6) | |
|  | 100(1) | | | 83(5) | 17(1) |
| 농림 (농수산) | 41(7) | | 18(3) | 41(7) | |
|  | 86(6) | 14(1) | | 100(7) | |
| 동력 | 100(8) | | 0 | 0 | |
|  | 50(4) | 50(4) | | | |
| 문화 (문화관광) | 15(2) | | 85(11) | 0 | |
|  | 50(1) | 50(1) | | | |
| 공보 | 0 | | 100(5) | 0 | |
| 체육 | 40(4) | | 50(5) | 10(1) | |
|  | | 100(4) | | 100(1) | |

| 부처 | | | | | |
|---|---|---|---|---|---|
| 복지 | 45(9) | | 50(10) | 5(1) | |
| | 66(6) | 34(3) | | 100(1) | |
| 환경 | 23(3) | | 39(5) | 38(5) | |
| | 33(1) | 67(2) | | 60(3) | 40(2) |
| 행자 (내무) | 54(14) | | 38(10) | 8(2) | |
| | 71(10) | 29(4) | | 50(1) | 50(1) |
| 해양수산 | 33(2) | | 67(4) | 0 | |
| | 50(1) | 50(1) | | | |
| 통일 | 56(10) | | 33(6) | 11(2) | |
| | 20(2) | 80(8) | | 50(1) | 50(1) |
| 총무 | 25(4) | | 50(8) | 25(4) | |
| | | 100(4) | | 100(4) | |
| 정보통신 | 52(9) | | 24(4) | 24(4) | |
| | 55(5) | 45(4) | | 75(3) | 25(1) |
| 재정경제 | 100(21) | | 0 | 0 | |
| | 43(9) | 57(12) | | | |
| 재무 | 100(10) | | 0 | 0 | |
| | 40(4) | 60(6) | | | |
| 산업자원 | 94(17) | | 0 | 6(1) | |
| | 53(9) | 47(8) | | | 100(1) |
| 외교 (외무) | 100(12) | | 0 | 0 | |
| | 50(6) | 50(6) | | | |
| 법무 | 100(18) | | 0 | 0 | |
| | 50(9) | 50(9) | | | |

주) 단위: %, 괄호 안은 건수

# 제2절 부처장의 역할

전술한 제 1절 대통령에 대한 장관의 역할은 실질적인 장관의 역할이라기보다는 일종의 임명권자인 대통령이 장관에게 기대하는 역할이라고 해석할 수 있다. 그러나 제2절은 부처장으로서의 장관이 실질적으로 어떠한 역할을 수행하는지를 분석하는 부분이라고 할 수 있다.

본 절은 다음과 같은 분석내용으로 구성되어 있다.

첫째, 장관이 재임하는 기간동안 어떠한 행정부문에 가장 역점을 두는지를 분석함으로써 장관의 역할 유형을 도출해 내고자 한다. 장관의 역할 유형은 제3장에서 보았듯이 정책 역할 유형, 조직 관리 역할 유형, 대외관계역할 유형, 소극 역할 유형 등 4가지이다.

둘째, 장관이 재임하는 기간동안 행정 각 부문(정책부문, 조직 관리 부문, 대외위상 혹은 대외관계부문)에 어느 정도 변화가 있었는지를 고찰하고자 한다. 이리하여 장관이 교체됐을 때 실제로 부처 행정에 얼마만큼의 변화가 발생 되었는지를 측정할 것이다. 이와 같은 분석과정을 거쳐 선행연구에서 기술한 리더승계와 조직성과에 관한 두 가지 입장 즉 맥락주의 입장과 개인주의 입장 중 어느 이론이 한국적 행정현실에 보다 잘 적용되는지를 실증적으로 밝히고자 한다.

셋째, 본 절은 대통령에 대한 역할과 부처장으로서의 장관의 역할 등 두 가지 역할이 어떠한 연계성을 가지고 있는지를 고찰할 것이다. 연계성을 위한 분석에는 장관의 임명기준과 역점부문, 임명기준과 행정부문 변화정도와의 관련성이 분석될 것이다.

　본 절은 장관승계와 그에 따르는 역할 유형, 행정부문 변화정도, 그리고 두 가지 역할의 연계성을 고찰함에 있어 분석단위를 ⅰ) 전체장관 ⅱ) 정부 ⅲ) 개별부처 등 3가지로 나누기로 한다. 역할 유형 및 행정부문의 변화정도에 대한 고찰은 16개 부처의 국·과장급을 대상으로 한 설문자료가 이용되며, 두 가지 장관의 역할 사이에 어떠한 연계성이 있는지를 고찰하기 위한 임명기준의 분석에는 객관적 자료가 활용될 것이다. 아래에서는 먼저 부처장으로서의 역할을 전체장관을 기준으로 고찰한 뒤 정부, 개별부처를 기준으로 차례대로 분석하기로 한다.


## 1. 전체장관 분석

　장관이 재임하는 기간동안 부처행정부문 중 어느 부문에 가장 역점을 두는지를, 16개 부처 86명의 장관을 대상으로 한 국·과장급 설문조사를 토대로 분석하면 다음과 같다.[113] 86명 장관의 역

---

113) 설문대상에 포함된 장관은 노태우 정부부터 김대중 초기정부(2000년 8월 7일 현재)까지 16개 부처 장관 187명 중 52%에 해당하는 98명으로 선정했다. 98명의 선정기준은 임명기준에 의해 다시 나뉘어졌다. 전문성에 의한 임명장관 57명(전체 112명의 50.89%), 일반관리자 기준에 의한 임명장관 15명(전체 30명중 50%), 정치적 기준에 의한 임명장관 26명(전체 45명의 57.77%)으로 재분류 한 것이다. 이들 장관들이 실제로 각 부처의 모집단을 대표할 수 있는지를 확인하기 위해 카이스퀘어 분포에 의한 적합도 검정을 실시했다. 실시 결과 p값이 유의수준 0.05보다 크게 나와 귀무가설(실측도수가 기대도수와 일치한다)은 기각할 수 없다는 결론이 나왔다. 즉 표본(설문대상 장관)이 모집단(전체장관)을 대표한다고 할 수 있다. 다

할 유형을 보면, 정책의 개발이나 추진에 역점을 두는 정책 역할 유형이 27건, 31%로 가장 많았다. 다음이 조직내부문제의 해결에 역점을 두는 조직 관리 유형으로 17건, 20%이었다. 부처의 대외업무 추진에 역점을 두는 대외관계 역할 유형은 16건으로 19%를 차지했다. '부처의 정책이나 조직 관리, 대외업무 추진 등에 별 관심이 없고 자리를 지키는', 소극 역할 유형은 11건, 13%로 각각 집계되었다. 나머지 15건, 17%는 장관이 재임하는 기간동안 역점을 두는 행정부문이 두 가지 이상인 이른바 혼합 역할 유형이라고 할 수 있다. 혼합 유형을 구체적으로 보면 (정책＋조직 관리 역할)유형이 5건으로 나타났고, (대외관계＋소극 역할)유형이 4건, (정책＋조직 관리＋대외관계 역할)유형이 2건 등으로 집계되었다. 이밖에 (정책＋소극 역할)유형, (정책＋조직 관리＋대외관계 역할)유형, (조직 관리＋소극 역할)유형, (대외관계＋조직 관리 역할)유형이 각 1건씩으로 나타났다.

　이러한 분석결과를 통해 다음과 같은 사실이 도출되었다.

　ⅰ) 우리나라 장관은 10명당 3명꼴로 재임기간동안 정책의 개발이나 추진에 역점을 두고 있으며, 10명당 2명꼴로 조직내무 문제의 해결이나 대외업무의 추진에 역점을 두고 있는 것으로 분석된다. 다만, 특별히 하는 일 없이 장관직을 즐기는 유형도 10명당 1명꼴로 나타났다. 따라서 우리의 경우 장관이 재임하는 기간동안 정책의 개발이나 추진에 역점을 두는 비중이 그다지 높지 않다고 해석할 수 있다.

---

만 16개 부처 중 국방부는 보안상의 이유를 들어 회신이 불가능하다는 답이 왔고 법무부는 회수율이 극히 적었기 때문에 두 부처는 분석의 편의상 제외시켰다. 그래서 86명의 장관이 최종적으로 선정되었다. 자세한 내용은 노형진, 엑셀에 의한 조사방법 및 통계분석(서울: 법문사, 1998) pp.214-218을 참조할 것.

 ii) 또한 우리나라 장관의 경우 재임기간동안 한 가지 역할에만 역점을 두는 유형이 대부분(83%, 71건)이라는 사실도 도출되었다. 장관의 평균 재임기간이 13개월에 불과한 점을 감안할 경우 장관이 재임기간동안 여러 가지 역할에 두루 관심을 가진다는 것은 현실적으로 어렵다는 점을 시사하는 대목이라 할 것이다.114) 지금까지 분석한 역할 유형을 표로 정리하면 다음과 같다.

<표 5-4> 장관의 역할 유형(전체장관)

| 역할 유형 | 정책 역할 | 조직 관리 역할 | 대외관계 역할 | 소극 역할 | 계 |
|---|---|---|---|---|---|
| 건수(%) | 27(31) | 17(20) | 16(19) | 11(13) | 71(83) |

주) 나머지 15건(17%)는 두 가지 역할 유형이 혼합된 것임.

 다음으로 16개 부처 전체장관 86명을 기준으로, 장관이 교체되는 경우 행정부문의 변화정도가 얼마정도 일어나는지를 살펴보기로 한다. 아래 표는 16개 부처 장관 86명이 재임기간동안 얼마만큼이나 각 행정부문의 변화를 가져 왔는지 그 정도를 보여주고 있다.

---

114) Kaufman은 조직의 長의 경우 임기가 제한되어 있기 때문에 중요한 일들을 한정해서 집중적으로 하는 것이 필요하다고 말한다. 즉 조직의 장(chiefs)의 경우 자기가 관심을 가지는 모든 일을 개인적으로 다루거나 혹은 조직의 모든 운영을 관리하고, 평가하는 것은 사실상 불가능하다는 것이다. 또한 몇 십년동안 조직의 장(chief)으로서 일하는 것을 기대하기도 현실적으로 곤란하다. 때문에 상대적으로 주어진 짧은 재임기간(time)동안 지속적이고 집중적으로 관심을 둘 수 있는 일을 선택하는 것이 현명할 것이라고 지적한다. Herbert Kaufman, *The Administrative Behavior of Federal Bureau Chiefs* (Washington D. C.: The Brookings Institution, 1981), pp.122-123.

이 표에 따르면 장관이 바뀌는 경우 정책부문의 변화정도는 평균 2. 79, 조직 관리 부문의 변화정도는 평균 2.87, 대외위상부문의 변화정도는 평균 2.98로 각각 분석되었다.115) 행정 각 부문의 변화정도의 평균이 2.5보다 크므로 어느 행정부문의 변화정도도 '상당한 수준'과는 거리가 있다고 해석할 수 있을 것이다.

이러한 분석결과는 한국의 장관의 경우 그들이 바뀌더라도 재임기간동안 행정 각 부문에 '상당한 정도의 변화'를 초래한다고 단정하기는 어렵다는 점을 시사하고 있다고 할 수 있다. 이에 따라 부처장으로서의 장관의 역할은 선행연구에서 검토한 리더승계-조직성과에 관한 두 가지 입장 중 맥락주의론이 적용될 수 있다고 해석할 수 있을 것이다.

---

115) 16개 부처(국방, 법무제외) 장관 86명에 대한 국과장급 설문응답결과를 토대로 정책부문, 조직 관리 부문, 대외위상부문의 변화정도 평균값을 엑셀 프로그램에 의해 계산한 결과이다.

<표 5-5> 부처장 역할(전체장관)

| 정책부문 변화 | 조직 관리 부문 변화 | 대외위상부문 변화 |
|---|---|---|
| 2.83 | 2.17 | 3 |
| 3.5 | 3 | 3.33 |
| 3 | 2.5 | 3.17 |
| 3.17 | 3 | 2.67 |
| 3.17 | 3.17 | 3.17 |
| 2.83 | 2.67 | 2.67 |
| 1.86 | 3.6 | 2.86 |
| 2.71 | 3.14 | 3.14 |
| 2.3 | 3.3 | 3.29 |
| 2.86 | 2.71 | 3.29 |
| 2.6 | 2.2 | 2.8 |
| 3.4 | 3 | 2.8 |
| 3.5 | 2.5 | 3 |
| 3.57 | 2.43 | 3.29 |
| 3.71 | 3.14 | 3.29 |
| 2.5 | 2.5 | 2.375 |
| 2.5 | 2.125 | 2.875 |
| 1.11 | 1.78 | 1.56 |
| 3 | 2.67 | 2.22 |
| 2.11 | 2.89 | 2.78 |
| 3.11 | 3.44 | 3.22 |
| 3.11 | 2.56 | 3.22 |
| 1.56 | 2.44 | 2.44 |
| 3.17 | 3.17 | 3.17 |
| 3 | 3.17 | 2.83 |
| 2.83 | 3.5 | 2.83 |
| 3.5 | 3.67 | 3.5 |
| 2.83 | 2.83 | 3.33 |
| 3.17 | 2.83 | 3.33 |
| 3.6 | 3.8 | 3 |
| 3.2 | 3.8 | 3.4 |
| 2.6 | 2.6 | 3.4 |
| 3.6 | 3.4 | 3.8 |
| 3.8 | 3.2 | 3.6 |
| 1.2 | 1 | 1.6 |
| 4 | 3.4 | 3.8 |
| 4 | 3.67 | 3.83 |
| 3 | 3.17 | 3.5 |
| 2.17 | 1.67 | 2.33 |
| 3 | 3.5 | 3.4 |
| 2.5 | 2 | 2.67 |
| 3.6 | 3.8 | 3.6 |
| 2.6 | 2.8 | 3 |

| 정책부문 변화 | 조직 관리 부문 변화 | 대외위상부문 변화 |
|---|---|---|
| 3.2 | 3.6 | 3.6 |
| 2.8 | 3.6 | 3.4 |
| 3.2 | 2.4 | 2.8 |
| 4 | 4 | 3.8 |
| 2 | 2.5 | 2.6 |
| 3 | 3.33 | 3.2 |
| 3.5 | 3.6 | 3.17 |
| 3 | 3.4 | 3 |
| 3 | 3.4 | 2.67 |
| 2.17 | 2.4 | 1.83 |
| 2.5 | 3.2 | 2.67 |
| 1.67 | 3 | 1.67 |
| 2.6 | 3.2 | 3.2 |
| 3.6 | 3.6 | 3.6 |
| 2.6 | 2.6 | 4 |
| 1.8 | 1.8 | 2.8 |
| 1.2 | 1.6 | 1.6 |
| 3.2 | 3.2 | 3.2 |
| 2.5 | 2.75 | 2.25 |
| 1.4 | 1.8 | 1.4 |
| 3.8 | 3 | 3.4 |
| 3 | 2.6 | 2.8 |
| 3.4 | 2.8 | 2.4 |
| 3.3 | 3.5 | 3 |
| 3.4 | 3.8 | 4 |
| 2.83 | 3.5 | 3.67 |
| 3.33 | 4 | 3.83 |
| 2.4 | 1.5 | 2.8 |
| 1.5 | 2.8 | 2 |
| 1.29 | 2.14 | 2.71 |
| 1.86 | 1.57 | 2.43 |
| 2.33 | 2.33 | 3 |
| 3.5 | 3.75 | 4 |
| 1.67 | 1.83 | 1.67 |
| 2.33 | 2 | 1.83 |
| 3 | 2.67 | 3.33 |
| 3.67 | 3.67 | 3.67 |
| 3 | 3.33 | 3.33 |
| 2.67 | 2.83 | 3.17 |
| 2.67 | 2.83 | 3.17 |
| 1.5 | 1.5 | 2.5 |
| 2.17 | 2.5 | 2.83 |
| 3.2 | 3.4 | 3.8 |
| 평균 2.792326 | 평균 2.869128 | 평균 2.978837 |

주 1) 행정부문별 변화정도 수치(1: 매우 큰 변화, 2: 상당한 변화, 3: 어느 정도 변
화, 4: 별 변화 없음

2) 전체 16개 부처 장관 86명에 대한 부처장의 역할을 4점 척도로 나타낸 것임,
각 측정치는 장관이 바뀌었을 때 행정의 각 부문이 어떻게 변화하는지 그 변
화정도를 나타내고 있음

## 2. 정부 분석

정부별로 장관의 부처장으로서의 역할 유형을 살펴보면 다음과 같다.

첫째, 김대중 정부의 장관의 경우 재임기간동안 정책의 개발이나 추진에 역점을 두는, 정책 역할 유형은 전체(22건)의 45%(10건)로 나타나 가장 비율이 높았다. 다음이 부처의 대외업무 추진에 역점을 두는 대외관계 역할 유형(18%)이었고, 조직의 내부문제 해결에 역점을 두는 조직 관리 역할 유형은 12.5%로 나타났다. 나머지 5건, 22.7%는 두 가지 역할 유형이 혼합된 경우였다. 혼합된 경우를 세분해 보면 (정책＋조직 관리 역할)유형이 3건이며 (정책＋대외관계 역할)유형과 (대외관계＋소극 역할)유형이 각 1건씩으로 나타났다. 요약하면 김대중 정부의 경우 장관 10명당 5명꼴로 재임 시 정책의 개발이나 추진에 역점을 두고 있다고 해석할 수 있을 것이다.

둘째, 김영삼 정부의 장관의 경우는 정책 역할 유형이 전체(34건)의 24%(8건)로 집계돼 조직 관리 역할 유형과 비율(24%, 8건)이 같았다. 다음이 소극 역할 유형으로 17.6%(6건), 대외관계 역할 유형은 14.7%(5건)를 점한 것으로 각각 집계되었다. 나머지 7건, 20.5%는 두 가지역할 유형이 혼합된 경우이다. 구체적으로 보면, (대외관계＋소극 역할)유형 3건, (정책＋조직 관리 역할)유형 2건이며 (정책＋조직 관리＋대외관계 역할)유형과 (조직 관리＋소극 역할)유형은 각 1건씩으로 나타났다. 김영삼 정부의 경우는 '정책의 개발이나 추진, 부처내부문제의 해결, 대외업무 추진' 등 부처장으로서 장관이 해야 될 일은 하지 않고 그저 자리를 지키며 시간을 보내는 이른바 소극 역할 유형의 비중이 상대적으로 높음을 알 수 있다.

셋째, 노태우 정부의 장관 역할 유형을 보면, 정책 역할 유형이 전체(30건)의 30%(9건)로 가장 많았다. 다음이 대외관계 역할 유형 (23%, 7건)으로 나타났으며 조직 관리 역할 유형(20%, 6건), 소극 역할 유형(17%, 5건) 순이었다. 나머지 3건, 10%는 두 가지 역할 이 혼합된 유형인데, 구체적으로 살펴보면 (정책＋대외관계 역할) 유형, (정책＋소극 역할)유형, (조직 관리＋대외관계 역할)유형 각 1건씩이다. 노태우 정부의 장관의 경우도 소극 역할 유형의 비중 이 상당히 높게 나타나고 있음을 알 수 있다.

<표 5-6> 정부별 장관 역할 유형

|  | 정책 역할 | 조직 관리 역할 | 대외관계역할 | 소극 역할 |
|---|---|---|---|---|
| 김대중 | 45(10) | 12.5(3) | 18(4) |  |
| 김영삼 | 24(8) | 24(8) | 14.7(5) | 17.6(6) |
| 노태우 | 30(9) | 20(6) | 23(7) | 17(5) |

주 1) 나머지 15건은 두 가지 역할 유형이 혼합된 것임(김대중 정부 5건, 김영삼 정부 7건, 노태우 정부 3건 등이다)
   2) 단위:%, 괄호 안은 건수


이상의 분석을 통해 정책 역할 유형은 김대중 정부>노태우 정 부> 김영삼 정부 순으로 비중이 낮아지고 있다. 조직 관리 역할 유 형은 그 비중이 김영삼 정부>노태우 정부>김대중 정부 순으로 낮 아지고 있다. 특기할 점은 소극 역할 유형의 경우 김영삼 정부와 노 태우 정부에서 상당한 수준으로 나타나고 있다는 점이다(위 표).

다음으로 장관이 바뀌는 경우 행정부문의 변화정도가 얼마만큼 일어났는지를 분석하기로 한다. 분석결과에 따르면 행정부문의 변화정도 크기는 김대중 정부가 가장 크고 노태우 정부, 김영삼 정부 순으로 나타났다. 구체적으로 보면 김대중 정부는 대외위상 부문의 변화정도를 제외하고 정책부문과 조직 관리 부문의 변화정도가 '상당한 수준'에 어느 정도 접근하고 있다고 해석된다(평균<2.5). 이에 비해 김영삼 정부와 노태우 정부는 행정 각 부문의 변화정도가 '상당한 수준'과는 거리가 있는 것으로 해석된다. 이러한 이유로 김대중 정부의 대외위상부문과 김영삼·노태우 정부의 3가지 행정부문(정책부문, 조직 관리 부문, 대외위상부문)의 변화정도는 리더승계-조직성과에 관한 2가지 이론 중 맥락주의론이 적용된다고 해석할 수 있을 것이다. 요약하면 김대중 정부의 경우 장관이 바뀌게 되는 경우 정책의 개발이나 추진에 역점을 두게 되며, 부처 내부 문제(인사, 조직 문제 등)의 해결이나 운영개선에 역점을 두는 정도가 노태우 정부나 김영삼 정부에 비해 상대적으로 크다고 해석할 수 있겠다. 김대중 정부는 IMF라는 급박한 국가외환위기 상황에서 집권한 정부이므로, 국가의 생존권 확보차원에서 외채문제해결을 위한 중요한 공공정책 및 공공조직과 사조직을 포함한 강도 높은 구조조정 등의 추진이 절실히 필요했기 때문이 아닌가 생각된다.

<표 5-7> 부처장 역할과 맥락주의론 적용여부(정부)

| 정부 | 정책부문 변화정도 | 맥락주의론 | 조직 관리 부문 변화정도 | 맥락주의론 | 대외위상 부문 변화정도 | 맥락주의론 |
|---|---|---|---|---|---|---|
| 김대중 | 2.35 | 미적용 | 2.48 | 미적용 | 2.61 | 적용 |
| 김영삼 | 3.00 | 적용 | 3.01 | 적용 | 3.23 | 적용 |
| 노태우 | 2.87 | 적용 | 2.99 | 적용 | 2.96 | 적용 |

주) 정책·조직 관리·대외위상부문 변화정도는 평균임(1점: 매우 큰 변화,
2점: 상당한 변화, 3점: 어느 정도 변화, 4점: 별 변화 없음)

이상의 분석을 통해 <가설 Ⅱ-② 부처의 장으로서 장관의 역할은 정부별 부처별 특성에 따라 다를 것이다> 중 '정부별 특성에 따라 다를 것이다'는 내용은 채택이 가능하다고 해석할 수 있을 것이다. 다만 군 출신 정부와 민간인 정부 사이에는 부처장으로서 장관의 역할에 있어서 뚜렷한 차별성이 존재하지 않는다고 보아야 할 것이다.

## 3. 부처 분석

부처장으로서의 장관의 역할을 부처를 기준으로 고찰하는 경우 본 연구는 분석의 편의상 16개 부처를 기능별로 5가지로 분류해 고찰하고자 한다.[116] 첫째, 경제 관련부처이다. 산업자원부, 재정경

---

116) 제5장 제1절에서와 같은 이유로 부처를 비슷한 기능을 가진 것끼리 묶었다.

제부, 건설교통부, 농림부 등의 부처에 이 카테고리에 해당한다. 둘째, 통일·외교 관련부처이다. 외교부, 통일부가 이에 속한다. 셋째, 정보과학·문화 관련부처이다. 과학기술부, 정보통신부, 문화부, 교육부 등의 부처가 이에 해당한다. 넷째, 사회·복지 관련부처이다. 노동부, 보건복지부, 환경부가 이에 속한다. 다섯째, 치안 관련 부처이다. 행정자치부 등이 이에 속한다.

### 1) 경제 관련부처

먼저 산업자원, 재정경제, 건설교통, 농림부 등 4개 부처 장관의 역할 유형을 살펴보면, 정책 역할 유형은 전체(27건)의 22%(6건)로 조직 관리 역할 유형과 비율이 같았다. 이어서 대외관계 역할 유형은 18.5%(5건), 소극 역할 유형은 14.8%(4건)로 집계되었다. 나머지(6건)는 두 가지 역할 유형이 혼합된 경우였다. 혼합사례를 보면 (정책＋조직 관리 역할)유형이 3건이며 (조직 관리＋소극 역할)유형, (정책＋대외관계 역할)유형, (대외관계＋소극 역할)유형 각 1건씩이다. 경제 관련부처의 경우 장관이 재임기간동안 정책의 개발이나 추진에 역점을 두는 비중이 높지 않다고 해석할 수 있다. 국가의 중요한 경제·산업정책을 다루는 이들 4개 부처들의 장관 평균재임기간은 13.4개월로 짧았다. 이것이 장관들로 하여금 새로운 정책의 개발이나 추진을 어렵게 만든 요소가 아니었나 생각된다. 지금까지 분석내용을 표로 정리하면 다음과 같다.

<표 5-8> 경제 관련부처의 장관 역할 유형(단위: 건수)

| 부처 | 정책 역할 유형 | 조직 관리 역할 유형 | 대외관계 역할 유형 | 소극 역할 유형 | 비고 |
|------|------|------|------|------|------|
| 산자 | 1 | 2 | 1 | 2 | 혼합 1 |
| 재경 | 4 | - | 1 | - | 혼합 2 |
| 건설 | - | 4 | 2 | - | 혼합 1 |
| 농림 | 2 | 1 | 1 | 2 | - |

각 부처별로 장관의 역할 유형을 살펴보면 다음과 같다. 산업자원부는 전체 7건 중 정책 역할 유형과 대외관계 역할 유형이 각 1건, 조직 관리 역할 유형과 소극 역할 유형이 각 2건으로 나타났다. 나머지 1건은 두 가지 역할 유형이 혼합된 사례(정책＋조직 관리 역할 유형)였다. 산업자원부의 경우는 장관의 역할 유형이 뚜렷한 경향을 보이지 않고 있다는 해석이 가능하다 할 것이다.

재정경제부는 전체 7건 중 정책 역할 유형이 4건으로 가장 많았고 대외관계 역할 유형이 1건으로 나타났다. 나머지 2건은 혼합 역할 유형으로 (대외관계＋소극 역할)유형과(정책＋대외관계 역할)유형이 각 1건씩이었다. 재정경제부는 정책 역할 유형이 상대적으로 강한 부처라 해석할 수 있을 것이다.

건설교통부의 경우는 전체 7건 중 조직 관리 역할 유형이 4건으로 가장 많았다. 다음이 대외 관계 역할 유형으로 2건으로 나타났으며 나머지 1건은 혼합 역할 유형이었다(정책＋조직 관리 역할 유형). 건설교통부 장관의 경우 재임 시 정책의 개발이나 대외업무 추진보다는 부처내부의 문제해결이나 조직운영의 개선에 상대적으로 많은 관심을 쏟고 있다고 해석할 수 있을 것이다.

농림부의 장관역할 유형을 보면 전체 6건 중 정책 역할 유형과 소극 역할 유형이 각 2건씩으로 나타났으며 조직 관리 역할 유형과 대외관계 역할 유형은 각 1건으로 집계됐다. 이러한 사실을 통해 농림부는 장관의 역할 유형이 뚜렷한 경향을 보이지 않는 부처라 할 수 있을 것 같다.

다음으로 경제 관련 4개 부처의 장관승계 시 행정부문의 변화정도를 분석하기로 한다. 아래 표에서 보듯이 4개 경제 관련부처의 경우 장관이 바뀌더라도 행정 각 부문의 변화정도는 '상당한 수준'에는 미치지 못하는 것으로 나타나고 있다. 구체적으로 보면 정책부문의 변화정도는 평균값이 3.06으로 '어느 정도 변화가 있음'을 보여주고 있다. 또한 조직 관리 부문과 대외위상 부문의 경우도 변화정도의 평균값이 각각 2.93, 3.13으로 집계돼 '어느 정도 변화가 있음'을 시사하고 있다. 따라서 경제 관련부처의 경우 장관의 교체는 행정부문의 변화에 별로 영향을 미치지 못하고 있다고 해석할 수 있을 것이다. 이러한 사실로부터 경제 관련부처의 경우 장관 승계효과는 맥락주의 입장을 견지하고 있다고 해석된다 할 것이다. 즉 경제 관련부처의 경우 장관이 바뀌더라도 각 행정부문에는 별다른 변화가 생기지 않는다고 할 수 있다.

부처별로 행정부문의 변화정도를 살펴보면, 산업자원부의 경우 부문별 변화정도의 평균값은 정책부문이 3.18, 조직 관리 부문이 3.03, 대외위상 부문은 3.30으로 각각 집계돼 장관이 바뀌더라도 행정부문의 변화는 미미한 정도에 그치고 있음을 보여주고 있다. 재정경제부의 경우도 변화정도의 평균값이 정책부문이 2.97, 조직 관리 부문이 3.17, 대외위상 부문이 3.20으로 나타나고 있다. 이러한 사실

은 장관교체가 행정부문의 변화정도에 미치는 영향력이 낮은 수준
에 있음을 시사한다고 할 것이다. 건설교통부의 경우 행정부문의 변
화정도의 평균값은 조직 관리 부문이 2.56, 대외위상부문이 2.92, 정
책부문이 3.11로 나타나고 있어 대체로 장관승계에 따른 행정부문의
변화정도가 '상당한 수준'과는 거리가 있는 것으로 해석될 수 있다.
농림부의 경우도 행정부문의 변화정도는 미미한 수준(정책부문 3.0,
조직 관리 부문 2.97, 대외위상부문 3.13)으로 나타나고 있다. 다만
건교부의 경우 조직 관리 부문의 변화는 다른 부문의 변화정도에 비
해 상대적으로 높게 나타나고 있을 뿐이다.

<표 5-9> 경제 관련 장관의 부처장 역할

| 부처 | 정책부문 변화 | 조직 관리 부문 변화 | 대외위상부문 변화 |
|---|---|---|---|
| 건교 | 2.6 | 2.2 | 2.8 |
| | 3.4 | 3 | 2.8 |
| | 3.5 | 2.5 | 3 |
| | 3.57 | 2.43 | 3.29 |
| | 3.71 | 3.14 | 3.29 |
| | 2.5 | 2.5 | 2.375 |
| | 2.5 | 2.125 | 2.875 |
| 농림 | 3.6 | 3.8 | 3 |
| | 3.2 | 3.8 | 3.4 |
| | 2.6 | 2.6 | 3.4 |
| | 3.6 | 3.4 | 3.8 |
| | 3.8 | 3.2 | 3.6 |
| | 1.2 | 1 | 1.6 |
| 산자 | 4 | 3.4 | 3.8 |
| | 4 | 3.67 | 3.83 |
| | 3 | 3.17 | 3.5 |
| | 2.17 | 1.67 | 2.33 |
| | 3 | 3.5 | 3.4 |
| | 2.5 | 2 | 2.67 |
| | 3.6 | 3.8 | 3.6 |
| 재경 | 2.6 | 2.8 | 3 |
| | 3.2 | 3.6 | 3.6 |
| | 2.8 | 3.6 | 3.4 |
| | 3.2 | 2.4 | 2.8 |
| | 4 | 4 | 3.8 |
| | 2 | 2.5 | 2.6 |
| | 3 | 3.33 | 3.2 |
| 평균 | 3.068518519 | 2.930925926 | 3.139259259 |

주) 행정부문별 변화정도 수치(1: 매우 큰 변화, 2: 상당한 변화, 3: 어느 정
도 변화, 4: 별 변화 없음)

## 2) 통일·외교 관련부처

통일·외교 관련부처의 장관 역할 유형을 살펴보면 다음과 같다. 정책 역할 유형은 전체(10건)의 60%(6건)로 가장 많았다. 다음이 조직 관리 역할 유형으로 20%(2건)이었다. 대외관계 역할 유형, 대외관계＋소극 역할 유형은 각 1건으로 나타났다. 이러한 사실로부터 통일·외교 관련부처는 장관이 재임기간동안 정책의 개발이나 추진에 상대적으로 역점을 두는 부처라 해석할 수 있을 것이다.

개별부처별로 보면 통일부는 전체 6건 중 정책 역할 유형이 4건으로 가장 많았다. 나머지 2건은 조직 관리 역할 유형이었다. 외교부는 모두 4건 중 2건이 정책 역할 유형으로 나타났다. 그리고 대외관계 역할 유형과(대외관계＋소극 역할) 유형이 각 1건씩으로 집계됐다. 이러한 사실로부터 통일부는 정책 역할 유형이, 외교부는 정책 역할과 대외관계 역할 유형이 상대적으로 강한 부처라 해석될 수 있을 것이다. 두 부처 장관의 역할 유형이 이렇게 나타나고 있는 것은 두 부처의 경우 각각 통일정책과 외교관련정책의 개발이나 추진에 있어서 주부부처인 데다 통일·외교정책의 결정이 대체로 비공개적 과정을 거쳐 이루어지기 때문일 것이다.

<표 5-10> 통일·외교 관련부처의 장관 역할 유형(단위: 건수)

| 부처 | 정책 역할 | 조직 관리 역할 | 대외관계 역할 | 소극 역할 | 비고 |
|------|----------|--------------|-------------|----------|------|
| 통일 | 4 | 2 | - | - | - |
| 외교 | 2 | - | 1 | - | 혼합 1 |

다음으로 장관승계에 따른 행정부문의 변화정도를 보면 다음과 같다. 정책부문의 변화정도의 평균값은 2.37로 집계돼 '상당한 수준'에 접근하고 있음을 알 수 있다. 그러나 조직 관리 부문과 대외관계 부문의 변화정도는 각각 '어느 정도 변화'에 그쳐 미미한 수준에 머물고 있음을 알 수 있다(평균값 각각 2.85, 2.80).

개별부처별로 보면 외교부는 정책부문의 변화정도(평균 2.43)가 조직 관리 부문이나 대외위상부문의 변화정도(각 평균 3.19, 3.15)보다 상대적으로 큰 것으로 나타났다. 때문에 외교부는 장관이 바뀌는 경우 정책부문의 변화정도가 여타 부문보다 상대적으로 크다고 할 수 있다. 통일부의 경우 승계가 행정부문의 변화정도에 미치는 효과를 보면 정책부문(평균 2.33)이 다른 부문보다 상대적으로 약간 크게 나타나고 있다(조직 관리 부문 2.63, 대외위상부문 2.57). 정책부문의 변화정도는 '상당한 수준'에 접근하고 있음을 알 수 있다.

이상의 내용을 요약하면 통일·외교 관련부처의 장관은 재임기간 중 정책의 개발이나 추진에 역점을 두게 된다는 것이다. 또한 장관이 바뀌게 되는 경우 정책부문의 변화정도가 '상당한 수준'에 가까워진다고 해석할 수 있을 것이다.

<표 5-11> 통일·외교 관련 장관의 부처장 역할

| 부처 | 정책부문 변화 | 조직 관리 부문 변화 | 대외관계 부문 변화 |
|---|---|---|---|
| 외교 | 1.86 | 3.6 | 2.86 |
| | 2.71 | 3.14 | 3.14 |
| | 2.3 | 3.3 | 3.29 |
| | 2.86 | 2.71 | 3.29 |
| 통일 | 1.11 | 1.78 | 1.56 |
| | 3 | 2.67 | 2.22 |
| | 2.11 | 2.89 | 2.78 |
| | 3.11 | 3.44 | 3.22 |
| | 3.11 | 2.56 | 3.22 |
| | 1.56 | 2.44 | 2.44 |
| 평균 | 2.37 | 2.85 | 2.80 |

## 3) 정보과학·문화 관련부처

정보과학·문화 관련 4개 부처의 역할 유형을 보면 정책 역할 유형이 전체(22건)의 36%(8건)로 가장 많았다. 대외관계 역할 유형 27%(6건), 소극 역할 유형 13.6%(3건), 조직 관리 역할 유형 9%(2건) 순으로 집계되었다. 나머지 2건은 두 가지 역할 유형이 혼합된 경우였다(정책＋조직 관리 역할 유형, 정책＋대외관계 역할 유형 각 1건).

개별부처별로 보면 정보통신부의 경우 전체 6건 중 정책 역할 유형, 조직 관리 역할 유형, 대외관계 역할 유형이 각 2건씩으로 나타나 장관의 뚜렷한 역할 유형이 드러나고 있지 않다고 할 수 있다. 장관이 재임기간동안 시간을 할애하는 부문이 각 행정부문에 두루 걸쳐있기 때문에 역점을 두는 행정부문이 존재하지 않는다고 해석할 수도 있을 것이다. 과학기술부의 경우는 전체 5건 중 정책 역할 유형이 3건으로 가장 많았다. 그리고 대외관계 역할 유형, 소극 역할

유형은 각 1건씩으로 나타났다. 따라서 과학기술부는 장관이 재임기
간동안 정책의 개발이나 추진에 역점을 두는, 정책 역할 유형의 비
중이 상대적으로 높은 부처라 할 수 있다. 부처속성상 과학기술부의
경우 고도의 전문성을 요하기 때문이 아닌가 생각된다. 문화부는 전
체 5건 중 대외관계 역할 유형이 3건으로 가장 많았다. 정책 역할
유형과 소극 역할 유형은 각 1건씩으로 집계되었다. 문화부는 부처
의 업무 추진에 있어 대외관계의 비중이 높은 부처라 할 수 있을 것
이다. 이 부처의 경우 정책의 개발 또는 정책의 추진에 역점을 두기
보다는 전통적으로 최고통치권자 혹은 집권세력의 이데올로기를 전
파하는 데 주력해온 부처라는 점에서 장관의 역할 유형을 이해할 수
있을 것이다. 교육부의 경우 장관이 재임기간 동안 역점을 두는 부
문 전체 6건 중 정책 역할 유형이 3건으로 가장 많았고 소극 역할
유형 1건, 혼합 역할 유형 2건 등으로 나타났다. 혼합유형은 (정책＋
조직 관리 역할)유형과 (정책＋대외관계 역할)유형이 각 1건씩이다.
교육부는 정책 역할 유형이 우세한 부처임을 알 수 있다. 백년지대
계(百年之大計)라는 교육의 특성상 정책부문의 활동이 상대적으로
강한 부처의 성격이 반영된 것으로 해석된다. 이상의 내용을 표로
정리하면 다음과 같다.

<표 5-12> 정보과학·문화 관련부처의 장관 역할 유형(단위: 건수)

| 부처 | 정책 역할 | 조직 관리 역할 | 대외관계 역할 | 소극 역할 | 비고 |
|------|-----------|----------------|---------------|-----------|------|
| 정통 | 2 | 2 | 2 | - | - |
| 과기 | 3 | - | 1 | 1 | - |
| 문화 | 1 | - | 3 | 1 | - |
| 교육 | 3 | - | - | 1 | 혼합 2 |

다음으로 행정부문의 변화정도를 알아보기로 한다.

우선 정책부문의 변화는 '상당한 수준'에 어느 정도 접근하고 있다(평균 2.53). 그러나 조직 관리 부문과 대외위상 부문의 변화정도는 정책부문 비해 조금 약하다고 해석할 수 있다(각 평균값 2.71, 2.70). 그러나 각 행정부문의 변화정도는 '상당한 변화'와는 거리가 있다고 생각된다. 따라서 정보·과학·문화관련부처의 승계효과는 맥락주의 입장에 가깝지 않을까 생각된다.

구체적으로 부처별로 보면 정보통신부의 경우 대외위상 부문의 변화정도가 상대적으로 크게 나타났다(평균 2.5). 그리고 정책부문과 조직 관리 부문의 변화정도 순으로 분석되었다(각 평균 2.64, 3.17).

과학기술부의 경우 정책부문의 변화정도는 '상당한 수준'에 근사하게 접근하고 있다(평균 2.13). 조직 관리 부문의 변화정도도 '어느 정도 상당한 수준'에 도달하고 있는 것으로 해석된다(평균 2.32). 그러나 대외위상 부문의 변화정도는 정책부문이나 조직 관리 부문에 비해 상대적으로 변화의 정도가 약하다고 할 수 있다

(평균 2.76). 문화부는 조직 관리 부문과 대외위상 부문의 변화정도가 '어느 정도 상당한 수준'에 도달하고 있다(각 평균 2.44, 2.45). 그러나 정책부문의 변화정도는 '미미한 수준'인 것으로 해석된다(평균 2.82).

교육부는 각 행정부문의 변화 중 정책부문의 변화정도가 '어느 정도 상당한 수준'에 도달된 것으로 해석할 수 있다(평균 2.50). 다음이 조직 관리 부문의 변화(평균 2.67)이며 대외위상부문은 변화정도가 약한 것으로 나타났다(평균 3.07). 이러한 사실로부터 교육부의 경우는 장관이 바뀌면 정책부문의 변화에 어느 정도 영향을 미친다고 할 수 있다. '장관이 교체될 때마다 교육정책이 바뀐다'는 일반 시정의 여론흐름과 일맥상통하는 결과가 아닌가 생각된다. 이상에서 서술한 내용을 표로 정리하면 다음과 같다.

<표 5-13> 정보과학·문화 관련 장관의 부처장 역할

| 부처 | 정책부문 변화 | 조직 관리 부문 변화 | 대외관계 변화 |
|---|---|---|---|
| 정통 | 3.5 | 3.6 | 3.17 |
| | 3 | 3.4 | 3 |
| | 3 | 3.4 | 2.67 |
| | 2.17 | 2.4 | 1.83 |
| | 2.5 | 3.2 | 2.67 |
| | 1.67 | 3 | 1.67 |
| 과기 | 1.29 | 2.14 | 2.71 |
| | 1.86 | 1.57 | 2.43 |
| | 2.33 | 2.33 | 3 |
| | 3.5 | 3.75 | 4 |
| | 1.67 | 1.83 | 1.67 |
| 문화 | 2.5 | 2.75 | 2.25 |
| | 1.4 | 1.8 | 1.4 |
| | 3.8 | 3 | 3.4 |
| | 3 | 2.6 | 2.8 |
| | 3.4 | 2.8 | 2.4 |
| 교육 | 2.6 | 3.2 | 3.2 |
| | 3.6 | 3.6 | 3.6 |
| | 2.6 | 2.6 | 4 |
| | 1.8 | 1.8 | 2.8 |
| | 1.2 | 1.6 | 1.6 |
| | 3.2 | 3.2 | 3.2 |
| 평균 | 2.53 | 2.71 | 2.70 |

### 4) 사회·복지 관련부처

환경부, 노동부, 복지부 등 사회·복지 관련부처의 역할 유형을 살펴보면 다음과 같다. 우선 조직 관리 역할 유형은 전체(19건)의 31.5%(6건)로 가장 많았다. 다음이 정책 역할 유형으로 26%(5건)이었다. 대외 역할 유형과 소극 역할 유형은 각각 15.7%(각 3건)로 집계됐다. 두 가지 역할이 함께 나타난 경우는 2건으로 (대외관계＋소극 역할)유형과 (대외관계＋조직 관리 역할)유형이 각 1건이었다. 이러한 사실로부터 사회복지 관련부처 장관의 역할 유형은 조직 관리, 정책. 대외관계 역할 유형이 고르게 나타나고 있다고 해석할 수 있을 것 같다.

부처별로 고찰해 보면, 환경부의 경우 정책, 조직 관리, 대외관계 역할 유형이 비슷한 비율로 나타나고 있고 노동부는 정책과 대외 관계 역할 유형이 각 2건으로 집계됐다. 보건복지부의 경우는 조직 관리 역할 유형이 상대적으로 비중이 높게 나타나고 있다.(아래 표 참조)

<표 5-14> 사회·복지 관련부처의 장관 역할 유형(단위: 건수)

| 부처 | 정책 역할 유형 | 조직 관리 역할 유형 | 대외관계 역할 유형 | 소극 역할 유형 | 비고 |
|---|---|---|---|---|---|
| 환경 | 2 | 2 | 1 | - | 혼합(대외＋소극)1 |
| 노동 | 2 | 1 | 2 | 1 | - |
| 복지 | 1 | 3 | - | 2 | 혼합(대외＋조직 관리)1 |

한편 장관승계와 행정부문의 변화정도를 살펴보면 다음과 같다. 먼저 행정 각 부문의 변화정도는 장관이 바뀌더라도 '미미한 수준'에 불과한 것으로 분석되었다. 구체적으로 보면 정책부문의 변화정도는 평균 3.0수준, 조직 관리 부문의 변화정도는 평균 3.06수준, 대외위상부문의 변화정도는 평균 3.16수준으로 각각 집계되었다. 이러한 사실로부터 사회·복지 관련부처의 경우 장관의 승계에 따른 행정 각 부문의 변화정도는 맥락주의 입장에 가까운 것으로 해석할 수 있을 것이다. 즉 장관이 교체되는 경우 그것이 부처행정에 변화를 가져오는 것을 기대하기는 어렵다는 해석이 가능하다고 할 것이다.

<표 5-15> 사회·복지 관련 장관의 부처장 역할

| 부처 | 정책부문 변화 | 조직 관리 부문 변화 | 대외위상부문 변화 |
|---|---|---|---|
| 환경 | 2.83 | 2.17 | 3 |
| | 3.5 | 3 | 3.33 |
| | 3 | 2.5 | 3.17 |
| | 3.17 | 3 | 2.67 |
| | 3.17 | 3.17 | 3.17 |
| | 2.83 | 2.67 | 2.67 |
| 노동 | 3.17 | 3.17 | 3.17 |
| | 3 | 3.17 | 2.83 |
| | 2.83 | 3.5 | 2.83 |
| | 3.5 | 3.67 | 3.5 |
| | 2.83 | 2.83 | 3.33 |
| | 3.17 | 2.83 | 3.33 |
| 복지 | 3.3 | 3.5 | 3 |
| | 3.4 | 3.8 | 4 |
| | 2.83 | 3.5 | 3.67 |
| | 3.2 | 3.4 | 3.8 |
| | 3.33 | 4 | 3.83 |
| | 2.4 | 1.5 | 2.8 |
| | 1.5 | 2.8 | 2 |
| 평균 | 3.00 | 3.06 | 3.16 |

개별부처별로 행정부문의 변화정도를 보면, 환경부의 경우 장관이 바뀌면 행정 각 부문에 '어느 정도' 변화가 일어나고 있다고 해석할 수 있으나 그 수준은 '미미하다'고 할 수 있다. 다만 조직 관리 부문의 변화정도(평균 2.75)가 정책부문이나 대외위상 부문의 변화정도(각 평균 3.08, 3.0)에 비해 상대적으로 약간 높게 나타나고 있을 뿐이다.

노동부의 경우도 장관 승계에 따른 행정부문의 변화정도는 '미미한 수준'에 그친 것으로 해석할 수 있다. 구체적으로 보면 정책부문, 조직 관리 부문, 대외위상 부문에 '어느 정도' 변화가 일어난 것으로 해석할 수 있다(각 평균 3.08, 3.19, 3.17). 단지 정책이든 조직 관리든 대외위상 부문이든 장관승계에 따른 변화정도가 '상당한 수준'과는 커다란 차이가 있는 것으로 해석할 수 있겠다.

복지부의 경우 행정부문에 미치는 승계효과는 정책부문의 변화정도(평균 2.85)가 조직 관리(평균 3.21)나 대외위상부문(3.30)에 비해 약간 높다고 할 수 있으나 전체적으로 변화정도가 '상당한 수준'과는 큰 괴리가 있는 것으로 해석할 수 있을 것 같다. 이러한 사실을 통해 복지부의 경우 장관의 승계효과는 맥락주의 입장이 적용될 수 있다고 할 수 있을 것이다.

이상의 부처별 분석을 통해 환경부와 노동부, 복지부의 경우 행정 각 부문에 미치는 승계효과는 맥락주의 입장이 적용될 수 있다고 해석할 수 있을 것이다.


## 5) 치안 관련부처

행정자치부의 경우 장관의 역할 유형을 보면, 전체 8건 중 조직 관리 역할 유형과 대외관계 역할 유형이 각 2건씩으로, 정책 역할 유형은 1건으로 집계되었다. 나머지 3건은 두 가지이상의 역할이 혼합된 경우였다. 세분하면 (정책＋조직 관리＋대외관계 역할)유형과 (정책＋조직 관리 역할)유형, (정책＋소극 역할)유형이 각 1건씩이다.

따라서 행자부는 장관이 재임기간동안 정책과 조직 관리, 대외관계 역할을 두루 해내야 하는 부처라고 해석할 수 있을 것 같다. 이상의 내용을 표로 정리하면 아래와 같다.

<표 5-16> 치안 관련부처의 장관 역할 유형(단위: 건수)

| 부처 | 정책역할 유형 | 조직관리 역할 유형 | 대외관계 역할 유형 | 소극 역할 유형 | 비고 |
|---|---|---|---|---|---|
| 행자 | 1 | 2 | 2 | - | 혼합 3 |

주) 혼합 유형은 (정책＋조직 관리＋대외관계 역할)유형, (정책＋조직 관리 역할)유형, (정책＋소극 역할)유형 각 1건씩임

다음으로 치안 관련부처의 장관승계가 행정부문의 변화에 얼마만큼 영향을 미치는지를 살펴보면, 정책부문과 조직 관리 부문에서는 '어느 정도' 변화가 있는 것으로 해석할 수 있다(각 평균 2.63, 2.67). 대외위상부문의 경우는 정책이나 조직 관리 부문에 비해 변화정도가 약하다고 할 수 있다(평균 2.98). 전반적으로 행자부의 경우 장관이 교체되는 경우 행정 각 부문의 변화정도는 '상당한 수준'과는 일정한 거리가 있다고 해석할 수 있다. 즉 행정부문의 변화에 대한 승계효과는 '미미한 수준'이라고 할 수 있다. 이러한 분석사실로부터 치안 관련부처의 경우 승계효과는 맥락주의 입장이 적용될 수 있을 것으로 판단된다. 위의 내용을 표로 정리하면 아래와 같다.

<표 5-17> 치안 관련 장관의 부처장 역할

| 부처 | 정책부문 변화 | 조직 관리 부문 변화 | 대외위상 부문 변화 |
|---|---|---|---|
| 행자 | 2.33 | 2 | 1.83 |
| | 3 | 2.67 | 3.33 |
| | 3.67 | 3.67 | 3.67 |
| | 3 | 3.33 | 3.33 |
| | 2.67 | 2.83 | 3.17 |
| | 2.67 | 2.83 | 3.17 |
| | 1.5 | 1.5 | 2.5 |
| | 2.17 | 2.5 | 2.83 |
| 평균 | 2.63 | 2.67 | 2.98 |

지금까지 부처별로 장관의 역할 유형과 승계가 행정부문의 변화에 미치는 영향력을 분석하였다. 이들 16개 부처를 중심으로 승계가 행정 각 부문에 미치는 영향력을 살펴보면, 장관이 교체된다 해도 행정 각 부문의 변화정도는 '상당한 수준'과는 거리가 있다고 해석할 수 있을 것이다. 즉 장관이 바뀌는 경우 행정 각 부문(정책부문, 조직 관리 부문, 대외위상 부문)에 미치는 장관의 영향력은 '미미하거나 낮은 수준'이라고 해석할 수 있을 것이다.

구체적으로 행정부문의 변화를 살펴보면, 정책부문과 조직 관리 부문의 변화정도는 평균 2.77과 2.86으로 나타났고 대외위상 부문의 변화정도는 이보다 조금 약한 2.96으로 집계되었다. 따라서 장관의 승계는 행정부문의 변화에 '상당한 수준'의 영향력을 미친다고 판단하기는 어려울 것으로 보인다. 때문에 부처별 장관의 승계효과는 맥락주의 입장이 적용된다고 해석할 수 있을 것이다.

다만 부처별로는 승계가 행정 각 부문에 미치는 효과에서 차이가 나고 있는 것으로 분석되었다.

첫째, 과학기술부, 통일부, 외교부, 교육부의 경우 장관이 바뀌는 경우 정책부문에서 적어도 '어느 정도 상당한 수준'의 변화에 접근하고 있는 것으로 해석되었다(각 평균 2.13, 2.33, 2.43, 2.5). 이들 부처들은 정책을 개발하거나 추진하는 데 있어 장관에게 요구되는 전문성의 정도가 상당히 높다는 점에서 공통점을 가진다고 할 수 있다.

둘째, 과학기술부, 문화부의 경우 장관이 바뀌는 경우 조직 관리 부문에서 적어도 '어느 정도 상당한 수준'의 변화에 접근하고 있는 것으로 해석되었다(각 평균 2.32, 2.44).

셋째, 문화부, 정보통신부의 경우 승계효과는 대외위상 부문에서 적어도 '어느 정도 상당한 수준'의 변화에 접근하고 있는 것으로 분석되었다(각 평균 2.45, 2.5). 정보통신분야의 급격한 발전으로 90년대 중반 김영삼 정부에 의해 체신부에서 명칭이 바뀐 정보통신부의 경우는 장관도 공사조직 출신의 전문가나 거물급 관료출신이 등용됨에 따라 부처의 대외위상도 높아진 것으로 풀이할 수 있겠다.

넷째, 건설교통부, 산업자원부, 농림부, 재정경제부 등 경제 관련 부처와 환경부, 노동부, 복지부 등 사회·복지 관련부처, 행정자치부 등 치안 관련부처 등 8개 부처들의 경우 승계가 행정부문의 변화에 미치는 효과는 '미미하거나 낮은 수준'인 것으로 해석되었다. 이상의 내용을 표로 정리하면 다음과 같다.

<표 5-18> 부처별 승계와 행정부문의 변화정도

| 부처 | 정책부문 변화 | 조직 관리 부문 변화 | 대외부문 변화 |
|---|---|---|---|
| 환경 | 3.08 | 2.75 | 3.0 |
| 외교 | 2.43 | 3.19 | 3.15 |
| 건교 | 3.11 | 2.56 | 2.92 |
| 통일 | 2.33 | 2.63 | 2.57 |
| 노동 | 3.08 | 3.19 | 3.17 |
| 농림 | 3.0 | 2.97 | 3.13 |
| 산자 | 3.18 | 3.03 | 3.30 |
| 재경 | 2.97 | 3.17 | 3.20 |
| 정통 | 2.64 | 3.17 | 2.50 |
| 교육 | 2.50 | 2.67 | 3.07 |
| 문화 | 2.82 | 2.44 | 2.45 |
| 복지 | 2.85 | 3.21 | 3.30 |
| 과기 | 2.13 | 2.32 | 2.76 |
| 행자 | 2.63 | 2.67 | 2.98 |
| 평균 | 2.77 | 2.86 | 2.96 |

주) 각 행정부문의 수치는 평균임(1: 매우 큰 변화, 2: 상당한 변화, 3: 어느
   정도 변화, 4: 별 변화 없음)


지금까지 위에서 기술한 분석사실을 통해 제3장에서 설정한 연
구가설 즉 <가설 Ⅱ-② 부처장으로서의 장관의 역할은 정부별 부
처별 특성에 따라 다를 것이다>는 내용 중 <부처장으로서의 장관
의 역할은 부처별 특성에 따라 다를 것이다>는 내용은 채택이 가
능하다고 해석할 수 있을 것이다.

# 제3절 두 가지 역할의 연계

전술한 제5장 제1절과 제2절에서 장관이 바뀌더라도 부처활동에 변화가 없는 경우 장관은 어떠한 역할을 하는 존재인지를 분석해 보았다. 여기서는 두 가지 장관의 역할 즉 대통령에 대한 역할과 부처의 長으로서 역할 사이에는 어떠한 관계가 존재하는지를 살펴보기로 한다.

이를 위해 첫째, 장관의 임명기준과 재임기간동안의 역점부문 사이의 관련성을 고찰할 것이다. 둘째, 장관의 임명기준과 행정 각 부문의 변화정도 사이에는 어떠한 연관성이 있는지를 분석할 것이다.

두 가지 역할 사이의 연계성 분석을 위해 대통령에 대한 역할은 임명기준이라는 변수를 사용하고자 한다. 그것은 임명기준으로부터 대통령에 대한 역할이 도출될 수 있기 때문이다.

연계성의 논의에 있어 본 연구는 전체장관, 정부, 부처별로 분석단위를 나누고자 한다. 또한 두 변수 간의 연계성 분석을 통해 연구가설 <Ⅱ-③ 정치적 도구나 정치적 자산으로서의 장관의 역할과 부처의 長으로서 역할은 연계되어 있을 것이다>와 세부 연구가설 즉

<Ⅱ-③-ⅰ: 전문성 기준으로 임명된 장관일수록 부처의 정책개발이나 추진에 역점을 둘 것이다.

Ⅱ-③-ⅱ: 정치적 기준으로 임명된 장관일수록 대외업무 추진에 역점을 둘 것이다.

Ⅱ-③-ⅲ: 일반관리자 기준으로 임명된 장관일수록 조직 내부문제의 해결에 역점을 둘 것이다

　　　Ⅱ-③-iv: 임명기준(전문성, 일반관리성, 정치적 기준)과 행
　　　　　　정 각 부문(정책부문, 조직 관리 부문, 대외위상
　　　　　　부문)의 변화정도는 서로 관계가 있을 것이다>

의 내용에 대한 검토 작업도 병행할 것이다.

# 1. 임명기준과 장관역점 부문 관계

## 1) 전체장관 분석

16개 부처 장관 86명 전체를 하나의 분석단위로 삼아 임명기준
과 역점부문과의 관계를 고찰하면 다음과 같다. 임명기준을 독립
변수로, 장관의 역점 부문을 종속변수로 하여 임명기준(전문성, 일
반관리, 정치적 기준)이 장관의 재임기간 동안 역점부문(정책의 개
발이나 추진, 부처장으로서의 부 처 내부문제의 해결, 대외업무 추
진)에 얼마만큼 영향을 미치는지를 살펴보기 위해 상관분석과 함
께, 유의수준 0.05하에서 더미변수를 활용한 회귀분석을 실시하기
로 한다.

첫째, 전문성과 정책 역할 유형과의 관계이다. 상관 분석결과에
따르면 두 변수 간 상관계수는 0.27로 나타났다. 그렇다면 전문성
이라는 임명기준은 정책의 개발이나 추진이라는 정책 역할 유형에
영향을 미치는지 여부를 검토해야 한다. 회귀분석 결과 두 변수
간에는 통계적으로 유의미한 관계가 성립하였다. 따라서 전문성에
의해 임명된 장관일수록 재임기간동안 정책의 개발이나 추진에 역
점을 둘 것이라는 해석이 가능하다고 할 것이다.

둘째, 일반관리성과 조직 관리 역할 유형(조직내부 문제 해결에 역점)과의 관계이다. 두 변수 간에 어느 정도 상관성이 존재하는지를 보기 위해 상관분석을 실시한 결과 상관계수는 0.29가 도출되었다. 이 경우 일반관리성이라는 독립변수가 조직내부 문제 해결에의 역점이라는 종속변수에 영향을 미치는지를 검토하기 위해 회귀분석을 실시했다. 그 결과 두 변수 간에는 통계적으로 유의미한 관계가 존재하였다. 따라서 일반관리성을 기준으로 임명된 장관일수록 조직내부문제의 해결에 역점을 둘 수 있을 것이라는 해석이 가능하다고 할 것이다.

iii) 정치적 기준과 대외관계 역할 유형(대외업무 추진에 역점)과의 관계이다. 상관분석결과 두 변수 사이에 존재하는 상관계수는 0.22로 나타났다. 다음 분석단계는 정치적 기준이라는 독립변수는 대외업무의 추진에 역점을 두는 대외관계 역할 유형이라는 종속변수에 영향을 미치는지 여부이다. 이를 위해 회귀분석을 실시한 결과 두 변수 간에는 통계적으로 유의미한 관계가 성립하였다. 따라서 정치적 기준에 의해 임명된 장관일수록 대외업무 추진에 역점을 두는 비중이 늘어날 것이라는 해석이 가능하다고 할 것이다.

요컨대 16개 부처 장관 86명을 기준으로 임명기준과 역점부문과의 연계성을 분석한 결과 두 변수 간에는 통계적으로 유의미한 관계가 존재하고 있음을 알 수 있다. 이상에서 기술한 분석결과를 토대로 아래 연구가설 즉

<II-③-i : 전문성 기준으로 임명된 장관일수록 부처의 정책개발이나 추진에 역점을 둘 것이다.

II-③-ii: 정치적 기준으로 임명된 장관일수록 대외업무

추진에 역점을 둘 것이다.

Ⅱ-③-iii: 일반관리자 기준으로 임명된 장관일수록 조직
내부 문제의 해결에 역점을 둘 것이다>


의 내용은 16개 부처 전체장관을 기준으로 하는 경우 채택이 가능하
다고 할 것이다. 지금까지 전술한 내용을 표로 정리하면 다음과 같다.


<표 5-19> 임명기준과 역점부문의 연계성(전체장관)

| 임명기준 | 장관역점 부문 | 상관계수 | 유의미성 |
|---|---|---|---|
| 전문성 | 정책개발이나 추진 | 0.27 | 유 |
| 일반관리 | 조직내부문제 해결 | 0.29 | 유 |
| 정치적 기준 | 대외업무 추진 | 0.22 | 유 |

주) 유의수준 0.05


## 2) 정부 분석

정부를 기준으로 임명기준과 장관 역점부문의 연계성을 분석하
면 다음과 같다.

먼저 ⅰ) 노태우 정부 장관의 경우(표본수 30) 전문성과 정책
역할 유형(정책의 개발이나 추진에 역점)과의 관계를 보면, 상관분
석결과 상관계수는 0.19로 나타났다. 두 변수 간의 관련성의 강도
가 그리 높지 않다고 해석할 수 있다. 전문성이라는 독립변수가
정책 역할 유형이라는 종속변수에 영향을 미치는지 검토하기 위해

회귀분석을 실시해보니 두 변수 간에는 통계적으로 유의미한 관계
가 존재하지 않았다. 독립변수의 유효성을 나타내는 척도인 결정
계수도 0.039로 낮은 수준이었다. 전문성에 의해 임명된 장관일수
록 정책의 개발이나 추진에 역점을 둔다고 해석하기는 어렵다고
할 것이다.

　다음으로 일반관리성과 조직 관리 역할 유형(조직내부 문제해결
에 역점)과의 관계를 보면, 상관분석결과 상관계수가 0.44로 나와
두 변수 간 관련성의 정도가 낮지 않음을 알 수 있다. 일반관리성
(독립변수)이 조직 관리 역할 유형(종속변수)에 미치는 영향력은
있는지를 검토하기 위해 회귀분석을 실시한 결과 통계적으로 유의
미한 관계가 성립하였다. 이러한 사실로부터 일반관리성을 기준으
로 임명된 장관일수록 부처내부의 문제해결에 역점을 둔다는 해석
이 가능하다고 할 것이다.

　끝으로 정치적 기준과 대외관계 역할 유형과의 관계를 보면, 두
변수 간 상관계수가 0.32로 나왔다. 정치적 기준이라는 독립변수가
대외관계 역할 유형이라는 종속변수에 영향을 미치는지를 알아보
기 위해 회귀분석을 실시했다. 그 결과 두 변수 간에는 통계적으
로 유의미한 관계가 성립하지 않았다. 즉 정치적 기준에 의해 임
명된 장관일수록 대외업무 추진에 역점을 둘 것이라는 해석은 채
택하기가 어렵다고 할 것이다.

　요컨대 노태우 정부의 경우 임명기준과 장관 역점부문과의 관계
를 보면, 일반관리성과 '조직 관리 역할 유형'의 관계는 통계적으로
유의미한 관계가 존재하고 있다고 할 수 있다. 나머지 변수인 전문성
과 정책 역할 유형, 정치적 기준과 대외관계 역할 유형 간에는 통계
적으로 유의미한 관계가 각각 존재하지 않고 있다고 할 것이다.

ii) 김영삼 정부 장관의 경우(표본수 34) 임명기준과 역점부문과의 관계를 분석하면 다음과 같다. 전문성과 정책 역할 유형과의 상관성은 '어느 정도 있다'고 할 수 있다. 상관분석결과 상관계수가 0.39로 나왔기 때문이다. 전문성(독립변수)이 정책 역할 유형(종속변수)에 미치는 영향력을 알아보기 위해 회귀분석을 실시한 결과 두 변수 간에는 통계적으로 유의미한 관계가 존재하였다. 즉 전문성은 정책 역할 유형에 영향을 미친다고 할 수 있다. 전문성에 의해 임명된 장관일수록 재임기간동안 정책의 개발이나 추진에 역점을 둔다고 해석할 수 있을 것이다. 일반관리성과 조직 관리 역할 유형과의 관련성을 보면 다음과 같다. 두 변수 간 어느 정도 상관성이 존재하는지를 알기 위해 상관분석을 실시한 결과 상관계수가 0.098로 나왔다. 거의 관련성이 없다고 할 수 있다. 일반관리성(독립변수)이 조직 관리 역할 유형(종속변수)에 미치는 영향력이 있는지 검토하기 위해 회귀분석을 실시했다. 그 결과 두 변수 사이에는 통계적으로 유의미한 관계가 성립하지 못했다. 따라서 일반관리성에 의해 임명된 장관일수록 재임기간동안 부처내부의 문제해결에 역점을 둔다는 해석은 채택하기가 어렵다고 할 것이다. 끝으로 정치적 기준과 대외관계 역할 유형의 연계성을 검토해 보면, 두 변수 간의 상관계수는 0.15로 나타나 변수 간 관련성의 강도는 약하다고 할 수 있다. 정치적 기준(독립변수)이 대외관계 역할 유형(종속변수)에 영향을 미치는지를 보기 위해 회귀분석을 실시했다. 분석결과에 따르면 두 변수 간에는 통계적으로 유의미한 관계가 성립되지 않았다. 정치적 기준이 대외관계 역할 유형에 거의 영향력을 미치지 못함을 알 수 있다. 즉 정치적 기준에 의해 임명된 장관일수록 부처의 대외업무 추진에 역점을 둘 것이라는 해석은 채택이 어렵다고 할 것이다.

요컨대 김영삼 정부의 장관의 경우 임명기준 가운데 전문성만이 정책 역할 유형과 통계적으로 유의미한 관계가 성립했다. 나머지 변수인 일반관리성과 조직 관리 역할 유형, 정치적 기준과 대외관계 역할 유형과의 관계에서는 독립변수인 일반관리성(혹은 정치적 기준)이 부처내부의 문제해결에의 역점(혹은 대외업무 추진에의 역점)이라는 종속변수에 미치는 영향력은 미미하다고 할 수 있다.

iii) 김대중 정부의 경우(표본수 22) 임명기준과 장관의 역할 유형과의 관계를 아래에서 살펴보기로 한다. 먼저 임명기준이 전문성인 경우 정책 역할 유형과의 관계는 상관성이 낮은 수준이라고 할 수 있다. 상관분석결과 상관계수가 0.139로 나왔다. 독립변수인 전문성이 종속변수인 정책 역할 유형에 미치는 영향력을 알아보기 위해 회귀분석을 실시하니 두 변수 간에는 통계적으로 유의미한 관계가 성립하지 않았다. 독립변수의 유효성을 재는 척도인 결정계수를 보니 0.019이었다. 독립변수가 종속변수를 설명해 주는 정도도 매우 낮음을 알 수 있다. 이러한 사실로부터 전문성에 의해 임명된 장관일수록 정책의 개발이나 추진에 역점을 둘 것이라는 해석은 그 채택이 어렵다고 할 것이다. 다음으로 일반관리성과 조직 관리 역할 유형과의 관계를 살펴보면 다음과 같다. 두 변수 간의 상관성 정도를 가리키는 상관계수는 0.51로 나타났다. 상관성 정도가 '강한 수준'이라고 해석할 수 있다. 독립변수(일반관리성)가 종속변수(조직 관리 역할 유형)에 어느 정도 영향을 미치는지를 살펴보기 위해 회귀분석을 실시했다. 그 결과 두 변수 간에는 통계적으로 유의미한 관계가 존재했다. 따라서 일반관리성을 기준으로 임명된 장관일수록 조직내부문제의 해결에 역점을 두는 비중이 높아질 것이라는 해석이 가능하다고 할 것이다. 끝으로 정치적 기준과 대외관계 역할 유형을 살펴보면 다음과 같다. 상관분석에 의해 상관계수는 0.239가 나왔다. 두 변수 간의 상관성 정도는 낮은 수준이라고 할 수 있다. 다음으로 독립변수인 정치적 기준이 종속변수인 대외관계 역할 유형에 영향을 미치는지를 알기 위해 회귀분석을 했다. 분석결과에 의하면 두 변수 간에는 통계적으로 유의미한 관계가 존재하지 않았다. 독립변수의 유효성도 낮은 것으로 분석되었다. 결정 계수가 0.057로 나왔기 때문이다. 즉 대외관계역할 유형 변동 중 정치적 기준이라는 임명변수가 설명해주는 정도가 5.7% 수준에 그치고 있기 때문이다. 이 같은 통계적 사실로부터 정치적 기준에 의해 임명된 장관일수록 부처의 대외업무 추진에 역점을 둘 것이라는 해석은 그 채택이 어렵다고 할 것이다.

요컨대 김대중 정부의 경우 임명기준과 장관의 역점부문과의 관계는 일반관리성과 조직 관리 역할 유형 사이에만 통계적으로 유의미한 관계가 성립한 것으로 분석되었다. 즉 일반관리성에 의한 장관임명이 늘어날수록 조직 관리 역할 유형이 나타나는 비중이 높다고 할 수 있을 것이다. 나머지 전문성과 정책 역할 유형, 정치적 기준과 대외관계 역할 유형의 상관성 정도는 약한 수준에 있다고 해석할 수 있다.

지금까지 설명한 정부별 임명기준과 장관 역점 부문과의 연계성을 표로 정리하면 다음과 같다.

<표 5-20> 임명기준과 역점부문 관계(정부)

| 임명기준<br>(독립변수) | 장관역점부문<br>(종속변수) | 상관계수 | | 유의미성 | | 결정 계수 | |
|---|---|---|---|---|---|---|---|
| 전문성 | 정책개발이나<br>추진 | 김대중 | 0.139 | 김대중 | 무 | 김대중 | 0.019 |
| | | 김영삼 | 0.39 | 김영삼 | 존재 | 김영삼 | 0.158 |
| | | 노태우 | 0.19 | 노태우 | 무 | 노태우 | 0.039 |
| 일반관리 | 조직내부문제<br>해결 | 김대중 | 0.51 | 김대중 | 존재 | 김대중 | 0.266 |
| | | 김영삼 | 0.098 | 김영삼 | 무 | 김영삼 | 0.0096 |
| | | 노태우 | 0.44 | 노태우 | 존재 | 노태우 | 0.2 |
| 정치적 기준 | 대외업무 추진 | 김대중 | 0.239 | 김대중 | 무 | 김대중 | 0.057 |
| | | 김영삼 | 0.15 | 김영삼 | 무 | 김영삼 | 0.024 |
| | | 노태우 | 0.32 | 노태우 | 무 | 노태우 | 0.106 |

## 3) 부처 분석

부처별로 임명기준과 장관의 역점부문과의 관련성을 살펴보기로 한다. 부처별 분석에서는 부처를 기능을 기준으로 크게 5가지로 나누어 고찰하기로 한다.[117] 경제 관련부처(산업, 재경, 건설교통, 농림부), 통일·외교 관련부처(통일, 외교부), 정보과학·문화 관련부처(정보통신부, 과학기술부, 문화부, 교육부), 사회·복지 관련부처(환경, 노동, 복지부), 치안 관련부처(행정자치부) 등이다.

첫째, 경제 관련부처(표본 27)의 경우 ⅰ) 전문성과 정책 역할 유형의 관계는 우선 상관분석을 통해 알 수 있다. 두 변수 간 상관계수는 0.329로 나타났다. 다음으로 전문성이 정책 역할 유형에 미치는 영향력이 어느 정도인지를 회귀분석을 통해 알아보았다. 그 결과 두 변수 간에는 통계적으로 유의미한 관계가 성립하지 못

---

117) 부처를 기능별로 묶어 분석한 이유는 제5장 제1절에서 부처를 나누어 분석한 이유와 같다고 할 수 있다.

했다. 따라서 전문성에 의해 임명된 장관일수록 정책의 개발이나 추진에 역점을 두는 비중이 커질 수 있다는 해석은 그 채택이 어렵다고 할 것이다. 이러한 사실은 독립변수의 유효성 정도를 가리키는 결정 계수가 0.1087로 나와 독립변수의 설명력이 높지 않다는 점과 일치한다고 할 수 있다.

ii) 일반관리성과 조직 관리 역할 유형의 관계를 고찰하면 다음과 같다. 두 변수 사이의 상관성 정도를 알기 위해 상관분석을 실시한 결과 0.47이라는 상관계수가 도출되었다. 두 변수 사이에 존재하는 상관성의 정도가 낮지 않은 수준임을 알 수 있다. 독립변수인 일반관리성의 유효성을 측정하는 척도인 결정 계수는 0.2227로 나왔다. 따라서 일반관리성에 의한 임명이 조직 관리 역할 유형을 설명하는 정도는 22%정도 되는 것으로 해석할 수 있겠다. 한편 일반관리성에 의한 임명이 조직내부 문제의 해결에 역점을 두는, 조직 관리 역할 유형에 어느 정도 영향을 미치는지를 알기 위해 회귀분석을 실시했다. 그 결과 두 변수 간에는 통계적으로 유의미한 관계가 성립하였다. 일반관리성에 의해 임명된 장관일수록 조직내부 문제의 해결에 역점을 두는 가능성이 높아질 수 있다고 해석할 수 있을 것이다. 즉 일반관리성에 의해 임명된 장관이 조직 내부문제의 해결에 주력한다는 것은 우연한 오차가 아니라는 의미로 해석될 수 있겠다.

iii) 끝으로 정치적 기준과 대외관계 역할 유형은 어떠한 관계가 있는지 살피기로 한다. 상관분석을 실시한 결과 두 변수 간에는 어느 정도 상관성이 존재한다고 말할 수 있다(상관계수 0.32). 독립변수인 정치적 기준이 종속변수인 대외관계 역할 유형에 어느 정도 영향을 미치는지를 알기 위해 회귀분석을 실시했다. 분석결과에 따르면 두 변수 간에는 통계적으로 유의미한 관계가 존재하지 않았다. 따라서 정치적 기준에 의한 장관 임명이 대외업무의 추진에 영향을 미치는 것은 우연한 오차에 따른 것이라고 해석할 수 있겠다. 이상에서 기술한 분석을 통해 경제 관련부처의 경우는 임명기준이 일반관리성인 경우에만 조직 관리 역할 유형에 영향을 미칠 수 있다고 할 수 있다. 임명기준이 전문성이나 정치적 기준일 경우, 그것이 정책 역할 유형이나 대외관계 역할 유형에 영향을 미치는 정도는 '미미한 수준'이라고 해석할 수 있을 것이다.

둘째, 통일·외교 관련부처(표본 10)의 임명기준과 장관 역점부문 사이의 관계를 고찰하면 다음과 같다. 전문성에 의한 임명과 정책의 개발이나 추진에 역점을 두는, 정책 역할 유형과의 관계는 상관성이 미미한 수준인 것으로 해석된다(상관계수 -0.089). 또한 전문성에 의한 임명이라는 독립변수가 정책 역할 유형에 어느 정도 영향을 미치는지를 알기 위해 회귀분석을 실시한 결과 두 변수 간에는 통계적으로 유의미한 관계가 성립하지 못했다. 따라서 전문성에 의해 임명된 장관일수록 재임기간동안 정책의 개발이나 추진에 역점을 둔다는 해석은 그 채택이 어렵다고 할 것이다. 다음으로, 일반관리성과 조직 관리 역할 유형과의 관계를 분석하면 다음과 같다. 상관분석결과 두 변수 간에는 상관성이 낮은 것으로 해석된다(상관계수 -0.11). 일반관리성을 기준으로 한 장관임명이 조직 내의 문제해결에 주력하는, 조직 관리 역할 유형에 어느 정도 영향력을 미치는지를 알기 위해 회귀분석을 실시했다. 그 결과 두 변수 간에는 통계적으로 유의미한 관계가 성립하지 못했다. 이 같은 통계적 결과는 독립변수(일반관리성에 의한 임명)가 종속변수(조직 관리 역할 유형)의 변동을 설명해 주는 정도인 결정 계수가 0.012로 나왔다는 사실과 일치한다고 할 수 있을 것이다. 끝으로 정치적 기준에 의한 임명과 대외업무 추진이라는, 대외관계 역할 유형과의 관계에 대해 살펴보면 두 변수 간 상관성은 어느 정도 있다고 해석할 수 있을 것이다(상관계수 -0.25). 독립변수(정치적 기준에 의한 임명)가 종속변수(대외관계 역할 유형)에 미치는 영향력을 보기 위해 회귀분석을 실시한 결과 두 변수 간에는 통계적으로 유의미한 관계가 성립하지 않았다. 독립변수(정치적 기준에 의한 임명)가 종속변수의 변동을 설명해 주는 정도도 0.0625로 낮았다. 이 같은 사실로부터 정치적 기준에 의해 임명된 장관일수록 대외업무 추진에 역점을 둘 것이라는 해석은 그 채택이 어렵다고 할 것이다. 이상의 분석결과에 따르면 통일·외교부처의 경우 장관의 임명기준은 장관이 재임하는 기간동안 역점을 두는 행정부문의 변동을 설명하는 정도가 낮거나 미미하다고 할 수 있을 것이다.

셋째, 정보과학·문화 관련부처의 임명기준과 장관 재임 시 역점부문을 검토해 보면 아래와 같다. 정보과학·문화 관련부처(표본수 22)의 경우 전문성에 의한 임명과 정책의 개발이나 추진에 역점을 두는, 정책 역할 유형과의 관계는 상관분석결과 상관성이 상당한 정도에 이른 것으로 분석되었다(상관계수 0.54). 전문성에 의한 임명(독립변수)이 정책 역할 유형(종속변수)에 미치는 영향력은 어느 정도인지를 알기 위해 회귀분석을 실시했다. 분석결과에 따르면 두 변수 사이에는 통계적으로 유의미한 관계가 성립되었다. 전문성에 의한 임명(독립변수)이 종속변수(정책 역할 유형)를 설명해 주는 정도인 결정 계수도 0.3으로 나와 비교적 높다고 할 수 있다. 즉 전문성에 따라 임명된 장관일수록 정책의 개발이나 추진에 역점을 두는 비중이 클 수 있다는 의미로 해석할 수 있을 것이다. 일반관리성에 의한 임명과 조직의 내부문제의 해결에 역점을 두는, 조직 관리 역할 유형과는 상관성이 어느 정도 존재하는 것처럼 보인다(상관계수 0.33). 그러나 일반관리성에 의한 임명(독립변수)이 조직 관리 역할 유형(종속변수)에 미치는 영향력을 보기 위해 회귀분석을 실시한 결과 두 변수 간에는 통계적으로 유의미한 관계가 성립하지 않았다. 이러한 결과는 독립변수가 종속변수를 설명해 주는 정도도 11%수준(결정 계수 0.1122)으로 낮아 보인다는 사실과 일맥상통한다고 할 수 있다. 때문에 일반관리성에 의한 장관임명이 조직 관리 역할 유형에 미치는 영향력은 미미한 수준이라고 해석할 수 있을 것이다. 한편 정치적 기준에 의한 임명과 부처의 대외업무 추진에 역점을 두는, 대외관계 역할 유형과의 관계를 보면, 두 변수 간의 상관성은 어느 정도 존재한다고 할 수 있다(0.35). 정치적인 기준에 의한 임명(독립변수)이 대외관계 역할 유형(종속변수)에 미치는 영향력을 알기 위해 회귀분석을 실시한 결과 두 변수 간에는 통계적으로 유의미한 관계가 성립하지 않았다. 독립변수가 종속변수를 설명해주는 정도도 12.69% 수준으로 높지 않았다. 때문에 정치적 기준에 의한 임명이 대외관계 역할 유형에 미치는 영향력은 미미한 수준이라고 해석할 수 있겠다. 이와 같은 통계적 사실로부터 정치적 기준에 의해 임명된 장관일수록 부처의 대외업무 추진에 역점을 둘 것이라는 해석은 그 채택이 어렵다고 할 것이다.

요컨대 정보과학 관련부처의 경우 임명기준이 장관의 역점부문에 미치는 영향력을 분석한 결과 임명기준이 전문성일 경우에만 역점부문과 통계적으로 유의미한 관계가 성립되었다. 임명기준이 일반관리성이거나 정치적 기준인 경우에는 역할 유형(조직 관리 역할

유형, 대외관계 역할 유형)과 유의미한 관계가 성립되지 않았다고
할 수 있다.

넷째, 사회·복지 관련부처의 경우(표본 수 19) 임명기준과 장관
역점부문과는 어떠한 관계가 성립할까. 우선 전문성에 의한 임명과
정책의 개발이나 추진에 역점을 두는, 정책 역할 유형의 상관성은
약한 수준인 것으로 나타났다(상관계수 0.1). 독립변수(전문성에 의
한 임명)가 종속변수(정책 역할 유형)를 설명하는 정도도 1.1%수준
으로 미미한 수준으로 분석되었다(결정 계수 0.011). 전문성에 의한
임명이 정책 역할 유형에 미치는 영향력을 파악하기 위해 회귀분석
을 실시한 결과 두 변수 간에는 통계적으로 유의미한 관계가 성립
하지 않았다. 따라서 전문성에 의해 임명된 장관일수록 재임기간동
안 정책의 개발이나 추진에 역점을 둘 것이라는 해석은 그 채택이
어렵다고 해석할 수 있을 것이다. 일반관리성에 의한 임명과 조직
의 내부 문제해결에 역점을 두는, 조직 관리 역할 유형과는 어떠한
관계가 성립할까. 먼저 두 변수 간의 상관성 정도를 구해보니 상관
계수가 0.36으로 나타났다. 두 변수 간의 상관성은 어느 정도 존재
하는 것처럼 보인다. 다만 독립변수인 일반관리성이 종속변수인 조
직 관리 역할 유형을 설명하는 정도가 13% 수준으로 낮게 나타나
(결정 계수 0.1335) 두 변수 사이에는 통계적으로 유의미한 관계도
성립하지 않았다. 즉 일반관리성에 의해 임명된 장관일수록 조직의
내부문제 해결에 역점을 두는 비중이 커질 수 있을 것이라는 해석
은 그 채택이 어렵다고 할 것이다. 때문에 일반관리성이 조직 관리
역할 유형에 영향력을 미치는 정도는 미미한 수준이라고 해석할 수
있을 것이다. 끝으로 정치적 기준에 의한 임명과 부처의 대외업무
추진에 역점을 두는, 대외관계역할 유형과의 상관성을 조사한 결과

두 변수 간에는 상관성이 거의 없는 것으로 나타났다(상관계수 0.039). 정치적 기준(독립변수)이 대외관계 역할 유형(종속변수)의 변동을 설명하는 정도는 0.1% 수준으로 매우 낮아서(결정 계수 0.001) 두 변수 간에는 통계적으로 유의미한 관계도 성립하지 않았다. 이러한 분석사실로부터 정치적 기준에 의해 임명된 장관일수록 대외업무 추진에 역점을 두리라는 해석은 그 채택이 어렵다고 할 것이다. 따라서 정치적 기준이 대외관계 역할 유형에 미치는 영향력은 매우 미미한 수준이라고 해석할 수 있을 것이다.

요컨대 사회·복지 관련부처의 경우 장관의 임명기준이 장관 재임 시 역점을 두는 각 행정부문에 미치는 영향력은 미미하거나 낮은 수준이라고 해석된다 할 것이다.

다섯째, 치안 관련부처인 행정자치부(표본수 8)를 기준으로 임명기준과 장관의 역점부문과의 관계를 살펴보면 다음과 같다. 전문성에 의한 임명과 정책 역할 유형과의 상관성은 없었다(상관계수 0). 다음으로 일반관리성에 의한 임명과 조직 관리 역할 유형 간에는 상관성이 존재했다(상관계수 0.37). 다만, 일반관리성(독립변수)이 조직 관리 역할 유형(종속변수)을 설명하는 정도는 14%수준(결정 계수 0.1428)로 높지 않게 나타나 두 변수 간에는 통계적으로 유의미한 관계가 성립하지 못했다. 이러한 사실로부터 일반관리성에 의해 임명된 장관일수록 조직의 내부문제 해결에 역점을 둔다는 해석은 그 채택이 어렵지 않나 생각된다. 즉 일반관리성에 의한 임명이 조직 관리 역할 유형에 미치는 영향력은 낮거나 미미한 수준에 불과한 것으로 해석할 수 있을 것이다. 한편 정치적 기준에 의한 임명과 대외업무 추진에 역점을 두는, 대외관계 역할 유형과는 상관성이 존재하는 것으로 보인다(상관계수 0.46). 그러

나 독립변수(정치적 기준에 의한 임명)가 종속변수(대외관계 역할
유형)를 설명하는 정도는 21%정도(결정 계수 0.2177)로 높지 않은
수준인 것으로 분석되었다. 따라서 두 변수 간에는 통계적으로 유
의미한 관계가 성립하지 않았다. 이러한 분석사실로부터 정치적인
기준에 의해 임명된 장관일수록 부처의 대외업무 추진에 역점을
둔다는 해석은 그 채택이 어렵다고 할 것이다. 즉 정치적 기준에
의한 임명이 대외관계 역할 유형에 미치는 영향력은 미미한 수준
에 그친다고 해석할 수 있을 것이다. 이상에서 살펴본 바와 같이
치안 관련부처인 행정자치부의 경우 임명기준이 장관의 역점 부문
에 미치는 영향력의 정도는 미미하거나 낮은 수준에 있다고 해석
할 수 있을 것이다.

   지금까지 부처별로 고찰한 내용을 요약하면, 정보과학·문화 관
련부처는 전문성에 따른 임명과 정책 역할 유형 간, 경제 관련부
처는 일반관리성에 의한 임명과 조직 관리 역할 유형간 각각 통계
적으로 유의미한 관계가 성립하였다(유의수준 0.05). 나머지 부처
들의 경우 임명기준이 각 행정부문에 미치는 영향력은 미미한 수
준에 불과하다고 해석할 수 있을 것이다. 즉 정보과학·문화 관련
부처의 경우 전문성에 따리 임명된 장관일수록 정책의 개발이나
추진에 역점을 두며, 경제 관련부처의 경우는 일반관리성에 의해
임명된 장관일수록 조직의 내부문제 해결에 역점을 두는 비중이
높아진다는 해석이 가능하다고 할 것이다. 이상에서 기술한 부처
별 임명기준과 역점부문의 관계를 표로 정리하면 다음과 같다.

<표 5-21> 임명기준과 역점부문 관계(부처)

| 임명기준 | 역점부문(역할 유형) | 부처 | 두 변수 간 유의미성 |
|---|---|---|---|
| 전문성 | 정책개발이나 추진에 주력 (정책 역할 유형) | 경제 | 무 |
| | | 통일·외교 | 무 |
| | | 정보과학·문화 | 존재 |
| | | 사회·복지 | 무 |
| | | 치안 | 무 |
| 일반관리 | 조직내부문제 해결에 주력 (조직 관리 역할 유형) | 경제 | 존재 |
| | | 통일·외교 | 무 |
| | | 정보과학·문화 | 무 |
| | | 사회·복지 | 무 |
| | | 치안 | 무 |
| 정치적 기준 | 대외업무 추진에 주력 (대외 역할 유형) | 경제 | 무 |
| | | 통일·외교 | 무 |
| | | 정보과학·문화 | 무 |
| | | 사회·복지 | 무 |
| | | 치안 | 무 |

## 2. 임명기준과 행정부문 변화정도 관계

### 1) 전체장관 분석

16개 부처 86명의 전체장관을 하나의 분석대상으로 임명기준과 행정부문의 변화정도와는 어떠한 연관성이 있는지 고찰하면 다음과 같다.

첫째, 전문성에 의한 임명과 정책부문의 변화정도의 관계는 아래에서 설명되고 있다. 상관분석 결과 두 변수 간에는 상관성이 약해 보인다(상관계수 0.136). 독립변수인 전문성에 의한 임명이 종속변수인 정책부문의 변화정도를 설명해 주는 정도도 매우 낮은 것으로 해석돼(결정 계수 0.018) 회귀분석결과 두 변수 사이에는 통계적인 유의미성도 존재하지 않은 것으로 분석되었다. 따라서 전문성에 의해 임명된 장관이 재임기간동안 정책부문의 변화를 가져오는 정도는 미미한 수준이라고 해석할 수 있을 것이다.

둘째, 일반관리성에 의한 임명과 조직 관리 부문의 변화정도의 관계를 살펴보면, 상관분석결과 두 변수 사이의 상관성은 약한 수준이라고 할 수 있다(상관계수 0.106). 독립변수인 일반관리성에 의한 임명이 종속변수인 조직 관리 부문의 변화정도를 설명해 주는 정도도 1.1% 수준에 불과해(결정 계수 0.011) 두 변수 사이에는 통계적으로 유의미한 관계가 성립하지 못했다. 따라서 일반관리성에 임명되는 장관이 재임기간동안 조직 관리 부문의 변화를 가져오는 정도는 낮거나 미미한 수준이라고 해석할 수 있을 것이다.

셋째, 정치적 기준에 의한 임명과 대외위상부문의 변화정도의 관계이다. 상관분석결과 두 변수 사이에는 상관성의 강도가 매우 약한 수준에 있는 것으로 보인다(상관계수 0.085). 독립변수인 정치적 기준에 의한 임명이 종속변수인 대외부문의 변화정도를 설명해 주는 정도도 매우 낮은 수준이어서(결정 계수 0.007) 두 변수 간에는 통계적으로 유의미한 관계가 성립하지 못한 것으로 분석되었다. 따라서 정치적 기준에 의해 임명된 장관이 재임기간동안 대외위상부문의 변화를 가져오는 정도는 미미하거나 낮은 수준이라고 해석할 수 있을 것이다.

이상에서 임명기준과 행정 각 부문의 변화정도와의 관계를 상관분석과 회귀분석을 통해 알아보았다. 분석결과에 따르면 임명기준과 행정부문의 변화정도는 유의미한 관계가 성립하지 못하고 있음을 알 수 있다. 즉 장관의 임명기준이 행정부문의 변화를 가져오

는 정도는 미미하거나 낮은 수준에 있다고 해석된다. 이리하여 3
장에서 설정된 연구가설 즉

&lt;Ⅱ-③-ⅳ: 임명기준과 행정 각 부문의 변화정도는 서로 관계가
있을 것이다&gt;

의 내용은 전체장관을 기준으로 하는 경우 그 채택이 어렵다고
해석할 수 있을 것이다. 지금까지의 내용을 표로 정리하면 다음과
같다.

&lt;표 5-22&gt; 임명기준과 행정부문의 변화정도 관계(전체장관)

| 임명기준 | 행정부문의 변화정도 | 두 변수 간 유의미성 |
|---|---|---|
| 전문성 | 정책부문의 변화정도 | 무 |
| 일반관리 | 조직 관리 부문의 변화정도 | 무 |
| 정치적 기준 | 대외위상 부문의 변화정도 | 무 |

주) 유의수준 0.05

## 2) 정부 분석

먼저 노태우 정부의 경우부터 살펴보면 다음과 같다. 첫째, 전문
성에 의한 임명과 정책부문의 변화정도와의 상관성은 상관분석결
과 상관계수가 0.08로 나왔다. 변수 간 상관 강도가 약한 수준인
것으로 보인다. 독립변수인 전문성에 의한 임명이 종속변수인 정
책부문의 변화정도를 설명해 주는 정도는 매우 낮은 수준(0.66%)

으로 분석되었으며 회귀분석결과 두 변수 사이에는 통계적으로 유의미한 관계가 성립하지 않았다. 때문에 전문성에 의해 임명된 장관이 정책부문의 변화에 미치는 영향력의 정도는 미약한 수준이라고 해석할 수 있을 것이다. 둘째, 일반관리성에 의한 임명과 조직관리 부문의 변화정도는 상관성의 강도가 약한 수준에 있다고 할 것이다(상관계수 0.063). 독립변수인 일반관리성에 의한 임명이 종속변수인 조직 관리 부문의 변화정도를 설명하는 정도도 0.4%에 불과하다. 독립변수의 유효성(쓸모정도)이 매우 낮은 수준이라고 할 수 있다. 이러한 사정을 반영하여 회귀분석결과도 두 변수 간에는 통계적으로 유의미한 관계가 성립하지 않은 것으로 나타났다. 때문에 일반관리성에 의해 장관이 임명되더라도 조직 관리 부문의 변화정도에는 거의 영향력을 미치지 못한다고 해석할 수 있을 것이다.

셋째, 정치적 기준에 의한 임명과 대외위상부문의 변화정도의 관계를 살펴보면 두 변수 간의 상관성은 약한 수준이라고 할 수 있다(상관계수 0.11). 정치적 기준에 의한 임명(독립변수)이 대외위상부문의 변화정도(종속변수)를 설명해 주는 정도도 낮은 수준이었다(결정 계수 0.013). 회귀분석결과도 두 변수 사이에는 통계적으로 유의미한 관계가 성립하지 않은 것으로 분석되었다. 때문에 정치적 기준에 의해 장관이 임명된다 해도 대외위상부문의 변화정도에 미치는 영향력은 매우 낮은 수준이라고 해석할 수 있을 것이다.

요컨대 노태우 정부의 경우 장관의 임명기준이 행정부문의 변화정도를 설명해 주는 정도는 매우 미미한 수준이라고 할 수 있다. 즉 장관이 바뀌더라도 행정 각 부문의 변화에 미치는 영향력은 미미하거나 낮은 정도라고 할 수 있을 것이다.

　　김영삼 정부의 경우를 보면 다음과 같다. 첫째, 전문성에 의한 임명과 정책부문의 변화정도와의 관계를 보면, 두 변수 간의 상관성은 낮은 수준이라고 할 수 있다(상관계수 0.19). 전문성에 의한 임명(독립변수)이 정책부문의 변화정도(종속변수)를 설명하는 정도도 3.7%에 불과하다(결정 계수 0.037). 회귀분석결과에 의하면 두 변수 사이에는 통계적인 유의미성도 존재하지 않은 것으로 나타났다. 때문에 전문성에 의해 임명된 장관이 정책부문의 변화에 미치는 영향력은 미미하거나 낮은 수준이라고 해석할 수 있다. 둘째, 일반관리성에 의한 임명과 조직 관리 부문의 변화정도와의 관계를 살펴보면, 두 변수 사이의 상관성 정도는 약한 수준인 것으로 보인다(상관계수 0.03). 일반관리성에 의한 임명(독립변수)이 조직 관리 부문의 변화정도(종속변수)를 설명해 주는 정도도 0.1%로 매우 낮은 수준으로 나타났다(결정 계수 0.001). 회귀분석결과에 의하면 두 변수 사이에는 통계적으로 유의미한 관계가 성립하지 않은 것으로 나타났다. 이리하여 일반관리성에 의해 임명된 장관이 조직 관리 부문의 변화에 미치는 영향력의 정도는 미미한 수준이라고 해석된다. 셋째, 정치적 기준과 대외위상부문의 변화정도의 관계는 어떠한지 살펴보기로 한다. 상관분석결과 두 변수 사이에는 상관성의 정도가 매우 미약한 것으로 분석되었다(상관계수 0.04). 정치적 기준에 의한 임명(독립변수)이 대외위상부문의 변화정도(종속변수)를 설명하는 정도도 0.1% 수준으로 거의 없었다고 할 수 있다. 회귀분석결과에 의하면 두 변수 사이에는 통계적으로 유의미한 관계도 존재하지 않았다. 따라서 정치적 기준에 의해 장관이 임명되더라도 그것이 대외위상부문의 변화에 미치는 정도(영향력)는 미미한 수준이라고 할 수 있을 것이다.

요컨대 김영삼 정부의 경우 장관의 임명기준이 행정부문의 변화 정도를 설명해 주는 정도는 매우 낮은 수준이라고 해석할 수 있다. 다시 말하면 장관이 어떠한 기준으로 임명되든, 행정 각 부문(정책, 조직 관리, 대외위상부문)의 변화에 미치는 영향력의 정도는 미미하다고 할 수 있다.

끝으로 김대중 정부 장관의 임명기준과 행정 각 부문의 변화정도와의 관계를 보기로 한다. 전문성에 의한 임명과 정책부문의 변화정도와는 상관분석결과 상관성의 정도가 낮다고 할 수 있다(상관계수 0.16). 전문성에 의한 임명(독립변수)이 정책부문의 변화정도(종속변수)를 설명하는 정도도 2.8% 수준으로 매우 낮았다(결정계수 0.028). 회귀분석결과 두 변수 간 통계적인 유의미성도 존재하지 않았다. 때문에 전문성에 의해 임명된 장관이 정책부문의 변화에 미치는 영향력의 정도는 매우 낮은 수준이라고 할 것이다. 일반관리성에 의한 임명과 조직 관리 부문의 변화정도의 관계를 보면, 두 변수 간의 상관성의 정도는 약한 수준이라고 할 수 있다(상관계수 0.34). 일반관리성에 의한 임명(독립변수)이 조직 관리 부문의 변화정도(종속변수)를 설명하는 정도는 12% 수준으로 나타났다. 높은 수준이라고는 할 수 없을 것이다. 회귀분석결과 두 변수 간에는 통계적으로 유의미한 관계가 성립하지 않았다. 이러한 분석사실로부터 일반관리성에 의해 임명된 장관이 조직 관리 부문의 변화정도에 미치는 영향력은 미약한 수준이라고 해석할 수 있을 것이다. 끝으로 정치적 기준에 의한 임명과 대외위상부문의 변화정도와의 관계를 고찰하면 다음과 같다. 상관분석결과 두 변수 사이의 상관성은 약한 수준인 것으로 나타났다(상관계수 0.16). 정치적 기준에 의한 임명(독립변수)이 대외위상부문의 변화정도(종속변수)를 설명하는 정도도 2.8%수준으로 매우 낮게 나타났다(결정계수 0.028). 따라서 정치적 기준에 의해 임명된 장관이 대외위상 부문의 변화에 미치는 영향력의 정도는 미미한 수준이라고 해석할 수 있을 것이다.

요컨대 김대중 정부의 경우 장관의 임명기준이 각 행정부문의 변화정도를 설명해 주는 정도는 전반적으로 미약하다고 할 수 있다. 즉 장관의 임명기준이 무엇이 되었든 그것이 행정 각 부문의 변화에 미치는 영향력의 정도는 낮은 수준이라고 해석할 수 있다. 지금까지 서술한 내용을 표로 요약하면 아래와 같다.

<표 5-23> 임명기준과 행정부문의 변화정도 관계(정부)

| 임명기준 | 행정부문의 변화정도 | 정부 | 두 변수 간 유의미성 |
|---|---|---|---|
| 전문성 | 정책부문의 변화정도 | 노태우 | 무 |
| | | 김영삼 | 무 |
| | | 김대중 | 무 |
| 일반관리 | 조직 관리 부문의 변화정도 | 노태우 | 무 |
| | | 김영삼 | 무 |
| | | 김대중 | 무 |
| 정치적 기준 | 대외위상 부문의 변화정도 | 노태우 | 무 |
| | | 김영삼 | 무 |
| | | 김대중 | 무 |

주) 유의수준 0.05

### 3) 부처 분석

부처를 기준으로 임명기준과 행정부문의 변화정도를 고찰하는 경우, 임명기준과 역점부문과의 관계 분석과 마찬가지로 부처를 기능별로 5가지로 나누기로 한다.[118] 경제 관련부처(산업, 재경, 건설교통, 농림부), 통일외교관련부처(통일, 외교부), 정보과학·문화 관련부처(정보통신부, 과학기술부, 문화부, 교육부), 사회·복지 관련부처(환경, 노동, 복지부), 치안 관련부처(행정자치부) 등이다.

첫째, 경제 관련부처의 경우, 전문성에 의한 임명과 정책부문의 변화정도의 관계를 보면, 상관분석결과 상관성은 비교적 높게 나타났다(상관계수 0.49). 전문성에 의한 임명(독립변수)이 정책부문의 변화정도(종속변수)를 설명하는 정도는 24.76%로 비교적 높다고 할 수 있다. 회귀분석결과 두 변수 간에는 통계적으로 유의미한 관계가 존재하였다. 이러한 통계적 분석사실로부터 전문성에 의해 임명된 장관이 정책부문의 변화정도에 미치는 영향력은 상당한 수준에 달하고 있다고 해석할 수 있을 것이다. 다음으로 일반관리성에 의한 임명과 조직 관리 부문의 변화정도와의 관계를 살펴보면, 두 변수 사이의 상관성 정도는 약한 수준으로 나타났다(상관계수 0.3). 일반관리성에 의한 임명(독립변수)이 조직 관리 부문의 변화정도(종속변수)를 설명해 주는 정도는 9%수준으로 높은 수준은 아니었다(결정 계수 0.092). 회귀분석결과에 의하면 두 변수 간에는 통계적으로 유의미한 관계가 성립하지 않았다. 이러한 사실로부터 일반관리성에 의해 장관이 임명되더라고 그것이 조직 관

---

118) 부처를 기능별로 묶어 분석한 이유는 제5장 제1절에서 부처를 나누어 분석한 이유와 같다고 할 수 있다.

리 부문의 변화정도에 미치는 영향력은 낮은 수준이라고 해석할 수 있을 것이다. 끝으로 정치적 기준에 의한 임명과 대외위상부문의 변화정도와의 관계를 보면, 두 변수 간의 상관성은 매우 약한 수준인 것으로 나타났다(상관계수 0.09). 정치적 기준에 의한 임명(독립변수)이 대외위상부문의 변화정도(종속변수)를 설명하는 정도는 0.8% 수준으로 매우 낮았다(결정 계수 0.0089). 회귀분석결과에 의하면 두 변수 간에는 통계적으로 유의미한 관계가 성립되지 않았다. 따라서 정치적 기준에 의해 장관이 임명되더라도 대외위상부문의 변화에 미치는 영향력의 정도는 미미한 수준이라고 할 수 있다.

요컨대 경제 관련부처의 경우 전문성에 의한 임명과 정책부문의 변화정도와의 관계 외에는 두 변수 간에 통계적으로 유의미한 관계가 성립하지 않았다. 즉 전문성에 의해 장관이 임명되는 경우 정책부문의 변화정도에 영향을 미치고 있다고 해석할 수 있을 것이다.

둘째, 통일·외교 관련부처의 경우, 전문성에 의한 임명과 정책부문의 변화정도의 관계를 보면, 두 변수 사이의 상관성은 그 강도가 약한 것으로 나타났다(상관계수 0.04). 전문성에 의한 임명(독립변수)이 정책부문의 변화정도(종속변수)를 설명하는 정도도 0.2% 수준으로 미미했다(결정 계수 0.002). 회귀분석결과 두 변수 간에는 통계적으로 유의미한 관계가 존재하지 않았다. 때문에 전문성에 의한 장관 임명이 정책부문의 변화정도에 미치는 영향력은 미미한 수준이거나 거의 없다고 할 수 있을 것이다. 다음으로 일반관리성에 의한 임명과 조직 관리 부문의 변화정도와의 관계를 보면, 상관성이 약한 수준으로 나타났다(상관계수 0.16). 일반관리성에 의한 임명(독립변수)이 조직 관리 부문의 변화정도(종속변수)를 설명하는 정도는 2.7% 수준으로 미미한 수준이었다(결정 계수 0.027). 회귀분석결과 두 변수 간에는 통계적으로 유의미한 관계가 성립하지 않았다. 이러한 사실은 일반관리성에 의해 임명된 장관은 조직 관리 부문의 변화정도에 거의 영향력을 미칠 수 없음을 시사한다고 할 것이다. 끝으로 정치적 기준에 의한 임명과 대외위상부문의 변화정도와의 관계를 보면, 두 변수 간에는 상관성의 강도가 약한 수준인 것으로 나타났다(상관계수 0.16). 정치적 기준에 의한 임명(독립변수)이 대외위상부문의 변화정도(종속변수)를 설명하는 정도도 2.7%로 낮은 수준이었다(결정 계수 0.027). 회귀분석결과 두 변수 간에는 통계적으로 유의미한 관계가 존재하지 않았다. 이러한 사실로부터 정치적 기준에 의해 임명된 장관이 대외위상부문의 변화정도에 미치는 영향력은 미미한 수준이라고 해석할 수 있을 것이다. 요컨대 통일·외교부처의 경우 임명기준이 행정부문의 변화정도에 미치는 영향력은 낮은 수준이라고 할 수 있다.

셋째, 정보과학·문화 관련부처를 살펴보면 아래와 같다. 전문성에 의한 임명과 정책부문의 변화정도와의 관계에서 두 변수 사이에는 상관성이 존재한다고 할 수 있다(상관계수 0.38). 전문성에 의한 임명(독립변수)이 정책부문의 변화정도(종속변수)를 설명하는 정도는 15% 수준으로 나타났다(결정 계수 0.1507). 독립변수의 유효성(쓸모정도)이 높은 수준은 아니라고 할 수 있다. 회귀분석결과 두 변수 간에는 통계적으로 유의미한 관계가 성립하지 않았다. 이러한 사실로부터 전문성에 의해 임명된 장관이 정책부문의 변화정도에 미치는 영향력은 미미한 수준이라고 해석할 수 있을 것이다. 다음으로 일반관리성에 의한 임명과 조직 관리 부문의 변화정도와의 관계를 보면, 상관분석결과 두 변수 사이에는 상관성이 약한 수준으로 나타났다(상관계수 0.23). 독립변수인 일반관리성에 의한 임명이 종속변수인 조직 관리 부문의 변화정도를 설명하는 정도는 5.7% 수준으로 나타났다. 낮은 수준이라고 할 수 있다. 회귀분석결과 두 변수 간에는 통계적으로 유의미성이 존재하지 않는 것으로 분석되었다. 이러한 사실로부터 일반관리성에 의해 임명된 장관이 조직 관리 부문의 변화정도에 미치는 영향력의 정도는 낮은 수준이라고 해석할 수 있을 것이다. 끝으로 정치적 기준에 의한 임명과 대외위상부문의 변화정도와의 관계를 고찰하면, 상관분석결과에 의하면 두 변수 사이의 상관성 정도는 약한 것으로 나타났다(상관계수 0.26). 정치적 기준에 의한 임명(독립변수)이 대외위상부문의 변화정도(종속변수)를 설명하는 정도는 7.1% 수준으로 낮았다고 할 수 있다. 회귀분석결과 두 변수 간에는 통계적으로 유의미한 관계가 성립하지 않았다. 이리하여 정치적 기준에 의해 임명된 장관이 대외위상부문의 변화정도에 미치는 영향력의 정도는 미미하거나 낮은 수준이라고 할 수 있다.

요컨대 정보과학·문화 관련부처의 경우 대체로 임명기준이 행정부문의 변화를 설명하는 정도는 낮은 수준이라고 할 수 있다. 따라서 두 변수 간에는 통계적으로 유의미한 관계가 성립하지 않았다. 이리하여 임명기준이 행정부문의 변화에 미치는 영향력의 정도는 미미하거나 낮은 수준이라고 해석할 수 있겠다.

넷째, 사회·복지 관련부처의 경우를 분석하면 다음과 같다. 전문성에 의한 임명과 정책부문의 변화정도와의 관계를 보면, 두 변수 사이의 상관성은 약한 수준으로 나타났다(상관계수 0.26). 전문성에 의한 임명(독립변수)이 정책부문의 변화정도(종속변수)를 설명하는 정도도 6.89%로 낮았다. 회귀분석결과 두 변수 간에는 통계적으로 유의미한 관계가 성립하지 않았다. 따라서 전문성에 의해 임명된 장관이 정책부문의 변화정도에 미치는 영향력은 낮은 수준이라고 해석 할 수 있다. 다음으로 일반관리성에 의한 임명과 조직 관리 부문의 변화정도와의 관계를 살펴보면, 상관분석결과 두 변수 사이의 상관성은 약한 수준인 것으로 나타났다(상관계수 0.035). 일반관리성에 의한 임명이 조직 관리 부문의 변화정도를 설명하는 정도는 0.1%로 미약한 수준으로 분석되었다(결정 계수 0.001). 회귀분석결과 두 변수 간에는 통계적으로 유의미한 관계가 성립하지 않았다. 이러한 사실로부터 일반관리성에 의해 임명되는 장관이 조직 관리 부문의 변화정도에 미치는 영향력은 거의 없다고 해석할 수 있다. 끝으로 정치적 기준에 의한 임명과 대외위상 부문의 변화정도와의 관계를 보면, 두 변수의 상관성은 약한 수준으로 나타났다(상관계수 0.23). 정치적 기준에 의한 임명(독립변수)이 대외위상부문의 변화정도(종속변수)를 설명하는 정도도 5.4% 수준에 그쳤다(결정 계수 0.054). 회귀분석결과 두 변수 사이에는 통계적인 유의미성도 성립하지 않았다. 이리하여 정치적 기준에 의해 임명된 장관이 대외위상부문의 변화정도에 미치는 영향력은 낮은 수준이라고 해석할 수 있을 것이다.

요컨대 사회·복지 관련부처의 경우 임명기준이 행정부문의 변화정도를 설명하는 정도는 대체로 약하다고 해석할 수 있을 것이다.

다섯째, 치안 관련부처의 경우를 고찰하면 다음과 같다. 먼저 전문성에 의한 임명과 정책부문의 변화정도와의 관계에서 두 변수 간 상관성은 약한 수준으로 나타났다(상관계수 0.258). 전문성에 의한 임명(독립변수)이 정책부문의 변화정도(종속변수)를 설명하는 정도는

6.6% 수준으로 낮았다. 회귀분석결과 두 변수 사이에는 통계적으로 유의미한 관계가 성립하지 못했다. 이러한 사실로부터 전문성에 의해 임명된 장관이 정책부문의 변화정도에 미치는 영향력은 미미한 수준이라고 해석할 수 있을 것이다. 끝으로 일반관리성에 의한 임명과 조직 관리 부문의 변화정도와의 관계를 보면, 두 변수 간 상관성은 어느 정도 존재하는 것으로 해석된다(상관계수 0.14). 일반관리성에 의한 임명(독립변수)이 조직 관리 부문의 변화정도(종속변수)를 설명하는 정도는 14%로 나타나 높은 수준은 아니라고 할 수 있다(결정 계수 0.1428). 회귀분석결과 두 변수 간에는 통계적으로 유의미한 관계가 존재하지 않았다. 따라서 일반관리성에 의해 임명된 장관이 조직 관리 부문의 변화정도에 미치는 영향력은 낮은 수준이라고 할 수 있다. 끝으로 정치적 기준에 의한 임명과 대외위상부문의 변화정도를 보면, 두 변수 사이의 상관성은 약한 수준인 것으로 나타났다(상관계수 0.14). 정치적 기준에 의한 임명(독립변수)이 대외위상부문의 변화정도(종속변수)를 설명해 주는 정도는 2% 수준에 그쳤다(결정 계수 0.0222). 회귀분석결과 두 변수 간에는 통계적으로 유의미한 관계가 존재하지 않았다. 때문에 정치적 기준에 의해 임명된 장관이 대외위상부문의 변화정도에 미치는 영향력은 거의 없다고 해석할 수 있을 것이다. 요컨대 치안 관련부처의 경우 임명기준이 행정부문의 변화정도를 설명하는 정도는 미약하거나 낮은 수준이라고 할 수 있을 것이다.

지금까지 부처별로 서술한 임명기준과 행정부문의 변화정도와의 관계를 살펴보았다. 내용을 요약하면 경제 관련부처의 경우 전문성에 의한 임명과 정책부문의 변화정도 사이에는 유의미한 관계가 성립했으나 다른 부처의 경우에는 임명기준과 행정부문의 변화정도 사이에 유의미한 관계가 성립하지 않았다고 할 수 있다. 이상의 내용을 표로 정리하면 다음과 같다.

<표 5-24> 임명기준과 행정부문의 변화정도 관계(부처)

| 임명기준 | 행정부문 변화정도 | 부처 | 변수 간 유의미성 |
|---|---|---|---|
| 전문성 | 정책부문의 변화정도 | 경제 | 있음 |
| | | 통일외교 | 무 |
| | | 정보과학문화 | 무 |
| | | 사회복지 | 무 |
| | | 치안 | 무 |
| 일반관리 | 조직 관리 부문의 변화정도 | 경제 | 무 |
| | | 통일외교 | 무 |
| | | 정보과학문화 | 무 |
| | | 사회복지 | 무 |
| | | 치안 | 무 |
| 정치적 기준 | 대외위상 부문의 변화정도 | 경제 | 무 |
| | | 통일외교 | 무 |
| | | 정보과학문화 | 무 |
| | | 사회복지 | 무 |
| | | 치안 | 무 |

주) 유의수준 0.05

위에서 기술한 분석내용으로부터 부처의 경우 장관의 임명기준과 각 행정부문의 변화정도 사이에는 통계적으로 유의미성이 없는 경우가 대부분이라고 할 수 있다. 따라서 <가설 Ⅱ-③-ⅳ: 임명기준과 행정 각 부문의 변화정도는 서로 관계가 있을 것>이라는 내용은 극히 제한적, 부분적으로 채택될 수 있다고 해석할 수 있을 것이다.

# 제6장 장관 직무 수행조건

지금까지 장관의 역할에 대해 분석한 내용의 골자를 말한다면 장관이 교체되더라도(교체빈도와 상관없이) 부처행정의 변화정도는 거의 없거나 있더라도 미미한 수준에 불과하다고 할 수 있다.

그러면 어떻게 해야 부처의 長으로서 장관이 역할을 제대로 수행할 수 있을까. 이에 대한 해답을 구하는 것이 본 절의 목적이라 할 수 있다. 즉 부처의 長으로서 장관이 역할을 제대로 수행하기 위해서는 어떠한 조건이 구비되어야 하는지를 고찰하고자 한다.

이를 위해 먼저, 부처별로 유능한 장관과 그렇지 않은 장관을 설문조사를 토대로 추출하고자 한다. 유·무능 장관이 임명기준, 경력, 재임기간, 경질사유 등 4가지 특성 면에서 어떻게 다른 지를 객관적 자료를 기준으로 검토하고자 한다. 본 연구는 유능한 장관의 특성을 밝히기에 앞서 유능한 장관에 대한 이전의 연구내용(학술적 연구와 시사지 조사자료)을 간략히 소개하기로 한다.

다음으로 부처의 장관이 직무를 수행하는 데 장애 요인은 무엇인지를 밝히고자 한다. 장애요소 분석에 기초가 되는 자료는 16개 부처를 대상으로 한 설문조사자료이다. 16개 부처 장관의 애로사항을 고찰함에 있어 부처를 크게 기능을 중심으로 5가지로 나누어 다루고자 한다. 5가지 기준은 제5장 장관의 역할을 논의하면서 나눈 것과 같다. 즉 경제 관련부처(산업, 재경, 건설교통, 농수산), 통일·외교 관련부처(통일, 외교부), 정보과학·문화 관련부처(정보통신부, 과학기술부, 교육부, 문화부), 사회·복지 관련부처(노동, 환경, 복지부), 치안 관련부처(행정자치부) 등이다

# 제1절 유능 장관의 특성

유능한 장관에 관한 이전의 학술적 연구로 박종민의 연구를 들수 있다.[119] 박종민은 19개 부처(중앙부처 및 지방행정기관 포함)[120]의 7급 이상 3급 이하의 공무원 250명을 대상으로 '이상적 장관'과 '커다란 업적을 낸 장관'은 누구인지를 조사했다. 또한 왜 이상적 장관이라고 생각하는지 그 이유를 구체적으로 기입하고, 커다란 업적을 낸 장관의 경우는 구체적인 업적을 적시하라는 내용의 개방형 설문조사를 실시했다. 이러한 조사방법론을 통하여 부처별로 해당 장관을 도출해 냈다. 학술적 연구는 아니나 언론기관에서 23개 부처[121] 국장급 이상 간부 3백 명을 대상으로 취재기자가 직접 면담을 통해 역대 '최고장관'을 뽑은 사례가 있다.[122] 조사결과에 따르면 최고장관의 조건으로 소신과 업무 추진력, 공정한 인사, 부처위상강화 등이 거론되었다. 유능한 장관에 관한 이전 연구의 설문조사 시점은 노태우 정부 집권후반기(1991년 12월

---

119) 이종범 편, 전게서, pp.321-339.

120) 구체적으로는 감사원, 기획원, 총무처, 과기처, 통일원, 외무부, 내무부, 재무부, 교육부, 농수산부, 상공부, 동자부, 건설부, 보사부, 노동부, 교통부, 체신부, 국세청, 서울시 등이다. 이종범 편, 전게서, p.321.

121) 구체적인 부처는 국무총리실, 감사원, 경제기획원, 통일원, 외무부, 내무부, 재무부, 법무부, 국방부, 교육부, 농수산부, 상공부, 건설부, 보건사회부, 노동부, 교통부, 체신부, 총무처, 환경처, 공보처, 정무 1, 정무 2, 서울시 등이다.

122) 엄지도, "23개 부처 국장급 이상 3백여 명이 꼽은 歷代 최고장관 23명," 「월간조선」 1993년 9월호 참조.

19일)이며, 언론기관의 조사시점은 김영삼 정부 초기이다. 이러한 연구시점의 특성상, 김영삼 정부 초기 이후부터 김대중 정부까지를 대상으로 유능한 장관이 누구이며 구체적인 이유는 무엇인지에 대한 학술적 연구는 현재까지 거의 없는 실정이다.

본 연구는 이러한 기존의 연구를 보완하는 차원에서 실행되었다고 할 수 있다. 본 연구의 분석대상 장관의 소속정부는 노태우 정부부터 김대중 초기정부까지이기 때문이다.

본 연구가 조사한 유능한 장관(29명)과 그렇지 않은 장관(34명)의 특성차이를 경력, 임명기준, 재임기간, 경질사유 순으로 각각 고찰하기로 한다. 123) 먼저 4가지 변수를 통해 유능·무능 장관여부를 고찰하려는 이유를 변수별로 살펴보기로 한다. 경력의 경우 크게는 공무원 조직내부에서 승진을 거쳐 장관이 되었는지(즉 관료출신인지) 아니면 관료출신은 아니나 외부에서 영입된 인사가 장관이 되었는지 여부는 부처의 장으로서 역할을 수행하는 데 영향을 미칠 수 있다고 할 수 있다.124) 임명기준의 경우 장관이 전문성을 가진 인사인지 아니면 정치적인 기준 등 비 전문성을 기준으로 임명 되었는지가 부처장으로서의 장관의 역할 수행에 영향을 줄 수 있을 것이다. 재임기간의 경우 부처별로 어느 정도가 충분한 기간에 해당되는지에 대해 의견이 다를 수 있으나 어쨌든 장관이 업무를 수행하는 데 충분한 기간이 주어졌느냐 여부가 부처장

---

123) 유능·무능 장관의 선정과정 등에 대한 자세한 내용은 제3장 제3절 3항 직무수행조건 측정 참조.

124) 행정부처 장관은 아니나 미국의 프로야구팀을 대상으로 한 연구에서 감독이 팀 소속 선수출신인지 아니면 외부 영입인사인지를 기준으로 조직의 성과(팀의 승률)를 연구한 사례가 있다. 자세한 내용은 Allen, Panian, & Lotz, op. cit., *pp*.167-180.

으로서의 장관의 역할 수행에 영향을 미칠 수 있을 것이다. 끝으로 장관의 경질(해임)사유를 보면 장관이 충실히 업무를 수행했는데도 업무외적인 이유로 경질되는 경우와 업무수행에 따른 책임사유로 인해 물러나는 경우를 상정할 수 있다. 이 경우 두 가지 사유는 장관이 부처장으로서의 역할을 수행하는 데 어떠한 차이를 가져다 줄 것으로 판단할 수 있을 것이다. 이하에서는 각 변수에 대한 설문조사결과를 토대로 유능·무능 장관의 특성에 어떠한 차이가 있는지를 논의하고자 한다.

첫째, 경력배경의 경우를 보면, 유능 장관은 관료와 정치인 출신이 각 34.48%(각 10명)로 가장 비중이 높았다. 다음이 학자출신으로 20.69%(6명)이었다. 나머지는 경영인, 군인, 언론인으로 각 3.45%(각 1명)로 나타났다. 유능 장관으로 응답된 정치인 출신 장관의 경우 대체로 부처업무 추진 능력과 조직 관리 능력에 장점을 가지고 있는 것으로 분석되었다. 관료출신의 비중이 높게 나온 것은 장관직의 원활한 수행을 위해서는 공직 경험이 중요하다는 이선우의 연구(2000)결과와 비슷하다고 할 수 있다.

무능장관의 경우는 학자출신이 32.35%(11명)로 가장 비중이 높았다. 다음이 관료, 정치인출신이었다(각 23.53%, 각 8명). 나머지는 언론인(5.88%, 2명), 경영인 군인 법조인 연극인 의료인(각 2.94%. 각 1명)으로 나타났다. 학자출신의 비중이 관료나 정치인에 비해 상대적으로 높게 나타나고 있는 것이다. 학자출신이 장관으로서 업무수행에서 무능장관이 되는 이유에 대해 응답자들은 대체로 관료행정문화에의 적응이 더디다는 점, 다시 말하면 학자출신의 경우 전문적인 식견은 인정되나 부처조직을 이끌어 가는 데 있어 소속 구성원들과의 융화가 제대로 되지 않는 점과 부처업무를 처리하는 데 있어 청와대, 국회, 언론, 관련 이익단체 등 다른 공식·비공식 조직에 대한 교섭능력 부족을 꼽는 데 의견의 일치를 보고 있다. 관료 출신 중 무능장관으로 지적된 인사들의 특징을 보면 부처업무 수행에 있어 부하공무원과의 잦은 갈등을 보이고 있다는 점이며 무능 장관으로 지적된 정치인 출신의 경우는 대체로 전문적인 식견과 비전제시 능력이 부족하고 업무추진력이 크게 떨어지고 있다는 점이 지적되고 있다.

둘째, 임명기준을 보기로 한다. 유능 장관의 경우 전문성에 따른 임명이 55.17%(16명)로 가장 비중이 높았다. 일반관리성에 의한 임명 24.14%(7명), 정치적 기준에 따른 임명 20.69%(6명) 등의 순으로 분석되었다. 반면 무능장관의 경우는 전문성에 의한 임명이 47.06%(16명), 정치적 기준에 의한 임명이 41.17%(14명) 등으로 나타나 정치적 기준에 따른 임명비율이 상대적으로 높았다. 나머지는 일반관리성에 의한 임명(11.76%, 4명)이었다. 이러한 통계적 사실은 전문적인 식견과 비전을 가지고 있는 인사의 경우 유능 장관이 되는 사례도 많았지만 무능 장관이 되는 경우도 많음을 알 수 있다. 전문성을 기준으로 임명된 유능 장관(16명)의 경력배경을 보면 관료출신 6, 학자 출신 5, 정치인 출신 4, 전문 경영인 출신 1명 등으로 각각 나타났고 전문성을 기준으로 임명됐으나 무능 장관으로 지적된 장관의 경력배경을 보면 학자 출신 9, 관료 출신 3, 정치인 출신 2, 의료인 출신 1명 등으로 각각 집계되어 학자출신의 비중이 상대적으로 높음을 알 수 있다. 여기서 학자출신의 경우 유능한 장관으로 선정된 사례를 보면 대체로 조직 관리 능력이 뛰어나다는 점 즉 부하의 의견을 존중하면서 부처업무를 이끌어 나가는 리더십이 탁월하였다는 점이 특징이라고 할 수 있다. 반면 학자 출신 중 무능장관으로 지적된 사례를 보면 대체로 부처업무를 수행하는 데 부하공무원과 잦은 의견충돌을 빚으면서 까지 무리하게 업무를 추진한다는 특징을 가지고 있는 것으로 분석되었다. 또한 무능 장관 중 정치적인 기준에 의해 임명된 인사들의 특징 가운데 공통적인 점을 들면 부처업무와 관련된 전문성을 거의 갖추지 못한 채 임명권자와의 친분관계에 의해 임명되는 비중이 매우 높은 것으로 분석되었다.

셋째, 재임기간을 보면 유능 장관의 경우는 평균 16개월로, 무능장관은 9.67개월로 각각 집계되어 유능 장관은 우리나라 장관의 평균 재임기간(13개월)을 크게 넘어서고 있다. 이에 비해 무능장관은 우리나라 장관의 평균재임기간에 훨씬 못 미치고 있다. 재임기간이 충분히 주어져야 장관의 역할을 수행하는 데 도움이 된다는 점을 시사하는 것으로 해석된다.

끝으로 장관의 경질사유를 보면 다음과 같다. 유능 장관의 경우 정치적 사유로 교체되는 경우가 55.17%(16명)로 가장 비중이 높았다. 업무관련으로 책임을 지고 바뀐 사례는 20.69%(6명), 상징적 사유에 의한 교체비율은 17.24%(5명)로 집계되었다. 나머지는 건강 등의 사유였다(6.9%, 2명). 유능한 장관은 일을 잘하는 장관이기 때문에 부처업무와 관련해 책임을 지고 물러나는 사례가 적지 않았나 생각된다. 이에 비해 무능 장관의 경우를 보면, 업무관련으로 책임을 지고 물러난 사례가 32.35%(11명)로 가장 비중이 높았다. 정치적 사유·상징적 사유에 의해 물러난 경우는 각 23.53%(각 8명), 스캔들에 의해 물러난 사례는 20.59%(7명) 등으로 나타났다. 무능 장관은 업무처리 능력 면에서 문제가 많아 경질되는 사례가 많지 않았나 생각된다. 요컨대 경질사례를 비교해 보면 유능 장관은 정치적 사유로, 무능장관은 업무관련 사유로 물러나는 비중이 가장 높다고 할 수 있다.

한편, 본 연구자가 전두환 정부부터 김대중 정부초기까지(1980.9-2000.8) 우리나라 장관 325명을 기준으로 조사한 장관의 경질사유 결과에 따르면 정치적 사유가 45%(147건)로 가장 많았다.[125] 뒤를 이어 상징적 사유가 29%(94건)로 나타났고[126] 업무책임에 의한 사유는 19%(61건), 개인적 스캔들이 6%(18건), 기타 2%(5건) 순으로 집계되었다. 장관이 경질되는 사유 중 귀속책임사유(업무책임＋스캔들)와 비귀속책임사유의 비율이 25 대 75라는 뜻이다. 따라서 한국의 장관은 자신의 업무와 관련된 사유로 책임을 지고 교체되는 사례는 매우 비중이 적음을 알 수 있다. 다시 말하면 업무(역할) 외적인 사유에 의해 장관직을 물러나는 비중이 매우 높음을 알 수 있다. 요컨대 장관 10명당 8명꼴로 업무 외적인 사유(정치적, 상징적 사유. 기타)로 물러나고 있다고 해석할 수 있을 것이다. 이러한 사실은 위에서 설문조사결과를 토대로 분석된, 유능 장관의 경질사유와 같다고 할 수 있다. 지금까지 기술한 유능 장관과 무능장관의

---

125) 정치적 사유 중 가장 높은 비중을 차지하고 있는 것은 정권이양에 따라 경질되는 사례로 35%(52/147)의 비율을 점했다. 다음이 자리이동에 따라 물러나는 사례로 22%(32/147)였다. 세 번째로 많은 비중을 차지하고 있는 것은 총선출마나 부처의 개편, 선거관리 차원에서 장관이 그 직을 물러나게 되는 사례로 각각 12%(18/147)로 집계되었다.

126) 상징적 사유에 의해 장관이 물러나게 된 사례를 구체적으로 보면, 민심수습이라는 명분에 의해 장관직을 물러나게 된 경우가 63%(59/94)를 차지해 가장 비율이 높았다. 다음이 후임자를 배려하기 위해 장관직을 물러나게 되는 경우로 22%(21/94)를 점했고 재임기간이 길다는 이유로 장관직을 물러나게 된 사례는 11%(10/94)였다. 나머지 4%(4/94)는 희생양 차원에서 장관을 갈아치우는 경우였다.

특성차이를 표로 정리하면 다음과 같다.

<표 6-1> 유능·무능장관의 특성

|       | 경력 | 임명기준 | 재임기간 | 경질사유 |
|-------|------|----------|----------|----------|
| 유능 장관 | 관료출신 비중이 높다 | 전문성에 의한 임명비중이 높다 | 평균재임기간 보다 길다 | 정치적 사유에 의한 교체 비중이 높다 |
| 무능 장관 | 학자출신 비중이 높다 | 정치적 기준에 의한 임명비중이 상대적으로 높다 | 평균재임기간 보다 짧다 | 업무책임 사유에 의한 교체비중이 높다 |

# 제2절 직무수행 애로점

아래에서는 부처를 기능별로 묶어 장관의 직무수행 시 애로점을 고찰하기로 한다. 다음으로 개별부처별로 나누어 분석하기로 한다. 개별 부처로 세분해 살펴보는 이유는 같은 기능으로 묶어진 부처라 해도(예 경제 관련부처) 부처별로 직무여건이나 환경 등 부처 특성이 다를 것으로 판단되기 때문이다.

## 1. 경제 관련부처

산업자원부, 재정경제부, 건교부, 농림부 등 경제 관련부처의 장관이 직무를 수행하면서 느끼는 애로점 중 1순위를 설명하면 다음과 같다. 응답자(25명) 중 64%(16명)가 짧은 재임기간을 들었다. 다음이 장관의 전문성 부족이다(16%, 4명). 장관의 권한 등 구조적 요인은 8%(2건)로 나타났다.

장애 요인 2순위 중에서는 장관의 권한 등 구조적 요인을 꼽는 응답이 40%(10건)로 가장 많았다. 다음이 짧은 재임기간으로 24%(6건)였으며 장관의 전문성 부족도 20%(5건)나 되었다.

경제 관련부처의 직무수행 장애 요인 1, 2순위를 종합하면, 짧은 재임기간이 전체(50건)의 44%(22건)로 가장 비중이 높았다. 장관의 권한 제약 등 구조적 요인 24%(12건), 장관의 전문성 부족 18%(9건) 순이었다. 이들 4개 부처 장관의 평균 재임기간은 산업자원부가 14.1개월, 재정경제부가 12개월, 농림부 14.6개월, 건교부 12.9개월로 나타났다. 경제정책을 다루는 부처로서 정책을 결정하고 집행하는 데 1년여의 재임기간은 너무 짧다는 인식이 표출된 것이 아닌가 생각된다.

아래에서는 개별부처별로 다루기로 한다.

첫째, 산자부의 경우(응답자 6명) 장관이 업무수행을 하는 데 있어서 애로사항으로 꼽힌 1순위와 2순위를 정리하면 다음과 같다. 1순위 애로사항의 경우 짧은 재임기간을 가장 많이 꼽았고(4건), 장관의 전문성 부족, 기타(정확한 판단력과 추진력) 사항이 각 1건씩으로 분석되었다. 2순위 애로사항을 보면, 장관의 권한 제한 등 구조적 요인이 3건으로 가장 많고 짧은 재임기간, 청와대 등의 간섭, 장관의 전문성 부족 각 1건씩으로 나타났다. 1, 2순위 애로사항을 종합해 보면 장관의 재임기간이 짧은 데다 권한마저 구조적으로 제한돼 있고 전문성이 부족할 경우 장관은 업무수행에 커다란 제약을 받음을 알 수 있다. 산자부의 경우 역대로 90%이상

(94%수준)이 전문성을 기준으로 장관을 임명해 오고 있기 때문에 장관의 개인적 특성과 무관하다고 볼 수 있는 두 가지 요소(단기 재임, 구조적 권한)를 최고임명권자가 어떻게 관리하느냐가 장관의 성공적 업무추진에 커다란 영향을 미친다고 할 수 있겠다.

둘째, 재경부의 경우 장관이 업무를 추진함에 있어 가장 큰 장애요소(1순위)로 나타난 것(응답자 6명)을 분류해 보면, 짧은 재임기간이 5건으로 가장 많았고, 다음이 장관의 제한된 권한 등 구조적 요인(1건)으로 나타났다. 장애 요인 2순위를 구체적으로 보면 장관의 권한 제한 등 구조적 요인과 청와대 등의 지나친 간섭이 각 2건으로 가장 많았고 짧은 재임기간, 야당의 비협조는 각 1건으로 집계됐다. 장애 요인 1, 2순위를 종합해 보면 짧은 재임기간에다 장관의 제약된 권한, 그리고 청와대 등의 지나친 간섭 등이 재경부 장관의 업무추진에 있어서의 운신폭을 좁히고 있음을 알 수 있다. 즉 재경부의 경우는 장관 개인적 속성과 무관한 요인인 구조적·환경적 요인이 장관의 역할수행을 저해하는 주된 요소임을 알 수 있다. 특히 다른 부처와 달리 장관의 전문성 부족이 거론되지 않은 점은 전문성에 따른 임명결과로 보여진다.[127]

셋째, 건교부의 경우 장관이 업무를 수행하는 데 있어서 장애가 되는 요인 중 1순위로 꼽힌 것(응답자 8명)을 구체적으로 분석해 보면, i) 짧은 재임기간이 63%(5건)로 가장 많았고 ii) 장관의 제한된 권한 등 구조적 요인, 장관의 전문성 부족, 청와대 등의 지나친 간섭이 각 13%(각 1건)로 집계됐다. 장애 요인 중 2순위로 지적된 사항을 자세히 보면 i) 장관의 제한된 권한 등 구조적 요인과

---

127) 재경부의 경우 장관의 임명기준을 보면 전두환 정부부터 김대중 정부까지 모두 전문성을 고려했다. 제5장 대통령에 대한 역할 편 참조.

장관의 전문성 부족이 각 37.5%(각 3건)로 나타나 가장 많았고 ii) 짧은 재임기간이 25%(2건)을 기록했다. 장애 요인 1순위 2순위를 함께 고려할 경우 짧은 재임기간과 장관의 권한 등 구조적 요인의 조합이 4건으로 가장 많았고, 짧은 재임기간과 장관의 전문성 부족 조합이 3건으로 뒤를 이었다. 나머지는 청와대 등의 지나친 간섭과 장관의 전문성 부족 조합이었다. 요컨대 건교부의 경우 장관이 업무를 수행하는 데 있어 가장 커다란 장애요소로는 짧은 재임기간과 장관의 권한 제한 등 구조적 요인 그리고 장관의 전문성 부족128) 등이라고 해석할 수 있을 것이다. 즉 구조적요인과 장관의 개인적 요인이 장애 요인으로 혼재돼 있다고 할 수 있다.

넷째, 농림부의 경우 장관이 업무를 수행하는 데 있어서 애로요인 1순위로 꼽힌 것(응답자 5명)을 분류해 보면, 장관의 전문성 부족과 짧은 재임기간이 각 2건씩 지적돼 가장 많았으며 나머지 한 건은 부처의 행정부 내에서의 권력소유정도(힘없는 부처로서의 한계)로 밝혀졌다. 애로요인 2순위를 구체적으로 보면, 장관의 제한된 권한 등 구조적 요인과 짧은 재임기간이 각 2건으로 집계되었다. 나머지 1건은 장관의 전문성 부족이라는 응답이었다. 장애 요인 1·2순위를 종합해 볼 때 농림부 장관의 경우 전문성 부족에다 재임기간 마저 짧아129) 부처업무 수행에 커다란 장애를 느낀다고 해

---

128) 건설교통부(건설부 포함)의 경우 전두환 정부(1980년 9월)부터 김대중 정부(2000.8.7 현재)까지 모두 19명의 장관이 임명되었는데, 이중 8명만이 전문성에 의한 임명사례였고 나머지 11건, 61%가 비전문성(일반관리자 혹은 정치적 기준)에 따른 임명으로 나타났다. 제5장 대통령에 대한 역할분석 편 참조.

129) 농림부의 경우 장관 평균재임기간은 14.6개월로 부처 평균치와 비슷한 수준이었다. 그리고 장관의 임명기준은 41%가 전문성을 나머지

석할 수 있을 것이다.

## 2. 통일·외교 관련부처

　통일부 외교부 등 통일·외교 관련부처의 장애 요인 중 1순위로 지적된 것들을 보면 다음과 같다. 전체 응답자(16명)중 44%(7건)가 장관의 권한 등 구조적 요인을 꼽았다. 짧은 재임기간과 청와대 등의 간섭은 각 19%(각 3건)로 나타났다. 2순위로 지적된 장애 요인을 보면, 전체 응답자(15명)의 69%(11명)가 짧은 재임기간을 꼽았다. 다음이 장관의 권한 제한 등 구조적 요인이었다(20%, 3건)이었다. 장애 요인 1, 2순위를 종합하면 짧은 재임기간이 전체(32건)의 44%(14건)로 가장 많이 지적되었고 장관의 권한 등 구조적 요인(31%, 10건), 청와대 등의 지나친 간섭(13%, 4건) 등의 순이었다. 장관의 개인적 속성과 별로 관련 없는 구조적·환경적 요인이 장관의 직무수행에 커다란 걸림돌로 작용하고 있음을 알 수 있다.

　아래에서는 개별 부처별로 설명하고자 한다.

　첫째, 통일부의 경우 장관이 업무를 수행하는 데 장애 요인 1순위로 꼽힌 것을 분류해 보면 ⅰ) 장관의 제한된 권한 등 구조적 요인이 44%(4건)를 차지 가장 많았고 짧은 재임기간(22%, 2건), 언론의 비협조·청와대 간섭·장관의 전문성 부족 등이 각 11%(각 1건)로 집계됐다. 장애 요인 2순위로 꼽힌 것을 분류해 보면 ⅰ) 짧

---

　　59%가 비전문성에 의한 임명(일반관리자, 정치적 기준)이었으며 비
　　전문성의 경우도 구체적으로 보면 모두가 정치적 기준이 고려된 임
　　명(주로 지역안배)이었다. 제5장 대통령에 대한 역할 편 참조.

은 재임기간이 67%(6건)로 가장 높았고 ii) 장관의 제한된 권한 등 구조적 요인 22%(2건) iii) 청와대 등의 지나친 간섭 11%(1건) 순으로 집계됐다. 따라서 통일부의 경우 장관이 업무를 수행하는 데 있어 가장 커다란 애로사항으로 꼽히고 있는 것은 장관의 전문성 부족 등 개인적 요소보다는 장관의 제한된 권한 등 구조적 요인과 짧은 재임기간130) 등 구조적·환경적 요인이라고 말할 수 있을 것이다.

둘째, 외교부의 경우 장관이 직무를 수행하는 데 장애가 되는 요소 중 1순위로 지적된 것을 보면 i) 장관의 제한된 권한 등 구조적 요인이 전체 7건(응답자 7명) 중 3건으로 가장 많았고 ii) 청와대 등의 지나친 간섭이 2건, iii) 짧은 재임기간, 언론의 비협조가 각각 1건씩으로 집계되었다. 장애요소 2순위로 지적된 것들을 분류해 보면 i) 짧은 재임기간131)이 5건으로 가장 많이 지적되었고 ii) 장관의 전문성 부족, 장관의 제한된 권한 등 구조적 요인이 각 1건씩 지적되었다. 장관이 부처업무를 수행하는 데 장애가 되는, 직무수행 장애요소 1·2순위의 조합을 보면 장관의 제한된 권한 등 구조적 요인과 짧은 재임기간 조합이 가장 많음(7건 중 3건)을 알 수 있다. 장관의 전문성 부족 등 장관의 개인적 속성과

---

130) 통일부의 경우 장관의 평균재임기간(전두환-김대중 정부 기준)은 13.6개월로 나타나 부처 평균치(13.88개월)에 못 미치는 것으로 분석되었다. 제4장 재임기간 참조.

131) 외교부의 경우 23개 부처 중 장관의 평균 재임기간이 가장 긴 21.1개월로 파악되었다. 부처 평균치 14개월을 크게 웃도는 수준임을 알 수 있다. 그런데도 국과장급 부하공무원에 대한 설문응답에서 짧은 재임기간을 장관이 역할을 수행하는 데 커다란 장애요인으로 지적한 것은 외교부의 경우 재임기간이 최소한 2년 이상은 되어야 함을 지적한 것으로 보인다. 제4장 재임기간 참조.

관련된 사항은 단 1건(2순위 중)만이 지적된 것을 보면 장관의 개인적 요인과 무관한 요소 즉 구조적·환경적 요인들이 장관의 직무수행에 커다란 장애가 됨을 알 수 있다.

## 3. 정보과학·문화 관련부처

정보통신, 과학기술, 문화, 교육부 등 정보과학·문화 관련부처들의 경우 장관이 직무를 수행하는 데 장애가 되는 요인 중 1순위로 지적된 것들을 살펴보면 다음과 같다. 짧은 재임기간이 전체 응답자(23명)의 48%(11명)로 가장 많았다. 다음이 장관의 권한 제한 등 구조적 요인이었고(39%, 9건), 장관의 전문성 부족(13%, 3건) 등의 순으로 나타났다. 장애 요인 2순위로 지적된 것들을 세분화하면 짧은 재임기간이 39%(9건)로 가장 많았고 장관의 전문성 부족 35%(8건)이 다음을 차지했다. 장애 요인 1, 2순위를 종합하면, 짧은 재임기간이 전체(46건)의 43%(20건)로 가장 비중이 높았다. 다음으로 장관의 권한 제약 등 구조적 요인과 장관의 전문성 부족은 각각 24%(각 11건)로 집계되었다. 요컨대 정보과학·문화 관련부처의 경우 구조적 요인과 개인적 요인이 혼재돼 장관의 직무수행에 걸림돌로 작용하고 있다고 해석할 수 있다. 다만 구조적 요인이 상대적으로 더 큰 장애요소가 아닌가 생각된다.

아래에서는 개별부처별로 설명하기로 한다.

첫째, 정보통신부의 경우(응답자 6명)장관이 업무를 수행하는 데 있어서 1순위 장애 요인을 분석해보면 다음과 같다. 장관의 제한된 권한 등 구조적 요인이 전체 6건 가운데 4건으로 가장 많았고 다음으로 짧은 재임기간(2건)으로 집계되었다. 장관이 업무를 수행함에 있어서 나타나는 장애 요인 2순위를 구체적으로 보면, 짧은 재임기간[132]이 전체 6건 중 3건이나 차지해 가장 많았고, 장관의 제한된 권한 등 구조적 요인, 언론의 비협조, 장관의 전문성 부족 등이 각 1건씩 지적되었다. 장애요소 1,2순위를 종합해 보면 장관의 제한된 권한과 짧은 재임기간 등 구조적·환경적 요인이 장관의 업무수행에 커다란 제약요소로 작용하고 있음을 알 수 있다.

둘째, 과학기술부의 경우 장관의 직무수행에 가장 큰 장애 요인으로 거론된 것을 보면, 장관의 제한적 권한 등 구조적 요인이 4건으로 가장 많았고, 이어 짧은 재임기간이 3건으로 집계됐다. 장애 요인 2순위로 지적된 것을 세분화하면, 짧은 재임기간이 4건으로 가장 많았고, 장관의 제한적 권한 등 구조적 요인, 청와대 등의 지나친 간섭 , 장관의 전문성 부족이 각 1건씩으로 나타났다. 따라서 과학기술부의 경우는 장관의 제한된 권한과 짧은 재임기간 등 구조적 요인이 장관의 직무수행에 최대 걸림돌이라 할 수 있다. 즉 장관의 개인적 특성보다는 구조적·환경적 요인이 개선되어야 함을 시사한다고 할 것이다.[133]

셋째, 문화부 장관의 경우(응답자 5명) 직무수행에 있어 애로요인 1순위로 꼽히는 것을 분류하면, 전문성 부족이 3건으로 나타나

---

132) 정보통신부 장관의 경우 평균재임기간은 14.6개월로 나타났다(제4장 재임기간 참조).

133) 과학기술부 장관의 경우 역대(전두환-김대중 초기정부) 임명기준을 보면 전문성 대 정치적 기준에 의한 임명비율이 75 대 25로 나와 전문가 임명비율이 상당히 높은 부처이다. 다만 평균재임기간은 13.2개월로 평균치(13.88개월)과 비슷한 수준이다(제4장 재임기간 참조). 임명기준 비율은 제5장 대통령에 대한 역할 참조.

가장 많았고, 장관의 제한된 권한, 재임기간 단기 등의 요인은 각 1건씩으로 집계됐다. 장애 요인 2순위로 지적된 사항을 보면, 짧은 재임기간이 2건, 기타 2건(문화에 대한 열정과 지식 부족, 예산상 제약 등), 장관의 전문성 부족 1건 등으로 나타났다. 장애 요인 1,2순위를 종합해 보면, 문화부 장관이 업무수행에 있어 가장 커다란 장애 요인으로 작용하는 것은 전문적 식견(전문성)부족이고 다음이 짧은 재임기간이라고 결론을 내릴 수 있다. 즉 장관의 개인적 요인(전문성 부족)이 구조적·환경적 요인(재임 단기)보다 직무수행에 커다란 장애요소로 작용하고 있다고 해석할 수 있을 것이다. 이 같은 사실은 역대 문화부 장관의 임명기준(전두환 정부-김대중 초기정부)으로 정치적 기준이 85%이고 전문성에 의한 임명이 15%라는 통계치 결과와도 유사하다고 할 수 있다.[134]

넷째, 교육부의 경우(응답자 5명), 장관이 업무를 추진하는 데 있어서 애로사항으로 꼽히는 것들을 정리하면, 장애 요인 1순위의 경우 모든 응답자들이 짧은 재임기간을 지적했다. 장애 요인 2순위의 경우는 응답자 모두 장관의 전문성 부족을 거론하였다. 이런 사실에 비추어 볼 때 교육부 장관의 역할수행에 저해요소가 되는 것은 짧은 재임기간이라는 구조적·환경적 요인과 전문성 부족이라는 개인적 요인이 혼재해있음을 알 수 있다. 교육부의 경우 전두환 정부부터 김대중 정부 초기까지 전문성을 기준으로 한 임명이 87.5% 수준에 달한다는 점을 고려할 때, 장관의 전문성 부족을 거론한 것이 선뜻 이해가 되지 않는다 할 것이다. 그러나 대부분 학자출신이 임명되었다는 점을 감안할 때 이론과 현실행정(정책)

---

134) 제5장 대통령에 대한 역할 분석 참조.

과의 괴리가 컸던 점을 부하공무원들은 지적하고 있는 것으로 보인다. 즉 학자출신들은 교육행정의 추진에 있어 현실감각이 뒤떨어진다는 점을 지적하는 말로 해석되어야 할 것 같다.[135] 한편 교육부 장관의 재임기간은 평균 13.5개월로 부처 평균재임기간(13.88개월)과 비슷한 수준으로 나타났다.

## 4. 사회 · 복지 관련부처

환경, 노동, 복지 등 사회 · 복지 관련부처의 경우 장관이 직무수행을 하는 데 제기되는 장애 요인 1순위로 지적된 것들을 보면 다음과 같다. 장관의 전문성 부족이 전체(18건)의 44%(8건)로 가장 많았고 이어서 짧은 재임기간 22%(4건), 장관의 권한 제한 등 구조적 요인 17%(3건) 등의 순으로 나타났다. 장애 요인 2순위로 거론된 것을 세분화하면, 짧은 재임기간이 39%(7건)로 가장 많았다. 다음이 장관의 전문성 부족(22%, 4건) 등이었다. 직무수행에 따른 장애 요인 1, 2순위를 종합하면 사회 · 복지 관련부처들은 장관의 전문성 부족이 직무수행에 있어 최대 걸림돌로 작용하고 있는 것으로 해석된다(33%, 12건). 이어 짧은 재임기간(31%, 11건), 장관의 권한 제한 등 구조적 요인(14%, 5건) 등의 순으로 나타났다. 요컨대 사회 · 복지 관련부처의 경우 부처장으로서의 장관이 제대로 업무를 수행하도록 하기 위해 임명권자인 대통령은 장관의 임명기준으로 전문성을 보다 중시해야 할 것으로 생각된다.

---

135) 익명을 요구한 교육부의 한 국장은 김영식, 김숙희, 오병문 장관 등 학자출신의 경우 장관의 직무에 대한 이해도가 크게 떨어진다고 지적했다.

아래에서는 개별부처별로 나누어 장관의 직무수행에 있어 장애 요인을 살펴보기로 한다.

첫째, 환경부의 경우 장관이 업무를 추진하는 데 있어 애로사항이 무엇인지에 대한 설문(응답자 6명)에서 1순위로 꼽힌 장애 요인으로는 ⅰ) 장관의 제한된 권한 등 구조적 요인과 ⅱ) 짧은 재임기간(각 2건)으로 지적되었다. 이밖에 ⅲ) 청와대 등의 지나친 간섭과, 기타(예산과 국민의식등 기본적인 나라사정)는 각 1건씩으로 나타났다. 장애 요인 2순위로는 ⅰ) 짧은 재임기간이 2건을 기록, 가장 높았고 ⅱ) 장관의 제한된 권한 등 구조적 요인·언론의 비협조·관련 국회상임위의 비협조·장관의 전문성 부족 등이 각 1건씩 지적되었다. 요컨대 환경부처 장관이 업무를 수행하는 데 있어 가장 큰 애로점으로 지적되는 것은 ⅰ) 짧은 재임기간과[136] ⅱ) 장관 권한의 구조적 제약 등으로 정리할 수 있을 것 같다. 즉 장관의 개인적 요소(특성)보다는 구조적·환경적 요인이 장관의 업무수행에 훨씬 큰 장애 요인이 되고 있음을 조사결과는 보여주고 있다.

둘째, 노동부의 경우 장관이 업무를 수행하는 데 제기되는 장애 요인 중 1순위로 지적된 사항(응답자 6명)을 구체적으로 보면 다음과 같다. 장관의 전문성 부족이 67%(4건)로 가장 높게 나타났고 뒤를 이어 짧은 재임기간과 장관의 제한된 권한 등 구조적 요인이 각각 17%(각 1건)수준으로 집계됐다. 장애요소 2순위로 지적된 내용을 재분류해 보면, 짧은 재임기간이 33%(2건)로 가장 높았고 장관의 전문성 부족, 장관의 제한된 권한 등 구조적 요인 각 17%(각

---

136) 환경부 장관의 평균 재임기간은 9.4 개월로 나타나 전체 평균치(13.88 개월)에 크게 못 미치는 것으로 분석되었다. 제4장 재임기간 참조.

1건)로 나타났다. 기타사항도 33%(2건)나 되는 데 그 중 하나는 장관이 업무를 수행하는 데 정치적인 영향을 많이 받는 것이 장관 직 수행에 걸림돌이라는 지적이었고 나머지(1건)는 무응답으로 나타났다. 이상의 내용을 종합하면 노동부의 경우 장관이 직무수행을 원활히 수행하는 데 장애요소로 작용하는 것은 장관의 개인적 속성과 관련된 전문성 부족이 가장 크며 다음이 짧은 재임기간이라고 분석할 수 있을 것이다.137)

셋째, 보건복지부의 경우(응답자 6명) 장관이 업무를 수행하는 데 제기되는 장애 요인 중 1순위로 지적된 내용을 보면, 장관의 전문성 부족이 4건으로 가장 많았고, 재임기간 단기, 청와대 등의 지나친 간섭 등이 각 1건씩으로 나타났다. 장애 요인 중 2순위로 지적된 내용을 분류해 보면, 짧은 재임기간이 3건으로 가장 많았고, 전문성 부족 2건 언론의 비협조 1건씩으로 집계됐다. 장애 요인 1, 2순위를 종합해 보면 장관의 전문성 부족이 직무수행에 가장 커다란 장애가 되고 있으며 다음이 짧은 재임기간138)이라고 요약할 수 있겠다. 즉 장관의 개인적 요인이 구조적 요인보다 장관 역할 수행에 커다란 장애요소로 작용하고 있다고 해석할 수 있을 것이다. 실제로 전두환 정부부터 김대중 초기정부까지 복지부 장

---

137) 노동부 장관 가운데 무능 장관으로 거론된 인사들의 특징 중 가장 두드러진 점도 전문성 부족과 짧은 재임기간으로 나타나고 있다(본 연구자의 국·과장급 설문조사자료 참조). 전두환 정부부터 김대중 초기정부까지 노동부 장관의 임명기준을 보면 24%가 전문성이며 나머지 74%는 비전문성(일반관리자 정치적 기준)으로 분석되었다. 제5장 제1절 대통령에 대한 역할 참조.

138) 복지부 장관의 평균재임기간은 역대(전두환 정부-김대중 초기정부)로 12.9개월로 부처평균치(13.88개월)에 못 미치는 것으로 집계됐다. 제4장 재임기간 참조.

관의 임명기준을 보면 전문성에 의한 임명은 45%에 불과했고 50%가 정치적 기준, 5%는 일반관리성(정치적 기준고려)을 기준으로 한 것으로 밝혀졌다.139)

## 5. 치안 관련부처

치안 관련부처 중 여기서는 행정자치부만을 고찰대상으로 한다.

행정자치부의 경우(응답자 6명) 장관 직무수행에 있어 가장 큰 장애 요인은 무엇인지를 살펴보기로 한다. 장애 요인 가운데 1순위로 나타난 내용을 구체적으로 보면, 청와대 등의 지나친 간섭이 2건으로 가장 많았고, 짧은 재임기간, 국회상임위의 비협조, 전문성 부족, 장관의 제한된 권한 등 구조적 요인 각 1건으로 집계됐다. 장애 요인 중 2순위로 지적된 내용을 보면, 짧은 재임기간이 3건으로 가장 많았고, 장관의 전문성 부족 2건, 장관의 제한된 권한 등 구조적 요인 1건 등으로 나타났다. 장애 요인 1,2순위를 종합해 보면, 청와대 등의 지나친 간섭 140)과 짧은 재임기간 그리고 장관의 전문성 부족이 장관 직무 수행에 있어 커다란 걸림돌로 작용하고 있음을 알 수 있다. 요컨대 행정자치부의 경우 장관의 역할 수행에서의 장애 요인으로 구조적·환경적 요인의 비중이 개인적 요소보다 상대적으로 크다고 할 수 있겠다. 행정자치부(구 내무부)의

---

139) 본 연구자가 전두환 정부부터 김대중 초기정부(2000년 8월 7일 현재)까지 시사기록물을 참조하여 산출한 결과임. 제5장 제1절 대통령에 대한 역할 편 참조.

140) 행정자치부 출신의 한 국장은 2001년 3월 본 연구자와의 전화면담에서 장관이 임명돼 정책(혹은 사업)을 추진하는 경우 최고통치권자의 의중이 어떠한 지를 살피는 경우가 많았다고 지적한다.

경우 대통령 선거, 국회의원 선거 등 주요 선거의 주부부처라는 점을 감안하면 청와대의 영향력이 장관의 직무수행에 큰 영향력을 가질 것이기 때문이다. 행정자치부(구 내무부 포함)의 장관 평균 재임기간은 9.3개월로 나타나 부처 평균치(13.88개월)보다 크게 떨어지고 있다. 한편 역대(전두환-김대중 초기정부 기준) 행자부장관의 임명기준을 보면, 전문성 기준이 54%이고, 나머지 45%는 정치적 기준에 의해 인선되고 있는 데서 보듯이 정치성이 상당히 강조되는 부처라고 할 수 있다.[141] 이런 점에서 행자부 장관은 정치력과 함께 행정에 대한 전문성도 겸비한 인사가 맡아야 한다는 지적이 나오고 있다.

지금까지 부처별로 직무수행에 있어서 장애 요인이 무엇인지를 살펴보았다. 분석내용을 종합적으로 정리하면 다음과 같다.

우선 장애 요인 1순위로 거론된 사항을 구체적으로 보면, 응답자 전체(국·과장급 공무원 88명)의 40%(35건)가 재임기간이 짧은 점을 지적해 가장 높았고, 다음이 장관의 제한된 권한 등 구조적 요인(22건, 25%), 장관의 전문성부족(17건, 19%), 청와대 등의 지나친 간섭(8건, 9%) 순으로 집계됐다. 장애 요인 2순위를 살펴보면, 짧은 재임기간이라는 응답이 전체(국·과장급 공무원 88명)의 40.9%(36건)로 가장 많았고, 이어서 장관의 전문성 부족(20건, 23%), 장관의 제한된 권한(18건, 20%), 청와대 등의 지나친 간섭(5건, 5.68%)순으로 나타났다. 요약정리하면 한국에 있어서 장관의 직무수행에 장애를 주는 제일 큰 요인은 짧은 재임기간이라는 점이고(40%, 71건), 두

---

141) 본 연구자가 전두환 정부출범 시(1980년 9월)부터 김대중 초기정부 (2000년 8월 7일 현재)까지 시사기록물을 참조하여 산출한 결과임. 제5장 제1절 대통령에 대한 역할 참조.

번째로 큰 장애 요인은 장관의 제한된 권한이며(22%, 40건), 세 번째로 큰 장애 요인은 장관의 전문성이 부족하다는 사실이다(21%, 37건). 이밖에 청와대 등의 지나친 간섭도 장관의 직무수행에 장애를 주는 요소 중 4번째로 꼽혔다(7%, 13건). 이러한 통계적 사실로부터 우리나라의 경우 장관이 제대로 역할 수행을 하기 위해서는 구조적·환경적 장애 요인을 어떻게 최소화 시키느냐와 장관의 전문성을 어떻게 제고시키느냐가 매우 중요하다고 해석할 수가 있을 것이다. 따라서 장관 임명 시 정치적 기준은 어느 정도 감안 할 필요가 있으나 기본적으로는 전문성을 원칙으로 임명하여야 할 것이다. 또한 정책적인 측면에서 커다란 오류를 범하거나 도덕적으로 큰 문제를 발생시킨 경우를 제외하고는, 재임기간을 충분히 보장해 주는 최고통치권자(임명권자)의 인식전환이 절실히 요청된다고 할 것이다.[142)

한편 지금까지 서술해 온 부처별 장애요소를 구조적·환경적 요인, 개인적 요인, 구조·환경적 요인＋개인적 요인 혼재 등 3가지로 나누어 분류해 보면 다음과 같다. 즉 부처별로 어떠한 요인이 장관의 역할수행을 가로막는 주된 요소인지를 분류한 것이라 할 수 있다.

첫째, 장관의 개인적 요인이 커다란 장애요소로 부각된 부처는

---

142) 우리와 다른 의원내각제를 채택하고 있는 영국 경우, 존 메이저 총리 시절의 장관들은 고도의 정책에서 중대한 오류가 있는 경우에 한해서만 장관으로서 책임을 지고 사임한다고 한다. Diana Woodhouse, "Ministerial Responsibility in the 1990s: When do ministers resign?", *Parliamentary Affairs*, Vol. 46(3), 1993; 우리나라의 경우 장관이 경질되는 이유를 보면 장관의 역할(직무)과 관계없이 해임된 경우가 전체의 8할 정도를 차지했다(본 연구자가 전두환 정부부터 김대중 초기정부까지의 장관 325명을 대상으로 분석한 결과임).

노동, 문화, 복지부 등 사회·복지 관련부처였다. 개인적 요인 중 장관의 전문성 부족이 가장 많이 지적되었다.

둘째, 개인적 요인과 구조적·환경적 요인이 함께 장관의 역할 수행에 장애요소로 부각된 부처는 건교부, 농림부, 교육부였다. 장관의 전문성 부족과 짧은 재임기간이 주된 장애요소로 지적되었다.

셋째, 구조적·환경적 요인이 개인적 요인보다 장관의 역할 수행에 강한 장애요소로 작용한 부처로는 사회·복지 관련 일부부처(환경부)와 통일·외교 관련부처(외교부, 통일부), 경제 관련 일부부처(산업자원부, 재정경제부), 정보과학·문화 관련 일부 부처(정보통신부, 과학기술부), 치안 관련부처(행정자치부) 등으로 분석되었다.

이로써 구조적·환경적 요인이 강하게 작용한 부처는 전체부처(14개)가운데 57%로 가장 높았고, 개인적 요인이 강한 부처(3개), 개인적 요인＋구조·환경적 요인이 혼재되어 있는 부처(3개)는 각각 21.4% 수준으로 나타났다.

이상에서 서술한 16개 부처의 국·과장급 공무원이 장관이 직무를 수행하는 데 있어 제기되는 장애 요인에 대해 응답한 결과(전체 88건)를 표로 정리하면 다음과 같다.

<표 6-2> 16개 부처 장관의 직무수행 장애 요인(단위: 건수)

| 부처 | 장관 권한 제한 | | 짧은 재임기간 | | 전문성 부족 | | 청와대 간섭 | |
|---|---|---|---|---|---|---|---|---|
| | A | B | A | B | A | B | A | B |
| 산업 | | 3 | 4 | 1 | 1 | 1 | | 1 |
| 재경 | 1 | 2 | 5 | 1 | | | | 2 |
| 건교 | 1 | 3 | 5 | 2 | 1 | 3 | 1 | |
| 농림 | | 2 | 2 | 2 | 2 | 1 | | |
| 통일 | 4 | 2 | 2 | 6 | 1 | | 1 | 1 |
| 외교 | 3 | 1 | 1 | 5 | | 1 | 2 | |
| 정통 | 4 | 1 | 2 | 3 | | 1 | | |
| 과기 | 4 | 1 | 3 | 4 | | 1 | | 1 |
| 문화 | 1 | | 1 | 2 | 3 | 1 | | |
| 교육 | | | 5 | | | 5 | | |
| 환경 | 2 | 1 | 2 | 2 | | 1 | 1 | |
| 노동 | 1 | 1 | 1 | 2 | 4 | 1 | | |
| 복지 | | | 1 | 3 | 4 | 2 | 1 | |
| 행자 | 1 | 1 | 1 | 3 | 1 | 2 | 2 | |
| 계 | 22 | 18 | 35 | 36 | 17 | 20 | 8 | 5 |
| 1, 2순위 계 | 40 | | 71 | | 37 | | 13 | |

(표 계속)

| 부처 | 야당 비협조 | | 언론 비협조 | | 상임위 비협조 | | 기타 | |
|---|---|---|---|---|---|---|---|---|
| | A | B | A | B | A | B | A | B |
| 산업 | | | | | | | 1 | |
| 재경 | | 1 | | | | | | |
| 건교 | | | | | | | | |
| 농림 | | | | | | | 1 | |
| 통일 | | | 1 | | | | | |
| 외교 | | | 1 | | | | | |
| 정통 | | | | 1 | | | | |
| 과기 | | | | | | | | |
| 문화 | | | | | | | | 2 |
| 교육 | | | | | | | | |
| 환경 | | | | 1 | | 1 | 1 | |
| 노동 | | | | | | | | 2 |
| 복지 | | | | 1 | | | | |
| 행자 | | | | | 1 | | | |
| 계 | | 1 | 2 | 3 | 1 | 1 | 3 | 4 |
| 1, 2순위 계 | 1 | | 5 | | 2 | | 7 | |

주) A: 장애 요인 1순위, B: 장애 요인 2순위임

# 제7장 결론 및 정책적 함의

본 연구는 지금까지 장관이 바뀌면 부처활동에 변화가 있는지 여부를 고찰하였다. 그런 다음 장관이 하는 역할은 무엇인지를 살펴보았다. 장관의 역할은 두 가지로 나뉘어 분석되었다. 하나는 대통령에 대한 관계에서 본 장관의 역할이다. 다른 하나는 행정부처의 책임자인 기관장으로서의 장관의 역할이다.

대통령에 대한 장관의 역할은 임명권자인 대통령이 장관을 임명하는 경우 정치적인 보상이나 상징적 대표성(여성, 출신지역 등) 등 정치적인 기준을 얼마만큼이나 고려하는지를 기준으로 분석되었다. 특히 우리나라와 같이 연고관계를 중시하는 정치문화에서 장관의 역할을 고찰할 경우 정치적인 기준을 도입하는 시각은 기존의 연구에서는 거의 시도하지 않은 것으로 해석된다.[143] 이러한 점에서 임명권자인 대통령이 장관을 임명하는 기준이 무엇인지를 통해 장관의 역할을 논의하는 것은 한국적인 행정 상황과 현실을 연구하는 데 있어 하나의 시론적 성격을 띠고 있다고 보아야 할 것이다.

요컨대 두 가지 장관의 역할에 대한 근본적인 차이점은 대통령에 대한 장관의 역할분석에서는 임명기준에 정치적인 요소가 고려되고 있지만 부처의 장으로서 장관의 역할분석에서는 정치적인 보

---

143) 장관의 역할에 대한 국내의 연구는 지금까지 이 두 가지 역할을 구별하지 않고 장관의 역할을 논의해 왔다고 할 수 있다. 따라서 장관의 역할에 관한 기존의 연구는 행정현실을 제대로 반영하지 못하고 있다고 할 수 있을 것이다.

상이나 상징적 대표성 등 정치적인 기준에 대한 고려가 없다는 데 있다고 할 수 있다. 이 같은 측면에서 본 연구는 장관에 대한 대통령(임명권자)의 임명기준을 통해 장관의 역할을 분석하고 있다는 점에서 연구의 접근방법측면에서 하나의 새로운 시각을 보여주고 있다고 말할 수 있을 것이다.

아래에서는 지금까지 논의를 전개해 온 장관의 역할에 대한 분석결과를 요약하고 이 책의 연구결과가 주는 시사점 및 본 연구의 이론적 한계점을 서술하고자 한다.

# 제1절 분석결과 요약

## 1. 승계현황

장관의 승계현황을 재임기간, 경력배경, 경질사유, 법률안 제안수, 조직개편횟수, 예산변동률, 인원변동률 등을 중심으로 앞에서 논의한 내용을 간략히 정리하고자 한다.

첫째, 재임기간에 대해 지금까지 전개된 내용을 요약하면 다음과 같다.

i) 16개 부처의 장관 1인당 재임기간은 약 13개월로 1년 남짓한 상태를 보여주고 있다. 가장 재임기간이 긴 경우도 21개월(외교)로 2년이 채 안되고 있다. 우리나라의 경우 예산편성은 예산이 집행되는 연도의 전년 2월부터 이루어지며 장관이 예산을 편성하

고 편성된 예산이 집행될 때까지 최소 1년 10개월의 기간이 소요된다는 점에서 장관의 평균재임기간은 너무 짧다고 할 수 있다. 가장 재임기간이 짧은 부처로는 행정자치부(전 내무부 포함)로 9개월 정도로 나타났다.

재임기간을 외국의 사례와 비교해 보면, 우리와 같은 대통령 중심제인 미국의 경우 장관이 최소 3년 이상 같은 부처에서 업무를 수행하고 있다. 보통은 대통령과 장관의 임기가 같다. 내각제를 채택하고 있는 서부 유럽의 대부분 국가에서도 장관의 평균재임기간은 3년을 넘고 있다. 다만 같은 동양권이나 내각책임제 국가인 일본의 경우 장관의 평균 재임기간은 1년 정도로 알려지고 있어 우리와 비슷하다고 할 수 있다.

이런 점에서 우리나라 장관의 재임기간은 장관이 직무를 원활하게 추진하는 데 있어 큰 장애 요인 가운데 하나라고 해석할 수 있을 것이다. 이렇게 짧은 재임기간은 많은 행정적 폐해를 낳을 수 있다. 장관의 정책·행정에 대한 노하우 축적을 어렵게 할 수 있다. 정책 행정상으로 과도기의 영속화를 가져올 수 있다. 정책이 거시적, 장기적인 관점에서 추진되기보다는 근시안적이고 미시적인 입장에 치우쳐 결정되고 집행될 우려가 있다. 이러한 이유 때문에 짧은 재임기간은 장관의 '재임 중 1건주의'를 부추길 가능성이 크다고 할 것이다. 이와 함께 장관이 자주 교체됨으로써 장관과 부하공무원간에 공동체적 신뢰감이 떨어질 수 있다. 또한 부하공무원에 대한 장관의 영향력을 감퇴시킬 수 있다. 나아가 업무추진을 하는데 있어 다른 부처 장관과의 팀워크 형성을 어렵게 할 수 있다고 할 수 있다. [144)

ii) 정부별로는 전두환 정부가 17.8개월로 가장 길었고 노태우 정부(13개월), 김영삼 정부(11.6개월), 김대중 정부(10.5개월)로 갈수록 장관의 임기가 짧게 나타났다. 특히 전두환 정부의 경우는 8년이라는 기간동안 집권하였던 것이 장관의 재임기간이 상대적으로 길게 된 하나의 요인이 아닌가 생각된다.

둘째, 장관의 경력배경에 대한 분석내용을 요약하면 다음과 같다. 장관이 입각하기 전 어떠한 일을 하였는지 즉 입각 전의 경력배경을 보면 관료출신의 비중이 가장 높았다. 다음이 정치인, 학자순으로 집계되었다. 관료출신의 장관입각비율이 상대적으로 높게나타나고 있다. 전두환 정부부터 김대중 정부에 이르기까지 임명권자의 관료출신에 대한 선호도는 다른 직종에 비해 상대적으로 높았다. 이러한 연구결과는 기존의 국내연구(박종민, 1996) 결과와유사점이 있다 할 것이다. 박종민의 연구결과에 따르면 장관으로입각하기 전 주된 경력으로는 관료나 학자나 군인이며 이 중 관료출신의 비중이 가장 높았다고 하고 있다. 박종민은 또 국회의원의경험은 장관의 임명과는 별 관련성이 없다고 한다. 이러한 점에서정치인 출신의 장관임명 비율이 관료 다음 순위를 차지하고 있다는 본 연구와 다르다고 할 것이다. 박종민의 연구는 박정희 정부,전두환 정부, 노태우 정부 등 군사정부를 대상으로 연구를 했으나본 연구는 3당 연합과 2당 공조에 의해 탄생한 민간인 출신 정부인 김영삼 정부와 김대중 초기 정부를 연구 범위로 삼았기 때문에정치인 입각 비율에서 차이가 발생되지 않았나 생각된다.

셋째, 경질사유를 요약하면 다음과 같다. 장관이 부처업무와 관련된 일로 물러나는 경우는 미미한 수준에 불과했다. 즉 책임져야

---

144) 박천오, 전게논문 참조.

할 일과 관계없이 장관이 물러나는 비율이 크게 높았다고 할 수 있다. 장관 10명당 8명꼴로 부처업무 수행과 무관한 사유로 장관직을 물러나게 되었다고 할 수 있다. 장관직을 물러나게 된 사유를 보면 주로 선거와 관련되거나 권력관계의 변화에 의한 정치적인 이유가 가장 많았다. 장관을 직무수행 책임과 관계없이 정치적인 이유 등으로 자주 교체함으로서 장관의 재임기간도 짧아지게 되었고 그 결과 장관승계(교체)가 부처활동에 미치는 영향력도 적어지게 되지 않았나 생각된다.

넷째, 법률안 제안수는 부처행정의 변화정도를 나타내는 변수이다. 본 연구의 분석결과 16개 부처의 장관 258명(중복 포함)이 제안한 법률안(제안시기 80년 9월부터 2000년 8월7일까지)이 국회를 통과해 정부에 이송, 법률로서 공포된 것(제정, 개정된 것 포함)은 모두 1497개로 나타났다. 따라서 장관 1인당 평균 제안법률수(제정이나 개정된 것 포함)는 5.80개로 집계됐다. ⅰ) 정부별로 보면 김대중 정부의 경우 장관 1인당 법률안 제안수 가 9.78개로 가장 많았고 김영삼 정부(7.58개)> 전두환 정부(3.85개)> 노태우 정부(3.73개) 순으로 집계됐다. 즉 군 출신 정부보다 민간인 출신 정부 장관들의 법률안 제안건수가 높게 나타났다. ⅱ) 부처별로 법률안 제안수를 보면 제정경제부가 192개로 가장 많았고, 내무부 182개, 산업자원부 165개, 법무부 151개, 건설부 131개, 복지부 106개, 국방부 99개, 농림부 96개로 나타나 이들 부처들의 법률안 제안수는 부처 평균 제안수(93.56개)를 넘어섰다. 반면 부처평균보다 낮은 법률안 제안수를 기록한 부처를 보면 노동부(79개), 교육부(68개), 정보통신부(62개), 환경부(57개), 과학기술부(43개), 문화부(35개), 외교부(27개), 통일부(5개) 등의 순으로 집계됐다.

즉 경제 관련부처(재경 산업 농림)와 치안질서 관련부처(국방, 행정자치, 법무)의 법률안제안건수가 상대적으로 높게 나타나고 지식정보 관련부처(교육, 정보통신, 문화부 등)와 외교통일부처의 제안법률안수가 상대적으로 낮게 나타났다.

다섯째, 조직개편횟수를 정부별 부처별로 보면 다음과 같다. 전체적으로 16개 부처 258명의 장관이 모두 266회의 조직개편을 단행해 장관 1인당 1.03회씩 조직을 개편한 것으로 나타났다. ⅰ) 정부별로는 김영삼 정부가 1.18회로 김대중 정부 1.15회보다 약간 높게 나타났고 전두환 정부와 노태우 정부는 각각 0.83회와 0.98회로 집계돼 장관 1인당 조직개편횟수가 평균수준에 못 미치는 것으로 나타났다. ⅱ) 부처별 총 조직개편횟수의 평균값은 16.625로 나타났다. 평균이상의 조직개편횟수를 기록한 부처를 보면 재정경제부가 29회로 가장 많았고 국방부가 26회, 보건복지부 25회, 건설교통부 22회, 법무부 21회, 내무부(행정자치부) 19회 등의 순으로 집계됐다. 총 조직개편횟수가 평균치미만을 기록한 부처로는 교육·환경·외교부가 각 16회, 정보통신부 15회, 과학기술부 14회, 산업자원부 13회, 노동부 11회, 문화부 9회, 농수산부·통일부 각 7회 등으로 나타났다.

여섯째, 평균 예산변동률과 평균 인원변동률 및 고위직 인원변동률을 부처별로 보면 다음과 같다. ⅰ) 평균 예산변동률의 경우 정보통신부, 법무부, 내무부(행정자치부)의 증가율이 상대적으로 큰 반면 교육부, 외교부, 농수산(농림)부, 과학기술부 등의 예산증가율은 낮게 나타나고 있다.

ⅱ) 평균 인원변동률의 경우는 산업자원부, 환경부 등의 부처는 증가율이 타 부처에 비해 높은 반면 과학기술부, 농림부, 재정경제

부 등의 부처는 인원변동률이 감소하는 것으로 분석되었다.

iii) 인원변동률 중 일반직 고위직 1-3급을 대상으로 분석하는 경우 환경부, 복지부, 산업자원부, 노동부 등의 고위직 인원변동률은 상대적으로 타 부처에 비해 증가율이 높게 나타났다. 반면 외교부의 경우는 오히려 고위직의 인원변동률이 감소하는 현상을 보이는 것으로 나타났다.

## 2. 장관승계와 부처행정변화

장관이 바뀌는 경우 부처행정의 변화정도는 얼마나 되는지에 대해 분석단위를 부처별, 개인별로 하여 논의한 결과를 요약하면 다음과 같다.

### 1) 부처

첫째, 재임기간과 법률안 제안수와의 관계를 보면 다음과 같다. ⅰ) 두 변수 간에는 상관관계가 존재하는 것으로 분석되었다. ⅱ) 장관의 교체빈도가 많든 적든 그것은 법률안 제안수에 거의 영향을 미치지 못하는 것으로 분석되었다. 장관이 바뀌더라도 법률안 제안수를 기준으로 한 부처행정의 변화는 미미하거나 낮은 수준에 있다고 해석할 수 있을 것이다.

둘째, 재임기간과 조직개편횟수와의 관계를 보면 다음과 같다. ⅰ) 두 변수 간에는 상관관계가 거의 없는 것으로 분석되었다. ⅱ) 장관이 바뀌더라도 그것은 조직개편횟수에는 거의 영향을 미치지 못하는 것으로 분석되었다. 즉 조직개편횟수를 기준으로 부처행정의 변화를 측정하는 경우 장관의 재임기간의 차이여부는 부처행정에 거의 변화를 주지 못한다고 해석할 수 있을 것이다.

셋째, 재임기간과 예산변동률과의 관계는 다음과 같다. ⅰ) 두 변수 간에는 '어느 정도 상관관계가 존재하는 것'으로 분석되었다. ⅱ) 예산변동률을 기준으로 부처행정의 변화정도를 파악하는 경우, 장관의 교체빈도여부는 부처행정의 변화에 영향을 거의 미치지 못하는 것으로 분석되었다.

넷째, 재임기간과 인원변동률과의 관계를 보면 다음과 같다. ⅰ) 두 변수 간에는 '거의 상관관계가 존재하지 않는 것'으로 분석되었다. ⅱ) 부처행정의 변화정도를 평균인원변동률을 기준으로 측정하는 경우 재임기간의 장기·단기 여부(장관의 교체빈도 차이여부)는 부처행정의 변화에 거의 영향을 미치지 못하는 것으로 분석되었다.

다섯째, 재임기간과 고위직 인원변동률과의 관계를 보면 다음과 같다. ⅰ) 두 변수 간에는 상관관계가 존재하는 것으로 분석되었다. ⅱ) 부처행정의 변화정도를 고위직 인원변동률을 기준으로 설명하는 경우 장관교체의 빈도차이(turnover rate)는 부처행정의 변화에 영향을 거의 미치지 못하는 것으로 분석되었다. 이리하여 장관이 자신의 체면과 권위를 인정받기 위해 예산이나 인원 등을 극대화한다는 조직(예산)극대화 가설은 적어도 재임기간을 기준으로 분석할 경우 한국 행정에의 적용은 어렵다고 할 수 있다.

요컨대 부처를 분석단위로 하여 부처행정의 변화를 보는 경우 '재임기간과 법률안 제안수, 조직개편횟수, 예산변동률, 인원변동률과의 관계'에 대한 연구결과는 선행연구에서 지적한 승계효과 이론 2가지 가운데 맥락주의 입장이 적용된다고 해석할 수 있을 것이다.

## 2) 개인

개인을 분석단위로 하여 재임기간과 부처행정의 변화정도와는 어떠한 관계가 성립하는지에 대한 분석결과는 다음과 같다.

첫째, 독립변수인 재임기간(장관의 교체빈도)이 종속변수인 법률안 제안수를 설명해 주는 정도는 낮게 나타나 독립변수의 유효성(쓸모정도)은 낮은 것으로 분석되었다. 둘째, 독립변수인 재임기간(장관의 교체빈도)이 조직개편회수라는 종속변수를 설명하는 정도는 낮아 재임기간의 유효성은 낮은 것으로 분석되었다. 셋째, 개별 장관의 속성과 관련된 여타 독립변수인 경력과 전문성여부가 법률안 제안수와 조직개편횟수의 변동을 설명해 주는 정도는 각각 낮은 수준인 것으로 분석돼 독립변수의 유효성은 낮은 것으로 분석되었다. 따라서 개별 장관을 분석단위로 하고 조직개편횟수와 법률안 제안수의 변화정도를 종속변수로 삼아 분석한 결과를 종합하면, 장관이 바뀌는 경우 부처행정의 변화정도는 낮거나 미미한 수준이라고 해석할 수 있을 것이다.

요컨대 부처와 개인을 분석단위로 하여, 장관이 교체되는 경우(재임기간) 부처행정의 변화가 일어나는 정도를 보면 아주 미미하거나 낮다고 해석할 수 있다.

## 3. 장관의 역할

전술한 바대로 장관승계가 부처행정의 변화에 미치는 영향력은 미미한 수준에 그친 것으로 분석되었다. 그렇다면 임명된 장관은 재임기간동안 어떠한 역할을 하는지를 고찰하는 것이 필요하다고 할 수 있다. 이의 분석을 위해 본 연구는 임명권자인 대통령에 대한 장관의 역할을 도입했다. 따라서 장관의 역할은 크게 대통령에 대한 역할과 부처장으로서의 역할로 나눌 수 있다. 각각의 역할에 대한 분석결과를 보면 다음과 같다.

## 1) 대통령에 대한 역할

대통령에 대한 장관의 역할은 대통령의 장관 임명기준이 무엇인지를 확인하는 절차를 거쳐 도출되었다. 본 연구를 통해 분석한, 임명권자와의 관계에서 장관의 역할을 축약해서 말한다면 정치적 역할 즉 충성심 유지차원의 역할 비중이 우리나라의 경우 상당히 높다는 점이었다.

대통령의 장관 임명기준에 대한 사항(전두환-김대중 정부 23개 부처 342명 기준)을 요약하면 아래와 같다. ⅰ) 전문성을 기준으로 한 임명이 외견상으로는 상대적으로 많았다. 임명기준의 비율을 보면, 전문성이 59%, 일반관리기준이 15%, 정치적 기준이 26%로 집계되었다. 그러나 각 임명기준을 실질적, 구체적으로 분석해 보면 정치적 기준이 매우 높은 비중으로 고려되고 있음을 알 수 있다. 즉 전문성을 기준으로 하는 경우에도 순수한 전문가 임명은 54%에 그쳤고 나머지 46%는 정치적 기준(보상이나 상징)이 고려되었다. ⅱ) 일반관리자를 임명하는 경우에도 정치적 기준(상징이나 보상)이 고려된 경우가 80% 비율을 점했고 순수한 일반관리자 임명은 20% 수준에 그쳤다. ⅲ) 정치적 기준에 의해 임명하는 경우 정치적 보상차원의 임명이 상대적으로 높은 비중을 차지했다 (66%).

요컨대 역대정부의 대통령이 장관을 임명하는 경우 표면적으로는 전문가 역할을 기대하는 비중이 높다고 할 수 있다. 그러나 실질적으로는 정치적 기준이 상당한 수준으로 고려되고 있어(정책전문가 46%, 일반관리자 80%) 장관의 정치적 역할(대통령에 대한 충성심 유지자로서의 역할)비중이 크다고 해석할 수 있다. 전체 342건의 장관 임명 사례 중 정치적 기준을 고려하여 장관이 임명되는 경우가 224건으로 65%를 점하고 있다는 통계적 사실은 장관 임명 시 정치적 기준이 얼마나 강하게 고려되고 있는지를 판단할 수 있는 근거가 될 수 있을 것이다. 따라서 우리의 경우 정치적 기준이 고려돼 임명권자에 의해 장관이 임명되는 비율은 10건 당 7건 꼴이라고 해석할 수 있을 것이다. 대통령이 장관을 임명하는 경우 정치적 보상이나 상징적 대표성 등의 기준을 상당히 높게 고려하고 있음을 알 수 있다. 이러한 사실로부터 장관은 대통령(임명권자)의 정치적인 자산(political assets) 혹은 정치적 도구(political instrument)로 이용되고 있으며 그 비중 또한 매우 높음을 알 수 있다.

## 2) 부처장의 역할

첫째, 전체부처와 장관 86명을 기준으로 부처장으로서의 장관의 역할을 각각 분석한 결과에 따르면 장관이 바뀌는 경우 행정 각 부문(정책, 조직 관리, 대외위상 부문)의 변화정도는 '상당한 수준'에는 못 미치는, 낮은 수준인 것으로 분석되었다. 즉 장관의 교체 빈도가 많든 적든 부처행정에 미치는 장관의 역할은 미미한 수준이라는 것이다. 이러한 이유로 리더승계-조직성과에 관한 이론 중 '리더가 교체되어도 행정부문의 변화에는 별 영향이 없다'는 맥락주의 입장이 적용된다고 해석할 수 있다.

둘째, 장관이 바뀌는 경우 행정부문에 어느 정도 변화가 생기는 지를 정부별로 요약하면 다음과 같다. 장관이 바뀌는 경우 각 부문(정책, 조직 관리, 대외위상)의 변화정도를 보면 김대중 정부>김영삼 정부>노태우 정부 순으로 나타나고 있음을 알 수 있다.

특히 김대중 정부의 경우 장관이 바뀌는 경우 정책부문과 조직 관리 부문의 변화가 '상당한 수준'에 어느 정도 접근하고 있다고 해석된다. 반면 김대중 정부의 대외위상 부문과 김영삼·노태우 정부의 정책, 조직 관리, 대외위상 부문의 변화정도는 '상당한 수준'과는 거리가 있다고 해석할 수 있다. 이 같은 논거에서 김대중 정부의 대외위상부문과 김영삼-노태우 정부의 3가지 행정부문(정책부문, 조직 관리 부문, 대외위상부문)의 변화정도는 리더교체-조직성과에 관한 두 가지 이론 중 맥락주의 입장이 적용된다고 해석할 수 있다.

셋째, 개별부처별로는 장관이 바뀌는 경우 행정부문에 미치는 영향력(행정부문의 변화정도)에 차이가 있다는 사실도 발견되었다. ⅰ) 통일부 외교부, 교육부의 경우에는 정책부문의 영향력이 조직 관리 부문이나 대외위상부문에 비해 상대적으로 컸다(평균; 통일 2.33, 외교 2.43, 교육 2.5). ⅱ) 정보통신부의 경우 대외위상부문의 변화정도가 정책부문이나 조직 관리 부문에 비해 상대적으로 크게 나타났다(평균 2.5). ⅲ) 문화부는 조직 관리 부문과 대외위상부문의 변화정도가 정책부문에 비해 상대적으로 컸다(평균; 조직 2.44, 대외위상 2.45). ⅳ) 과학기술부는 정책부문과 조직 관리 부문에서의 변화정도가 대외위상부문의 변화정도에 비해 상대적으로 컸다(평균; 정책 2.13, 조직 관리 2.32). ⅴ) 환경, 건설교통, 노동, 산업자원, 농림, 재정경제, 복지, 행정자치부 등 8개 부처는 장관이 바

꿔는 경우 행정 각 부문에 미치는 변화정도(행정 각 부문에 대한 영향력)는 약했다고 볼 수 있겠다. 이런 의미에서 8개 부처는 리더승계-조직성과에 관한 이론 중 맥락주의 입장이 행정 각 부문(정책, 조직 관리, 대외위상 부문)에 적용된다고 해석할 수 있겠다.

넷째로, 장관이 재임기간동안 어느 부문에 역점을 두는지 즉 장관의 역할 유형에 대한 분석결과를 보면 다음과 같다. 전체부처(전체정부)를 기준으로 하는 경우 정책 역할 유형이 31%(27건)로 가장 많았고 조직 관리 유형(기타 포함)이 20%(17건), 대외관계 역할 유형이 19%(16건), 소극적 역할 유형이 13%(11건), 두 가지 역할 혼재유형 17%(15건)로 나타났다. 정책의 개발이나 추진에 역점을 두는 장관이 10명당 3명꼴로 존재함을 알 수 있다. 따라서 우리나라의 경우 정책 역할 유형비율이 그다지 높지 않음을 알 수 있다.

### 3) 두 가지 역할의 연계

여기서는 대통령에 대한 장관의 역할과 부처장으로서의 장관의 역할 사이에 어떠한 관계 가 있는지를 보는 것으로 제5장에서 논의한 내용을 요약하면 다음과 같다. 먼저 임명기준과 장관이 재임기간동안 역점을 두는 부문과는 어떠한 관계에 있는지를 고찰한 뒤, 임명기준과 행정 각 부문의 변화정도와의 관련성을 분석하기로 한다.

첫째, 임명기준과 장관이 재임기간동안 역점을 두는 부문과는 어떠한 관계에 있는지 분석한 결과를 전체장관과 정부를 기준으로 나누어 살펴보면 다음과 같다. ⅰ) 16개 부처 장관 86명을 기준으로 독립변수인 임명기준(일반관리성, 정치적 기준, 전문성)과 종속변수인 장관의 재임기간동안 역점사항과는 어떠한 관계가 있는지

회귀분석(분산분석 ANOVA)을 실시한 결과 양 변수 간에는 유의수준 0.05하에서 통계적으로 유의미한 관계가 존재한 것으로 분석되었다. 즉 전문성(혹은 일반관리자, 정치적 기준)을 기준으로 임명된 장관일수록 정책개발이나 추진(혹은 조직내부문제 해결, 대외업무 추진)에 역점을 둘 것이라는 해석이 가능하다고 할 것이다. ii) 정부별로 임명기준과 장관의 역점사항과의 관계를 파악하기 위해 더미변수(독립, 종속변수 모두)를 활용해 회귀분석을 실시한 결과 정부별로 상이한 결과가 나왔다. 구체적으로 보면 다음과 같다. 전문성을 기준으로 임명된 경우 정책부문(정책의 개발이나 추진)에 역점을 두는 사례는 김영삼 정부였다(유의수준 0.05 하에서 두 변수 간 유의미성 존재). 일반관리성이 임명기준인 경우 조직관리 부문(조직 내 문제의 해결)에 역점을 두는 사례는 김대중 정부와 노태우 정부였다(유의수준 0.05 하에서 두 변수 간 유의미성 존재). 다만 정치적 기준에 의해 임명된 경우 대외관계부문(대외업무 추진에 역점)에 역점을 두는 사례는 어느 정부에도 없었다(유의수준 0.05 하에서 두 변수 간 유의미성이 존재하지 않음).

둘째, 임명기준과 행정 각 부문의 변화정도와의 관련성을, 전체장관(정부)과 개별부처를 기준으로 나누어 분석한 결과는 다음과 같다. i) 16개 부처 전체장관(설문대상 86명 전체)과 정부를 기준으로 독립변수인 임명기준(전문성, 일반관리, 정치적 기준)이 종속변수인 행정 부문(정책부문, 조직 관리, 대외위상부문)의 변화정도에 미치는 영향력을 파악하기 위해 회귀분석(분산분석 ANOVA)을 실시한 결과 두 변수 간에는 통계적으로 유의미한 관계가 성립되지 않는 것으로 분석되었다(유의수준 0.05). 따라서 전문성(혹은 일반관리, 정치적 기준)을 기준으로 임명된 장관이 정책부문의 변화

(혹은 조직 관리 부문, 대외위상 부문 변화)에 미치는 영향력의 정도는 낮거나 미미한 수준이라고 해석할 수 있을 것이다. 부처별로 보면 대부분의 부처의 경우 임명기준이 행정부문의 변화정도에 미치는 영향력은 거의 없거나 미미한 수준인 것으로 분석되었다. 다만 예외적으로 건설교통부, 농수산(농림)부, 산업자원부, 재정경제부 등 경제 관련부처의 경우 장관이 전문성에 의해 임명되는 경우 정책부문의 변화에 미치는 영향력의 정도는 상당한 수준에 달하고 있다고 해석할 수 있을 것이다.

### 4) 직무수행 조건

위의 분석을 통해 우리나라의 경우 장관이 교체되더라도 부처행정의 변화정도는 미미하거나 낮은 것으로 밝혀졌으며 실제로 장관이 하는 역할(role, work)도 임명권자에 대한 충성심 유지차원의 역할이 상당한 비중을 차지하고 있는 것으로 나타났다. 이러한 현실적 상황아래서 장관이 효과적으로 역할을 수행하기 위해서는 무엇이 필요한 것일까. 이에 대한 해답을 찾기 위해 유능·무능 장관의 특성과 장관이 부처장으로서의 역할을 수행하는 데 있어서 봉착하는 애로점이 무엇인지를 분석한 결과는 아래와 같다.

설문조사와 객관적 시사기록물을 통한 유능한 장관의 특성은 관료출신이 상대적으로 많았고 임명기준은 전문성에 의한 사례가 상대적으로 많았다. 재임기간도 평균(13개월)보다 길었다. 다만 경질사유는 정치적인 이유가 많은 것으로 나타났다. 설문조사결과를 통해 나타난 직무수행 애로점을 전체부처, 개별부처로 나누어 요약하면 아래와 같다.

첫째, 전체부처를 기준으로 살펴본 설문결과는 다음과 같다. ⅰ) 장관이 직무를 수행하는 데 있어 느끼는 제 1순위 애로사항을 구체적으로 보면, 재임기간이 짧다는 응답이 가장 많았다(응답자 40%). 다음이 장관의 제한된 권한 등 구조적 요인(22건, 25%), 장관의 전문성부족(17건, 19%), 청와대 등의 지나친 간섭(8건, 9%) 순으로 집계됐다. ⅱ) 장애 요인 2순위를 살펴보면, 짧은 재임기간이라는 응답이 40.9%(36건)로 가장 많았고, 이어서 장관의 전문성부족(19건, 22%), 장관의 제한된 권한(18건,20%), 청와대 등의 지나친 간섭(3건, 5.68%)순으로 나타났다. 요약정리하면 한국에 있어서 장관의 직무수행에 장애를 주는 제일 큰 요인은 짧은 재임기간이라는 점이고, 두 번째로 큰 장애 요인은 장관의 제한된 권한이며, 세 번째로 큰 장애 요인은 장관의 전문성이 부족하다는 사실이다. 이밖에 청와대 등의 지나친 간섭도 장관의 직무수행에 장애를 주는 요소 중 4번째로 꼽혔다. 이의 사실로부터 한국의 장관들은 직무를 수행하는 데 있어 개인적 요인보다는 구조적·환경적 요인에 의해 커다란 장애를 받고 있음을 알 수 있다.

둘째, 그러나 개별 부처별로 장관이 역할을 수행하는 데 있어 주된 애로요인이 무엇인지에 대해서는 서로 다른 결과가 나왔다. 장애 요인을 개인적 요인, 구조적·환경적 요인 , 그리고 개인적 요인+구조적·환경적 요인 등 3가지로 나누어 살펴보면 다음과 같다. ⅰ) 장관의 개인적 요인이 커다란 장애요소로 부각된 부처는 노동, 문화, 복지부였다. 이들 부처들은 장관의 전문성 부족이 가장 많이 지적된 부처라고 할 수 있다. ⅱ) 개인적 요인과 구조적·환경적 요인이 함께 장관의 역할 수행에 장애요소로 부각된 부처는 건설교통부, 농수산(농림)부, 교육부였다. 장관의 전문성 부

족과 짧은 재임기간이 주된 장애요소로 지적되었다. iii) 구조적·
환경적 요인이 개인적 요인보다 장관의 역할 수행에 강한 장애요
소로 작용한 부처로는 환경부, 외교부, 통일부, 산업자원부, 재정경
제부, 정보통신부, 과학기술부, 행정자치부 등 8개 부처로 나타났
다. 이로써 구조적·환경적 요인이 강하게 작용한 부처는 전체부
처(14개)의 57%로 가장 높았고, 개인적 요인 강한 부처(3개), 개인
적 요인＋구조·환경적 요인 혼재 부처(3개)는 각 21.4% 수준으로
나타났다.

　이상에서 기술한 분석사실을 토대로, 장관이 부처의 장으로서
제대로 역할을 다하기 위해서는 어떠한 조건이 필요한 지를 부처
별로 구체적으로 언급하고자 한다.145)

　먼저 경제 부처 중 1차 산업 관련부처인 농수산부(농림부)의 경
우 역대정부146)는 전문성보다는 주로 출신지역을 안배해 장관을
임명하는 사례가 많았다고 할 수 있다. 따라서 임명권자는 특정지
역을 안배해야 한다는 측면도 배제할 수 없겠으나 농업분야에 관
한 전문적 식견과 비전을 갖춘 인사를 임명하는 쪽에 더 무게를
두어야 할 것으로 생각된다. 2, 3차 산업과 관련된 부처의 건설교
통부의 경우를 보면, 역대정부는 전문성을 갖춘 인사를 등용하는

145) 아래에서 설명되는 부처별 장관의 역할에 관한 부분은 본 연구자가
　　전두환 정부부터 김대중 초기 정부(1980년 9월부터 2000년 8월 7일
　　현재)까지 신문이나 잡지 등 기록적 자료(documentary data)를 토대
　　로 분석한 장관의 임명기준 결과와 16개 부처 국·과장급 공무원을
　　대상으로 유능·무능 장관의 특성을 조사한 설문응답결과를 참조한
　　것임.
146) 전두환 정부부터 김대중 초기정부까지를 일컫는 것으로 본 연구는
　　보고자 한다.

데 소홀히 한 측면을 가지고 있다고 할 수 있다. 즉 건설행정에 대해 문외한인 인사를 정치적 기준에 의해 등용한 사례가 상대적으로 많은 데다 자주 장관을 갈아 치워 재임기간도 평균수준에 미치지 못했다. 이러한 사실은 행정의 전문성과 연속성에 좋지 않은 영향을 줄 수 있다고 생각된다. 따라서 임명권자가 장관을 임명할 때 고려할 점은 정치적인 기준보다는 부처의 행정에 정통하고 전문성까지 겸비했는지 여부에 더욱 중점을 두어야 할 것으로 보인다. 재정경제부의 경우 경제정책을 총괄하고 있어 정책 하나 하나가 국민경제에 미치는 영향은 지대하다고 할 수 있다. 특히 경제 전반에 관한 식견이 고도로 요구되는 부처의 성격상 전문성이 강한 부처라 할 수 있다. 역대정부의 경우 재정경제부 장관을 임명할 때 행정경험과 전문성의 원칙을 나름대로 지켰다고 할 수 있다. 그러나 장관의 평균 재임기간을 보면 1년 정도에 불과해 부처의 평균수준에도 못 미치고 있는 실정이다. 장관이 자주 바뀜으로써 정책의 연속성이 단절되어 국민 다수에게 정책 혼선을 일으킬 소지가 많다고 할 수 있다. 임명권자는 장관 임명 시 이러한 점에 유의해야 할 것으로 생각된다. 산업자원부의 경우 역대정부는 대부분 전문성을 강조해 장관을 임명해 왔다고 할 수 있다. 다만 관료출신 일부 인사와 공공행정경험이 없는 일부 외부영입인사들이 조직 관리 능력 면에서 많은 문제를 노정해 조직의 원활한 운영에 지장을 초래했다는 지적은 앞으로 이 부처의 장관을 임명하는 경우 고려되어야 할 부분이라고 생각된다.

통일·외교 관련부처의 사례를 보면, 통일부의 경우 역대정부는 통일분야에 대한 전문적 식견이 있는 인사를 장관에 임명한 사례가 상대적으로 많았다고 할 수 있다. 다만 외부에서 영입된 인사

중 행정문화에 적응하는 데 어려움을 겪은 인사가 있었다는 점은 이 부처의 장관 임명 시 고려되어야 할 부분이 아닌가 생각된다. 외교부의 경우 역대로 대부분 정통 외교관 출신이 장관에 등용되어 전문성 측면에서는 별다른 문제는 없는 것으로 생각된다. 다만 외부에서 영입된 인사들이 조직문화에 적응하지 못하는 사례가 있다는 부하공무원들의 지적은 이 부처의 장관 임명 시 중시되어야 할 요소라고 할 수 있을 것이다.

정보과학 관련부처의 경우를 살펴보면 다음과 같다. 정보통신부(체신부 포함)의 경우 역대 정부는 전문적 지식과 식견을 가진 인사를 장관에 임명하는 비중이 절반을 약간 넘는 수준에 불과했다. 다만 외부 영입 케이스로 장관에 입각한 일부 인사의 경우 전문성은 탁월하나 이론과 현실행정과의 괴리를 좁히지 못하거나 관료조직을 제대로 장악하지 못해 부처의 업무 추진에 애로를 겪었다는 부하공무원들의 지적은 앞으로 이 부처의 장관을 임명하는 경우 임명권자가 유념해야할 부분이라고 생각된다. 과학기술부의 경우 역대정부는 장관의 임명기준으로 전문성을 크게 강조한 것으로 생각된다. 다만 1년여에 불과한 장관의 평균재임기간은 부처의 업무를 제대로 소화하고 본격적으로 정책을 추진해 나가는 데 걸림돌이 되고 있는 것으로 조사되었다. 또한 전문적인 식견을 가진 외부 영입 인사 중 일부는 이론과 현실행정의 간격을 메우지 못해 조직을 이끌어 가는 데 부하공무원과 마찰을 빚었으며 임명권자와의 친분 등에 의해 등용된 인사들은 전문성 부족으로 업무수행에 커다란 지장을 받은 것으로 나타났다. 따라서 이 부처의 장관을 임명하는 경우 전문성에 가장 중점을 두어야 할 것이며 여기에 조직을 유연하게 끌고 나갈 리더십도 함께 고려해야 할 것으로 생각된다.

교육·문화관련부처를 보면 아래와 같다. 교육부의 경우 역대정부는 학자출신을 선호한 것으로 나타나 임명기준으로 전문성을 중시했다고 할 수 있다. 다만 장관의 평균재임기간이 1년 남짓에 그치고 교육정책의 골격이 장관이 바뀜에 따라 흔들림으로써 정책의 일관성이나 지속성 측면에서 많은 문제를 보여 왔다고 할 수 있다. 또한 전문적 식견과 자질을 갖춘 학자출신들은 교육행정에 대한 현실감각이 크게 떨어지는 데다 장관 직무에 대한 이해부족으로 업무추진 능력마저 부족하다는 부하공무원들의 지적은 교육부 장관 임명 시 고려되어야 할 중요한 요소가 아닌가 생각된다. 문화부의 경우 역대정부는 장관의 임명기준으로 정치적인 기준을 높이 고려하고 있다. 주로 임명권자의 의중을 훤히 꿰뚫고 있는 측근 인사가 많이 등용되었다고 할 수 있다. 부처의 핵심적 업무는 정부의 시책이나 집권세력의 통치 이데올로기를 전파하는 데 있었기 때문일 것이다. 그러나 지금은 언필칭 문화의 세기라고 일컬어질 정도로 문화의 범위도 다양해지고 문화의 수준도 깊어지고 있다. 이러한 환경적 변화는 장관으로 하여금 문화 분야에 대한 고도의 전문성을 요구하고 있다. 설문조사결과 역대장관의 경우 전문적 식견이 크게 모자란다는 부하공무원들의 지적은 이 부처 장관의 임명 시 제1차적으로 고려되어야 할 요소가 무엇인지를 상징적으로 보여주고 있다고 할 것이다.

사회·복지 관련부처의 장관 임명 시 고려되어야 할 요소가 무엇인지를 살펴보면 다음과 같다. 먼저 환경부의 경우 노태우 정부에서 김대중 정부에 이르기까지 장관임명의 기준으로 전문성이 고려된 경우는 별로 많지 않았다고 할 수 있다. 주로 정치적인 보상차원에서 장관임명이 이루어졌고 여성의 경우에도 환경 분야에 대한 전문성은 부족하나 임명권자와 친분관계가 두터운 인사가 장관에 임명되는 사례가 주를 이루었다고 할 수 있다. 특히 김영삼 정부와 김대중 정부 등 민간인 출신 정부에 들어와서 정치적인 기준에 의한 장관 임명이 많았다고 할 수 있다. 그리고 환경부 장관의 평균재임기간은 9개월에 불과한 실정이다. 환경 분야의 장관지리는 예컨대 선거에서 선전했다는 이유로, 대통령과 잘 아는 사이라는 이유 등으로 주어지는 자리가 되어서는 안 될 것이다. 비근한 예로 댐이나 온천건설 등 경제적인 문제와 관련해 환경이 훼손되는 사례가 수많이 전개되고 있고 대기오염, 수질 오염 등이 환경에 많은 영향을 미치고 있는 상황에서 고도의 전문적 지식이 없이는 환경관련 정책을 입안하고 집행하기가 점점 어려워지고 있기 때문이다. 따라서 임명권자는 환경부 장관을 임명하는 기준으로 전문성을 가장 중시해야 할 것이며 임명된 장관이 별 무리 없이 업무수행을 하고 있는 경우 정치적인 이유에 의해 경질시키는 사례는 없도록 해야 할 것이다. 보건복지부의 경우, 장관임명 사례를 보면 역대정부는 전문성을 크게 중시하였다고 하기는 어렵다고 할 것이다. 전문성보다는 정치적인 기준에 의해 임명되는 경우가 많았기 때문이다. 여성장관도 다른 부처에 비해 상대적으로 많이 나왔으나(4명) 전문성보다는 여성배려차원에서 등용된 사례가 더 많았다고 할 수 있다. 장관의 직무수행에 있어 가장 큰 장애 요인은 전문성 부족이라는 부하공무원들의 문제제기는 이 부처 장관 임명시 중요한 요소가 무엇인지를 시사해 주고 있다고 할 것이다. 노동부의 경우를 보면, 역대정부는 장관을 임명하는 경우 전문성을 그다지 중시하지 않은 것으로 보인다. 노동행정이나 노동 분야에 대한 전문적인 식견이 없는 인사를 정치적인 기준에 의해 임명하는 사례가 많았다고 할 수 있다. 노동부의 경우 부하공무원들은 장관이 직무를 수행하는 데 가장 걸림돌이 되는 장애요소로 '전문성 부족'을 지적하고 있다. 이러한 문제제기는 노동부 장관을 임명하는 데 있어 다른 기준보다 전문성이라는 잣대를 더욱 중시해야 한다는 점을 강조한 것으로 보인다. 요컨대 사회·복지 관련부처의 경우 역대정부는 장관의 임명기준으로 대체로 전문성보다는 정치적인 기준을 강조해 왔다고 해석할 수 있겠다.

치안 관련부처 중 행정자치부(내무부 포함)를 보면, 역대정부는 정치적인 기준(주로 대통령의 핵심 측근)을 고려하여 장관을 임명하는 비중이 높았다고 할 수 있다. 선거문제를 다루는 주요부처라는 점과 지방행정을 총체적으로 관리하는 부처의 성격이 반영된 것으로 보인다. 장관이 자주 바뀌어 재임기간도 1년이 채 안되고 있다. 행정자치부 장관이 직무수행을 하는 데 있어 장애 요인으로 권부(청와대)의 지나친 간섭과 짧은 재임기간(9개월)을 지적하고 있는 부하공무원들의 설문응답결과는 임명권자가 장관의 역할을 어떻게 설정해야 하는지에 대해 여러 가지 시사점을 주고 있다고 할 것이다.

# 제2절 연구의 시사점 및 한계

## 1. 연구의 시사점

　장관이 바뀌면 부처활동이나 부처의 행정이 변화하는지에 대한 학술적 접근이 거의 없는 상태에서 새로운 분석시각을 가지고 연구를 진행했다는 점에 본 연구의 특징이 있다고 할 수 있다. 구체적으로 나누어 살펴보면 다음과 같다.

　본 연구는 임명권자인 대통령이 어떠한 기준으로 장관을 임명하는지(임명기준)를 토대로 장관의 역할을 도출하는 새로운 분석시각을 보여주고 있다고 할 수 있다. 이러한 접근시각은 장관이 바뀌는데도 부처행정이 크게 변화하지 않고 미미한 수준에 그치고 있다면 장관의 역할은 무엇인지를 고찰하기 위해 마련된 것이라 할 수 있다. 즉 장관의 역할을 논의하는 데 있어 임명권자와의 관계를 연구에 반영시켰다고 할 수 있다. 이러한 연구관점은 대통령의 권한이 막강하고 권위주의적인 행정문화의 색채도 강하게 띠고 있다고 지적되고 있는 한국의 공공행정을 연구하는 데 있어 필요한 연구시각이라 할 수 있다.

　본 연구는 또한 대통령에 대한 장관의 역할이 무엇인지를 밝히기 위해 대통령이 장관을 임명하는 기준이 무엇인지를 당시의 기록문서(documentary data)를 통해 확인하고자 하였다. 임명기준에 관한 객관적 자료를 통해 대통령에 대한 장관의 역할이 무엇인지를 도출해 냈다는 사실은 새로운 자료접근방식이라 할 수 있을 것이다. 장관에 관한 행정 내부적 자료가 매우 빈약하고 장관의 역할에 관한 국내의 연구가 극히 미미한 실정이다. 또한 기존의 장관의 역할에 관한 연구 역시 주로 설문지나 면담 등 주관적인 자료를 통해 이루어져 왔기 때문이다.

이와 함께 본 연구는 장관의 역할을 분석하기 위한 틀(framework)이 제대로 형성돼 있지 않은 상태에서 한국의 장관이 부처행정의 변화에 얼마만큼 영향을 미치며, 그 결과 장관의 역할은 무엇인지를 고찰하기 위해 한국적 현실에 근접하는 분석모형을 광범위한 실증적인 자료검토를 통해 설정하고 있다고 할 수 있다. 이는 한국적 행정풍토에 적합한 연구방법이나 분석모형의 개발에 대한 하나의 탐색적 성격을 가지고 있다고 할 수 있을 것이다.

장관에 대한 학술적 연구가 많지 않은 한국적 현실에서 본 연구는 장관의 승계와 부처행정부문의 변화정도와의 관계를, 가능한 한 객관적인 자료를 토대로 통계적인 분석기법을 동원해 실증적으로 밝히고자 했다고 할 수 있다. 구체적으로 보면 조직사회론자들이 연구한 리더승계와 조직성과에 관한 이론인 맥락주의와 개인주의 입장, 그리고 Niskanen 등이 주장한 조직(예산)극대화 이론을 한국적 현실에 적용해 장관의 영향력을 실증적인 방식으로 측정하고자 시도했다고 할 수 있다. 특히 장관의 행정 각 부문에 대한 영향력을 장관 자신이 아닌 국·과장급 부하공무원을 통해 측정함으로써 보다 객관적으로 장관의 영향력을 분석하려고 했다.

한편 장관의 역할과 관련된 본 연구의 분석결과가 가져다주는 정책적 함의를 설명하면 다음과 같다. 본 연구를 통해 한국에서의 장관이 제대로 역할과 책임을 다하기 위해서는 최고 통수권자이면서 동시에 임명권자인 대통령이 장관을 바라보는 시각이 크게 바

꿰어야 한다는 점이다. 즉 장관이라는 자리는 공공행정부문의 중요한 축 가운데 하나로서 공공행정의 생산성이나 효율성을 높이는데 기여할 수 있는, 매우 막중한 권한과 책임을 가지고 있는 자리라는 인식이 새롭게 형성되어야 한다는 것이다. 대통령의 장관에 대한 인식변화가 왜 절실한 지 그 논거를 설명하면 다음과 같다. 이 책의 연구결과에 다르면 역대 대통령(전두환~김대중 정부)은 정도의 차이는 있으나 장관자리를 정치적인 수단이나 도구, 자산으로 활용해 온 비중이 매우 높다는 점이다. 예를 들면 대통령에 대한 정치적인 충성도나 출신지역, 성별 등 정치적인 기준을 고려해 장관직에 임명한 사례가 너무나 많았다고 할 수 있다. 장관이라는 자리를 대체로 행정의 효율성 차원보다는 신세진 사람에게 은혜를 갚는 보답용으로 마치 '전리품'처럼 이용해 왔다고 할 수 있다. 장관이 부처업무와 관련된 일(역할)을 얼마나 잘 해낼 수 있는가 하는 업적기준에 중점을 두어 임명되기보다는 정치적인 기준이 높게 고려돼 장관이 임명돼 왔다고 해석할 수 있겠다. 이를 구체적으로 보면 아래와 같다.

대통령이 장관을 임명하는 경우 정치적인 기준이 너무 많이 고려되고 있다. 임명기준의 경우 표면적으로는 전문성을 고려하는 비중이 상당한 수준(59%)에 이른다. 그러나 전문성도 자세히 들여다보면 순수한 의미의 전문성은 54%에 그치고 나머지(46%)는 정치적인 측면이 고려되어 있다. 이른바 전문성에 의해 장관을 임명하더라도 정치적 보상이나 상징적 대표성(지역, 성 고려 등)을 고려하는 비중이 상당한 수준이라고 할 수 있다. 일반관리자를 임명하는 경우에도 정치적인 기준이 고려되는 비율이 너무 높다(80%). 장관이 해임되는 경우 부처의 일(역할)과 관련 없이 경질되는 비율이 매우 높다(75%). 대부분이 정치적인 이유(45%)나 상징적 사유(29%)다. 구체적으로 보면 선거와 관련된 이유나 흐트러진 민심을 수습한다는 이유 등으로 무난하게 행정업무를 처리해 온, 별 하자 없는 장관을 물러나게 한다. 임명기준과 해임되는 사유를 연결시켜 보면 부처 책임과 무관한 이유로 장관을 자주 바꾸고 정치적인 측면을 상당히 고려해 장관을 임명하고 있는 셈이라고 해석할 수 있다. 예를 들면 정치적으로 신세진 사람에게 장관직을 주는 일, 전문성과 관계없이 성 배려차원에서 여성장관을 앉히는 일, 특정지역 출신을 안배한다는 차원에서 전문성이 없는 인사를 특정 부처의 장관에 임명하는 사례 등이 이에 해당된다고 할 것이다. 한국의 장관의 경우 재임기간이 평균 1년 남짓(13개월) 짧은 근본적인 이유는 장관직을 이렇게 정치적인 자리안배차원에서 생각하는 비중이 상대적으로 높고 장관을 교체하는 횟수(빈도)도 많기 때문이라고 해석할 수 있을 것이다. 행정부처의 수장이자 대통령의 국정업무를 보좌해야 하는 막중한 자리가 이렇게 비효율적으로 정략적으로 활용되고 있는 것이다.

이와 관련해 본 연구에서 진행한 중앙부처 국·과장급 고위공무원을 대상으로 한 설문조사 결과는 앞으로의 한국 행정에서 장관을 임명하는 데 시사하는 바가 적지 않다고 생각된다. 전체부처를 기준으로 분석한 결과를 요약하면, 장관이 제대로 된 역할을 수행하기 위해서는 재임기간이 너무 짧은 점이 시정되어야 하며 장관의 권한이 구조적으로 제약을 받고 있는 데 이에 대한 시정조치가 필요하고 장관의 전문성 부족이 해소되어야 한다는 것이다. 이러한 분석결과는 결국 임명권자가 장관을 임명하는 기준과 해임하는 이유가 종전과는 크게 달라져야 한다는 점을 시사하고 있다고 할

수 있다. 장관의 역할에 대한 새로운 발상이 대통령에게 요구되는
이유가 여기에 있다고 할 수 있다.

따라서 장관을 임명하는 경우 정치적인 기준이 어느 정도 필요
한 점은 인정하나 임명의 대전제는 전문성이어야 한다. 그러면서
경질조건은 엄격하게 적용해야 한다. 즉 장관이 재임 중 국가적,
사회적으로 엄청난 파장을 가져오는 정책적 오류를 범했거나 도덕
적으로 커다란 흠집을 남겨 공직을 원활히 수행하는 데 크게 걸림
돌이 되는 경우 등을 제외하고는 그대로 장관직을 수행케 하는,
영국의 존 메이저 정부의 장관임명시각은 정치체제는 다르지만 우
리 행정현실에도 타산지석이 될 수 있을 것이다. 이러한 식으로
장관임명관행이 바뀌고 장관에 대한 역할관(觀)이 근본적으로 일
중심으로 전환이 될 때 행정부처의 수장으로서 장관은 행정의 생
산성이나 행정의 발전에 긍정적인 영향을 미치는 주역으로 변신할
수 있을 것이다.

## 2. 연구의 한계

본 연구는 위에서 기술한 몇 가지 특징과 함께 아래와 같은 약
점을 지니고 있다고 할 것이다.

첫째, 장관의 역할 연구에 대한 이론적 기반이 취약하다는 점이
다. 물론 연구자의 능력에 기인한 바가 크다고 할 수 있으나 이
분야에 대한 연구 성과물과도 어느 정도는 관련성이 있다고 할 것
이다. 둘째, 장관이 바뀌는 경우 부처활동의 변화를 분석하기 위해
사용된 측정변수(법률안 제안수, 조직개편횟수, 예산·인원변동률

등)들은 각 변수마다 중요도에 차이가 있을 것임에도 불구하고 이러한 차별성을 본 연구에서는 반영시키지 못했다는 점이다. 기본적으로 행정 내부 자료의 축적이 이루어지지 않은 데다 장관교체와 부처행정의 변화정도와의 관계를 측정할 수 있는 정교한 이론들과 방법론에 관한 성과물이 아직까지는 많지 않은 데 기인한다고 판단된다.

따라서 이러한 본 연구의 약점은 장관 개개인의 활동변화를 파악할 수 있는 객관적이고 정제된 측정지표의 개발과 함께 새로운 연구방법론에 의해 후속연구에서 꾸준히 극복되어야 할 것이다. 이를 위해서는 우선적으로 장관의 공식적, 비공식적 활동에 대한 내용을 빠짐없이 기록하고 보존하는 일이 행정 내부적으로 실행되어야 할 것이다. 또한 장관의 역할을 측정할 수 있는 보다 정치한 학술적 연구가 계속 축적됨으로써 한국의 행정환경과 현실을 충분히 설명해 줄 수 있는, 정교한 장관역할 분석모형의 개발이 이루어져야 할 것이다.

# <참고문헌>

## 1. 국내문헌

### 1) 단행본

강신택, 사회과학 연구의 논리, 서울: 박영사, 1996.

강신택, 재무행정론, 서울: 박영사, 2000.

강신택·김광웅 편, 행정조직개혁, 서울: 장원출판사, 1993.

관훈클럽, '98 관훈토론회(하), 1998.

국정홍보처, 국민의 정부 5년 국정자료집 제4권, 2003.

권영성, 헌법학원론, 서울: 법문사, 1995.

길승흠 외, 한국현대정치론, 서울: 법문사, 1995.

김광웅, 방법론 강의, 서울: 박영사, 1996.

김동건, 현대재정학, 서울: 박영사, 1997.

김영삼, 김영삼회고록, 서울: 백산서당, 2000.

김정렴, 김정렴회고록: 한국경제정책 30년사, 서울: 중앙일보사, 1992.

김태길, 장관대우, 서울: 범양사, 1984

김호균, 21세기 성공장관론, 서울 나남출판, 2004.

김호진, 한국정치체제론, 서울: 박영사, 1997

김호진 외, 한국의 도전과 선택: 21세기 국가경영론, 서울: 나남, 1997.

남궁근, 행정조사방법론, 서울: 법문사, 1997.

박동서, 한국행정론, 서울: 법문사, 1996.

박우순, 조직 관리론, 서울: 법문사, 1996.

박재희, 중앙행정부처의 정책결정역량 제고방안, 1996(KIPA연구 보고 95-17).

박중훈, 대통령비서실의 조직과 기능, 한국행정연구원, 1996(KIPA연구보고 95-15).

안병만, 한국정부론, 서울: 다산출판사, 1996.

양성철, 한국정부론, 서울: 박영사, 1994.

오석홍, 한국의 행정, 서울: 경세원, 1996.

오석홍 편, 조직학의 주요이론, 서울: 경세원, 1995.

윤창중, 김영삼 대통령과 청와대 사람들, 서울: 고려원, 1994

이종범 편, 전환시대의 행정가, 서울: 나남, 1997.

이창원·최창현, 새 조직론, 서울: 대영문화사, 1996.

정정길, 대통령의 경제 리더십: 박정희·전두환·노태우 정부의 경제정책관리, 서울: 한국경제신문사, 1994.

정정길, 정책결정론, 서울: 대명출판사, 1994

정정길, 정책학 원론, 서울: 대명출판사, 1995.

조석준, 조직학 개론, 서울: 박영사, 1997.

조석준, 한국행정학, 서울: 박영사, 1992

주돈식, 화려한 출발·소리 없는 실종: 문민정부 1천2백일, 서울: 사람과 책, 1997.

한승조, 리더십이론에서 본 한국정치의 지도자들, 서울: 대정진, 1992.

국무총리 행정자료실, 문민정부의 행정개혁 자료: 김영삼 정부 2년 6개월 무엇을 개혁하였는가, 1995. 8. 25.

중앙일보, 청와대 비서실 2·3·4 권, 1994~1995.


## 2) 논 문

김광웅, "한국의 장관론: 역할, 자질, 능력," 행정논총 32(2), 서울대학교 행정대학원, 1994. 12.

김병섭, "한국 행정조직 실증연구의 분석," 한국 행정학보 29(4), 1995년 겨울호.

김병섭, "한국의 행정조직에 관한 실증적 연구," 정정길·이달곤

편, 한국행정의 연구, 서울: 박영사, 1997.

김정수, "80년대 통신혁명의 지휘자: 오 명론," 이종범 편, 전환
    시대의 행정가: 한국형 지도자론, 서울: 나남, 1997.

박경효, "한국의 장관 리더십론: 직업관료 및 타 장관과의 협력
    체제 구축 중요," 월간헌정, 1995. 1.

박경효, "한국의 장관 리더십론: 국정의 기능과 신뢰," 월간 헌
    정 1995. 5.

박동진, "한국의 장관 리더십론: 정치적 세련과 정책구상능력을
    가져야 한다," 월간헌정 1995. 1.

박종민, "한국에서의 장관선택의 기초: 변화와 연속성," 행정과
    정책, 고려대 행정문제연구소, 1996년 제2호.

박천오, "한국에서의 정치적 피임명자와 고위직업 관료의 정책
    성향과 상호관계," 한국 행정학보 27(4), 1993년 겨울호.

박천오, "기존 장관 임면 관행의 정책·행정상 폐단과 시정방
    안," 한국 행정학보 29(4), 1995년 겨울호.

박천오, "장관의 기능제고를 위한 제언," 국회보, 1995. 1.

염재호, "과학기술의 전도사: 최형섭론," 이종범 편, 전환시대의
    행정가, 1997.

유광진, "한국의 장관 리더십론: 소신과 비전 없으면 변화를 추
    구하기 어렵다," 월간헌정, 1995. 1.

이상일, "한국 공무원들 자리 왜 이렇게 자주 바뀌나," 월간중

앙, 2000. 6.

이선우, "장관의 역할과 직무수행에 관한 연구," 한국 행정학회, 2000년 하계기획세미나 발표논문.

이순영, "한국의 장관 리더십론: 통치권자의 정치적 바람막이 희생 없어야," 월간헌정, 1995. 1.

정충섭, "기관형성이론에 있어서 리더십과 규범과의 연관성에 관한 연구," 행정논총 9(2), 서울대학교 행정대학원, 1971.

정홍익, "한국과 일본기업의 권력구조," 행정논총 27(2), 서울대학교 행정대학원, 1989.

조주영, "학교조직에서의 변형리더십에 관한 실증적 연구," 동아대학교대학원 행정학 박사학위논문, 1994.

한기정, "한국 정무관의 충원에 관한 연구," 서울대학교 행정대학원 행정학 석사학위 논문, 1990

## 3) 기 타

각 부처 예산안 자료, 1981-2001.

MBC PD수첩, 2000.7.18, 고위직 인사 무엇이 문제인가.

동아일보사, 1981~2000년도 동아연감.

조선일보·중앙일보·동아일보·한겨레, 1980. 9~2000.8 신문개

각기사.

월간조선, 신동아, 월간중앙 등 시사지.

행정자치부(총무처), 1981~2000년도 자치통계 연감; 정부조직변
천사, 1998 상하권.

국회회의록 사이트, http://node3.assembly.go.kr: 5006/.

법제처 법령자료 사이트, http://www.moleg.go.kr/.

행정자치부 조직정책 사이트,
http://org.mogaha.go.kr:7003/jojik/.

신문기사 사이트,

http://db.chosun.com/cgi-bin/man/manPutHtml.cgi/.

# 2. 외국문헌

## 1) Books

Aberbach, Joel D., Robert D. Putnam, & Bert A, Rockman, *Bureaucrats and Politicians in Western Democracies*, Cambridge: Harvard University Press, 1981.

Bennis, Warren, 김경섭 역, 뉴 리더의 조건, 서울: 김영사, 1993.

Blondel, Jean & Jean-Loise Thiebault, eds., *The Profession of Government Minister in Western Europe*, Hampshire: Macmillan Academic and Professional, 1991.

Blondel, Jean, *Government Ministers in the Contemporary World*, Oxford, 1985.

Blondel, Jean, *Comparative Government*, Philip Allan, 1990.

Burch, Martin & Ian Iolliday, *The British Cabinet System*, Prentice-hall, 1996.

Burns, James MacGregor, *Leadership*, New York: Harper & Low, 1978.

Denhardt, Robert B. & William H. Stewart, *Executive Leadership in the Public Sector*, Alabama: The University of Alabama Press, 1992.

Dogan, Mattei, ed., *The Mandarins of Western Europe: The Political Role of Top Civil Servants*, New York: John Wiley & Sons,

1975.

Dogan, Mattei, ed., *Pathways to Power: Selecting Rulers in Pluralist Democracies*, Boulder, Col.: Westview Press, 1989.

Doig, Jameson W. & Erwin C. Hargrove, eds., *Leadership and Innovation: Entrepreneurs in Government*, Baltimore: The Johns Hopkins University Press, 1987.

Dye, Thomas R., *Understanding Public Policy*, Englewood Cliffs: Prentice-Hall, 1972.

Elgie, Robert, *The Role of the Prime Minister in France, 1981-91*, New York: St. Martin Press, 1993.

Eulau, Heinsz et. al., *A Political Leadership*, Illinois: Free Press, 1956.

Fenno, Richard F. Jr., *The President Cabinet*, Harvard University Press, 1959.

Fiedler, F. E., *A Theory of Leadership Effectiveness*, New York: McGraw-Hill, 1967.

Gardner, Neely D., *Group Leadership*, The National Training and Development Service Press, 1974.

Heclo, Hugh, *A Government of Strangers*, Washington D. C.: Brookings Institution, 1977

Heclo, Hugh & Lester M. Salamon, eds., *The Illusion of Presidential Government*, Colorado: Westview Press, 1981

Hollander, Edwin p., *Leadership Dynamics: A Practical Guide to Effective Relationships,* New York: The Free Press, 1978.

Kahn, and Katz, *Group Dynamics; Bales and Slater, Family, Localization, and Interaction Processes.*

Katz, Daniel & Robert Kahn, *The Social Psychology of Organizations,* 2nd ed, New York: John Wiley, 1978.

Kaufman, Herbert, *The Administrative Behavior of Federal Bureau Chiefs,* Washington D. C.: The Brookings Institution, 1981.

Kouzes, James M & Barry Z. Posner, *The Leadership Challenge,* San Francisco: Jossey Bass Publishers, 1997

Laver, Michael & Kenneth A. Shepsle, eds., *Cabinet Ministers and Parliamentary Government,* New York: Cambridge University Press, 1995.

Lawless, David J., *Organizational Behavior: The Psychology of Effective Management,* N. J.: Prentice-Hall, 2nd Edition, 1979.

March, James G. ed., *Handbook of Organizations,* Chicago: Rand, McNally, 1965.

Mintzberg, Henry, *The Nature of Managerial Work,* New York: Harper Collins, 1973.

Nanus, Burt, 박종백·이상욱 역, 리더는 비전을 이렇게 만든다, 서울: 21세기북스, 1994.

Park, Young H., *Bureaucrats and Ministers in Contemporary Japanese Government*, California: Institute of East Asian Studies, 1986.

Putnam, Robert D., *The Comparative Study of Political Elites*, New Jersey: Prentice-Hall, 1976.

Rainey, Hal G., *Understanding and Managing Public Organization*, San Francisco: Jossey-Bass, 1997.

Rhodes, R. A. W. & Patrick Dunleavy, *Prime Minister, Cabinet and Core Executive*, St. Martin's Press, 1995.

Rose, Richard, *Ministers and Ministries*, Oxford: Clarendon Press, 1987.

Schermerhorn, Jr., John R., J. G. Hunt, & Richard N. Osborn, *Managing Organizational Behavior*, New York: John Wiley, 1982.

Selznick, Philip, *Leadership in Administration*, New York: Harper & Row Publishers, 1957.

Stogdill, R. M., and A. E. Coons, *Leader Behavior: Its Description and Measurement*, Columbus, Ohio: Bureau of Business Research, Ohio State University, 1957.

Suleiman, Ezra N., ed., *Bureaucrats and Policy Making*, London: Holmes & Meier, 1984.

Terry, Larry D., *Leadership of Public Bureaucracies*, Sage

Publications, 1995.

Tichy, Noel M. & Mary Anne Devanna, 박영종 역, 개혁을 추구하는 리더십, 서울: 21세기북스, 1994.

Vroom, Victor H. and Paul W. Yetton, *Leadership and Decision-Making*, Pittsburgh: Univ. of Pittsburgh Press, 1973.

Woodhouse, Diana, *Ministers and Parliament*, Oxford: Clarendon Press, 1994.

山川雄巳, 政策 と り-ダ-シツプ, 京都: 關西大學出版部, 平成 5 년.

## 2) Articles

Alderman, R. K. & J. A. Cross, "Ministerial Reshuffles and the Civil Service," *British Journal of Political Science*, Vol. 19(4), 1979.

Alderman, R. K. & Neil Carter, "The Logistics of Ministerial Reshuffles," *Public Administration*, Vol. 70, 1992.

Allen, Michael Patrick, Sharon K. Panian, & Roy E. Lotz, "Managerial Succession and Organizational Performance: A Recalcitrant Problem Revisited," *Administrative Science Quarterly*, Vol. 24, 1979.

Bakema, Wilma E., "The Ministerial Career," in Jean Blondel and Jean-Loise Thiebault, eds., *The Profession of Government Minister in Western Europe,* Hampshire: Macmillan Academic and Professional, 1991.

Ban, Carolyn & Patricia W. Ingraham, "Political Appointee Mobility and Its Impact on Political-Career Relations in the Regan Administration," *Administration & Society,* Vol. 22(1), 1990.

Barrow, J. C., "The Variables of Leadership: A Review and Conceptual Framework," *Academy of Management Journal,* Vol. 2., 1977.

Bass, Bernard & Enrico Valenzie, "Contingent Aspects of Effective Management Style," in J. G. Hunt and Lars Larson, eds., *Contingency Approach to Leadership,* Carbondale, II.: Southern Illinois Press, 1974.

Blondel, Jean, "The Post-Ministerial Careers," in Jean Blondel and Jean-Loise Thiebault, eds., *The Profession of Government Minister in Western Europe,* Hampshire: Macmillan Academic and Professional, 1991.

Boeker, Warren, "Power and managerial dismissal: scapegoating at the top," *Administrative Science Quarterly,* Vol. 37(3), 1992.

Bogdanor, Vernon, "Ministerial Accountability," *Parliamentary Affairs,* Vol. 50(1), 1997.

Bommer, William H. & Alan E. Ellstrand, "CEO Successor Choice, Its Antecedents and Influence on Subsequent Firm Performance: An Empirical Analysis," *Group & Organization Management*, Vol. 21(1), 1996.

Bowling, Cynthia J. & Deil S. Wright, Change and Continuity in State Administration: Administrative Leadership across Four Decades, *Public Administration Review* Vol 58(5), 1998.

Brass, Daniel J., "Being in the Right Place: A Structural Analysis of Individual Influence in an Organization," *Administrative Science Quarterly*, Vol. 29, 1984.

Brown, M. Craig, "Administrative Succession and Organizational Performance: The Succession Effect," *Administrative Science Quarterly*, Vol. 27, 1982.

Burke, W. Warner & George H. Litwin, "A Casual Model of Organizational Performance and Change," *Journal of Management*, Vol. 18(3), 1992.

Cannella, Albert A., Jr., & Martin J. Monroe, "Contrasting Perspectives on Strategic Leaders: toward a more realistic view of top mangers," *Journal of Management*, Vol. 23(3), 1997.

Carroll, Glenn R., "Dynamics of Publisher Succession in Newspaper Organizations," *Administrative Science Quarterly*, Vol. 29, 1984.

Chemers, Martain M., "The Social, Organizational, and Cultural Context of Effective Leadership, in Barbara Kellerman, ed., *Leadership: Multiciplinary Perspectives*, New Jersey: Prentice-Hall, 1984.

Coakley, John and Brian Farrell, "Selection of Cabinet Ministers in Ireland-1922-1982," in Dogan ed., *Pathways to Power: selecting rulers in pluralist democracies*. Westview, 1989.

Cotta, Maurizio, "Conclusion," in Jean Blondel and Jean-Loise Thiebault, eds., *The Profession of Government Ministerin Western Europe*, Hampshire: Macmillan Academic and Professional, 1991.

Cynthia, J. & Deil S. Wright, "Change and Continuity in State Administration: Administrative Leadership across Four Decades," *Public Administration Review*, Vol. 58(5), 1998.

Dalton, Dan R. & Idalene F. Kesner, "Organizational Performance as an Antecedent of Inside/Outside Chief Executive Succession: An Empirical Assessment", *Academy of Management Journal*, Vol. 28(4), 1985.

Dargie, Charlotte, "The role of public sector chief executives," *Public Administration*, Vol. 76 Spring, 1998

Davis, Tim R. V. and Fred Lutans, "Leadership Reexamined: A Behavioral Approach," in Fred Lutans and Kenneth R. Thompson, *Contemporary Readings in Organizational Behavior*, New York: McGraw-Hill Book Company, 1981.

Day, D. V. & R. G. Lord, "Executive Leadership and Organizational Performance: Suggestions for a New Theory and Methodology," in John L. Pierce & W. Newstrom, *Leaders& The Leadership Process*: Readings, Self- Assesment & Applications, Chicago: Irwin, 1995.

Dudley, Geoffrey & Jeremy Richardson, "Promiscuous and Celibate Ministerial Styles: Policy Change, Policy Networks and British Roads Policy," *Parliamentary Affairs*, Vol. 49(4), 1996.

Eitzen, D. Stanley & Norman R. Yetman, "Managerial Change, Longevity, and Organizational Effectiveness," *Administrative Science Quarterly*, Vol. 17, 1972.

Finer, S. E., "The Individual Responsibility of Ministers, *Public Administration*, 1956.

Finkelstein, Sydney, "Power in Top Management Teams: Dimensions, Measurement, and Validation," *Academy of Management Journal*, Vol. 35(3), 1992

Finkelstein, Sydney & Donald C. Hambrick, "Top-Management-Team Tenure and Organizational Outcomes: The Moderating Role of Managerial Discretion," *Administrative Science Quarterly*, Vol. 35, 1990.

Geletkanycz Marta A. & Donald C. Hambrick, "The External Ties of Top Executives: Implications for Strategic Choice and Performance," *Administrative Science Quarterly*, Vol. 42,

1997.

Hambrick, Donald C. & Phyllis A. Mason, "Upper Echelons: The Organization as a Reflection of Its Top Managers," *Academy of Management Review*, Vol. 9(2), 1984.

Hambrick D. C., "Putting Top Managers Back in the Strategy Picture," in John L. Pierce & W. Newstrom, *Leaders &The Leadership Process: Readings, Self-Assesment & Applications*, Chicago: Irwin, 1995.

Haveman, Heather A., "Ghosts of Managers Past: Managerial Succession and Organizational Mortality," *Academy of Management Journal*, Vol. 36(4), 1993.

Headey, Bruce W., "A Typology of Ministers: Implications for Minister-Civil Servant Relationship in Britain," in Mattei Dogan, ed., *The Mandarins of Western Europe: The Political Role of Top Civil Servants*, New York: John Wiley & Sons, 1975.

Heclo, Hugh, "The In-and-Outer System: A Critical Assessment," *Political Science Quarterly*, Vol. 103(1), 1988.

Heclo, Hugh, "In Search of a Role," in Ezra N. Suleiman, ed.,*Bureaucrats and Policy Making*, London: Holmes & Meier, 1984.

Heimovics, Richard D., Robert D. Herman & Carole L. Jurkiewicz Coughlin, "Executive Leadership and Resource

Dependence in Nonprofit Organizations: A Frame Analysis," *Public Administration Review*, Vol 53(5), 1993.

House, Robert J., "A Path Goal Theory of Leadership," *Administrative Science Quarterly*, Vol. 16. 1971.

Hunt, J. G. & Richard Osborn, "Toward a Macro-Oriented Model of Leadership," in Hunt, Sekaran, and Schreisheim, eds., *Leadership: Beyond Establishment Views*.

Joyce, Philip G., "An Analysis of the Factors Affecting the Employment Tenure of Federal Political Executives, *Administration & Society*, Vol. 22(1), 1990.

Kellerman, Babara, "Leadership as a Political Act," in Barbara Kellerman, ed., *Leadership: Multidisciplinary Perspectives*, New Jersey: Prentice-Hall, 1984.

Keman, Hans, "Ministers and Ministries," in Jean Blondel and Jean-Loise Thiebault, eds., *The Profession of Government Minister in Western Europe*, Hampshire: Macmillan Academic and Professional, 1991.

Kesner, Idalene F. & Terrence C. Sebora, "Executive Succession: Past, Present & Future," *Journal of Management*, Vol. 20(2), 1994.

Lieberson, Stanley & James F. O'Conner, "Leadership and Organizational Performance: A Study of Large Corporations", *American Sociological Review*, Vol. 37, 1972.

Lippit, Lewin, K., R., & R. K. White, "Patterns of Aggressive Behavior in Experimentally Created 'Social Climates,'" *Journal of Social Psychology*, Vol. 19. 1966.

Mann, R. D., "A Review of the Relationship between Personality and Performance in Small Groups," *Psychology Bulletin*, Vol. 56, 1959.

March, James G., "How We Talk and How We Act," in T. J. Sergiovanni & J. E. Corbally, eds., *Leadership and Organizational Culture*, Urbana: University of Illinois Press, 1981.

Morgan, David R., & Sheilah S. Watson, "Policy Leadership in Council-Manager Cities: Comparing Mayor and Manager," *Public Administration Review*, Vol. 52(5), 1992.

Muller, Wolfgang C. & Wilfried Philipp, "Prime Minister and Other Government Heads," in Jean Blondel and Jean-Loise Thiebault, eds., *The Profession of Government Ministerin Western Europe*, Hampshire: Macmillan Academic and Professional, 1991.

Pfeffer, Jeffrey, "The Ambiguity of Leadership," *Academy of Management Review*, January 1977.

Pfeffer, Jeffrey & Alison Davis-Blake, "Administrative Succession and Organizational Performance: How Administrator Experience Mediates the Succession Effect," *Academy of Management Journal*, Vol. 29(1), 1986.

Riccucci, Norma M., "Execucrats, and Public Policy: What Are the Ingredients for Successful Performance in the Federal Government?," *Public Administration Review*, Vol. 55(3),1995.

Salanick, Gerald R. & Jeffrey Pfeffer, "Constraints on Administrator Discretion: The Limited Influence of Majors on City Budgets", *Urban Affairs Quarterly*, Vol. 12(4), 1977.

Smith, Jonathan E., Kenneth p. Carson, & Ralph A. Alexander," Leadership: It Can Make a Difference," *Academy of Management Journal*, Vol. 27(4), 1984.

Sridharan, Uma V. & Caron H. St. John, "The Effect of Organizational Stability and Leadership Structure On Firm Performance," *Journal of managerial Issues,* Vol. 10(4), 1998.

Stehr, Steven D., "Top Bureaucrats and the Distribution of Influence in Regan's Executive Branch," *Public Administration Review*, Vol. 57(1), 1997.

Stogdill, R. M., "Personal Factors Associated with Leadership: A Survey of the Literature," *Journal of Psychology*, Vol. 25.1948.

Svara, James H., "Refining Leadership in Local Government: The Facilitative Model," in James H. Svara, et. al., *Facilitative Leadership in Local Government: Lessons from Successful Mayors and Chairpersons*, San Francisco: Jossey-Bass Publishers,

1994.

Thomas, Alan Berkeley, "Does Leadership Make a Difference to Organizational Performance?," *Administrative Science Quarterly*, Vol. 33, 1988.

Thompson, Carolyn Rinkus, "The Cabinet Member as Policy Entrepreneur," *Administration & Society*, Vol. 25, 1994.

Tiebault, Jean-Louis, "The Social Background of Western European Cabinet Ministers," in Jean Blondel and Jean-Loise Thiebault, eds., *The Profession of Government Ministerin Western Europe*, Hampshire: Macmillan Academic and Professional, 1991.

Udy, S. H., "The Comparative Analysis of Organizations," in James G. March, ed., *Handbook of Organizations*, Chicago: Rand, McNally, 1965.

Weiner, Nan & Thomas A. Mahoney, "A Model of Corporate Performance as a Function of Environmental, Organizational, and Leadership Influences," *Academy of Management Journal*, Vol. 24(3), 1981.

Woodhouse, Diana, "Ministerial responsibility in the 1990s: when do ministers resign?," *Parliamentary Affairs*, Vol. 46(3), 1993.

Wyszommirski, Margaret Jane, "Presidential Personnel and Political Capital: From Roosevelt to Regan," in M.

Dogan, *Pathways to power: Selecting Rulers in Pluralist Democracies*, Boulder, Colo.: Westview Press, 1989.

Yammarino, Waldman Francis J, "CEO Charismatic Leadership: Levels-of-management and levels-of-analysis effects," *The Academy of Management Review*, Vol. 24(2), 1999.

# <부록: 설문지>

□ 아래 설문은 노태우 정부시절부터 김대중 초기정부(2000. 8. 7 현재)까지 귀 부처 장관들의 활동과 업적에 관한 것입니다. 차분히 읽으신 뒤 응답해 주시면 감사하겠습니다.

(1) 아래 열거된 장관들이 재임기간동안 가장 역점을 두고 활동한 부문은 무엇이었습니까.(장관별로 하나만 골라 ○ 표시를 해 주세요)

| 정부 | 장관 | 1)특정 정책의 개발이나 추진 | 2)(조직, 인사 등)부처장으로서의 부 문제의 해결과 운영개선 | 3)부처의 대외업무 추진(외압배제 및 정당, 의회, 청와대 등 협조 확보) | 4)직원들이 자율적으로 업무수행 하도록 간섭 최소화 | 5)기타(구체적으로) |
|---|---|---|---|---|---|---|
| 노태우 | 조순 | | | | | |
| | 이승윤 | | | | | |
| 김영삼 | 이경식 | | | | | |
| | 홍재형 | | | | | |
| | 한승수 | | | | | |
| 김대중 | 이규성 | | | | | |
| | 강봉균 | | | | | |

(2) 다음 각 장관 취임 후 아래와 같은 부문에 얼마나 큰 변화가 일어났습니까.

(각 장관별로 해당사항에 ○표시를 하시오)

**(2-1)** 부처 중요정책의 변화

| 정부 | 장관 | 1) 매우 큰 변화가 일어났다. | 2) 상당한 변화가 일어났다. | 3) 어느 정도 변화가 있었다. | 4) 별로 변화가 없었다. |
|---|---|---|---|---|---|
| 노태우 | 조순 | | | | |
| | 이승윤 | | | | |
| 김영삼 | 이경식 | | | | |
| | 홍재형 | | | | |
| | 한승수 | | | | |
| 김대중 | 이규성 | | | | |
| | 강봉균 | | | | |

**(2-2)** 조직관리 및 인사관리상의 변화

| 정부 | 장관 | 1) 매우 큰 변화가 일어났다. | 2) 상당한 변화가 일어났다. | 3) 어느 정도 변화가 있었다. | 4) 별로 변화가 없었다. |
|---|---|---|---|---|---|
| 노태우 | 조순 | | | | |
| | 이승윤 | | | | |
| 김영삼 | 이경식 | | | | |
| | 홍재형 | | | | |
| | 한승수 | | | | |
| 김대중 | 이규성 | | | | |
| | 강봉균 | | | | |

**(2-3)** 부처위상 및 대외관계상의 변화

| 정부 | 장관 | 1) 매우 큰 변화가 일어났다. | 2) 상당한 변화가 일어났다. | 3) 어느 정도 변화가 있었다. | 4) 별로 변화가 없었다. |
|------|------|---|---|---|---|
| 노태우 | 조순 | | | | |
| | 이승윤 | | | | |
| 김영삼 | 이경식 | | | | |
| | 홍재형 | | | | |
| | 한승수 | | | | |
| 김대중 | 이규성 | | | | |
| | 강봉균 | | | | |

(3) 다음 표는 노태우 정부부터 김대중 초기정부(2000. 8 현재)까지 귀 부처 전체장관 14명(중복자 포함)을 순서대로 표시하고 있습니다. 이 가운데 '업무를 성공적으로 수행한 장관'과 '보통 수준의 업무수행 장관, '적응에 어려움을 겪었던 장관'을 꼽는다면 누구를 들 수 있겠습니까. (해당 장관 모두에 ○표를 하시고 구체적인 이유를 자세히 기입해 주세요)

| 장관명 | 업무 성공적 수행 | 보통수준의 업무수행 | 적응에 어려움 | 구체적 이유 |
|---|---|---|---|---|
| 나웅배 | | | | |
| 조순 | | | | |
| 이승윤 | | | | |
| 최각규 | | | | |
| 이경식 | | | | |
| 정재석 | | | | |
| 홍재형 | | | | |

| 장관명 | 업무 성공적 수행 | 보통수준의 업무수행 | 적응에 어려움 | 구체적인 이유 |
|---|---|---|---|---|
| 나응배 | | | | |
| 한승수 | | | | |
| 강경식 | | | | |
| 임창렬 | | | | |
| 이규성 | | | | |
| 강봉균 | | | | |
| 이헌재 | | | | |

(4) 노태우 정부부터 김대중 초기정부까지 대체적으로 귀 부처 장관이 장관직을 수행하는 데 장애가 되어온 요소는 무엇이라고 보십니까.(가장 큰 장애요인부터 순서대로 2가지만 골라( )에 1과 2로 기입해 주세요)

( ) 1) 장관의 제한된 권한 등 구조적 요인
( ) 2) 짧은 재임기간
( ) 3) 야당의 비협조
( ) 4) 언론의 비협조
( ) 5) 관련 국회상임위의 비협조
( ) 6) 청와대 등의 지나친 간섭
( ) 7) 장관의 전문성 부족
( ) 8) 기타(구체적으로)

※ 성실하게 설문에 응해 주셔서 감사합니다.

# <보론: 성공장관론>

## 1. 장관임명, 어떻게 해야 하나

비교적 조용하게 치러진 총선도 끝났다. 온 국민의 관심사항인 탄핵사안에 대한 헌법재판소의 결정문 초안도 작성 중인 것으로 알려지고 있다. 정부와 정치권은 저마다 총선과정이나 총선결과에 나타난 민심의 소재를 파악해 이를 어떻게 정책에 반영할지 나름 대로 해법찾기에 골몰하고 있다.

언론과 정치권 일각에서는 총선에서의 민의를 반영해 조만간 참여정부의 2기 내각이 구성될 것이라는 조심스런 예측도 내리고 있다. 어쨌든 의회 구성원들이 새로운 인물들로 대거 영입된 마당에 국정이나 행정의 틀도 새롭게 바뀔 거라는 전망은 나름대로의 근거를 가지고 있는 것처럼 보인다. 국정의 큰 그림을 제대로 실행하기 위해서는 물적 자원(예산)과 함께 유능한 인적 자본(human capital)의 확보가 매우 중요한 것은 불문가지이다. 물적 자원은 국회에서 심의과정을 거쳐 확정된 것이므로 변수가 아닌 상수적 성격을 가진다고 할 수 있다. 그러나 인적 자원(인물)을 새롭게 충원하거나 교체하는 것은 변수적 속성을 지닌다.

그렇다면 중요한 것은 어떻게 , 어떠한 기준으로 국제사회의 변화와 복잡다단한 국내적 상황을 지혜롭게 풀어 헤쳐나갈 인물을 뽑느냐 하는 문제이다. 여기서 관심의 핵은 국정의 최고책임자인 대통령과 정책이념이나 철학을 함께 공유하며 소속부처 행정의 최고의사결정권자인 국무위원이자 장관이라는 자리이다.

대한민국 정부가 수립된 지 어언 반세기가 지났으나 지금도 장관이 임명되면 임명과정과 그 결과를 놓고 갑론을박이 끊이질 않고 있다. 그 만큼 장관인사가 어렵다는 반증일 수 있다. 논의의 중심은 대체로 제대로 된 인물이 뽑히지 않아서 이기 때문일 것이다. 정부의 연륜도 짧지 않은 데나 정부의 고위정무직 인사행정에 대한 노하우도 어느 정도 축적될 법도 한 데, 왜 이 문제가 속시원히 해결되지 못하는 걸까. 많은 요인이 얼기설기 얽혀있기 때문일 것이다. 지역에 기인한 역사적 요인, 통치권자의 인재 등용철학, 사회적 약자층의 존재 등…. 외국의 사례처럼 우리의 경우는 사회갈등과 대립의 소지들을 배제하기 위한 정부의 노력이 중요하며 장관 임명에서도 이러한 측면을 배제하기가 매우 어려운 것이 현실일 것이다.

그러나 어쨌거나 지금의 세상은 아날로그 문화가 지배하던 농업사회도, 굴뚝이 경제의 파이를 결정하던 산업사회도 아니다. 미래학자이자 사상가인 엘빈 토플러가 강조한 제3의 물결처럼 지식과 정보가 그 나라의 힘(경쟁력)을 좌지우지하는 무서운 세상으로 변해 버렸다. 국경이 사라진 무한 경쟁의 시대, 디지털 문화는 정부와 국가의 비교우위를 결정하는 주된 요인이 되어 가고 있다.

이러한 환경적 변화 요소들은 정부가 행정부의 핵심정책결정권자인 장관을 임명하는 경우 최우선적으로 눈여겨 보아야 할 대목이다. 역대 정부의 사례를 보면 장관이라는 자리를 국가의 생산성이나 효율성을 높이는 관점에서 바라보는 시각이 크게 부족하였다고 해석해도 과언이 아닐 것이다. 좀 더 부언한다면 임명권자인 대통령이 자신에게 충성을 바친 심복부하들을 챙겨주는 수단으로 장관자리를 악용(?)한 사례가 비일비재하였다. 경제적으로 도움을 주거나 자문 등 기타 다른 방법으로 집권세력에게 공헌을 한 사람들에게 장관자리를 마치 전리품 배분하듯 나누어 준 경우도 빈번히 나타나고 있다. 특히 우리의 경우 역대 정부의 장관임용사례를 보면 장관 후보자의 능력이나 자질 등 이른바 실적(merit)과 관련된 요소들에 대해 가중치를 매우 낮게 매기는 집권세력의 인사철학도 자주 눈에 띄고 있다.

최근 선거가 끝난 뒤 각종 대중 매체들의 개각관련 예상보도내용을 보면, 우려되는 부분도 없지 않아 마음 한 켠이 조금은 개운치 못하다는 점이 필자의 솔직한 심정이다. 내용인즉 이렇다. 누구누구가 총선승리에 큰 공을 세웠거나 선전을 했으니 이들을 장관에 입각시켜야 한다는 내용이다. 이런 논리가 완전히 틀렸다는 것은 아니나 적어도 장관으로 등용되는 데정치적 요소(political consideration)가 최우선적으로 반영되어서는 곤란하다는 얘기다.

필자가 최근 연구한 자료에 따르면 '장관이 바뀌어도 부처행정에는 변화가 없거나 있다해도 미미한 수준에 그친 것'으로 나타났다. 다시말하면 우리의 경우 장관이 빈번하게 바뀌고 있으나 행정의 변화에는 별다른 영향을 미치고 있지 못하다는 얘기이다. 그 원인에 대해 수십명의 장관을 직접 만나 필자 나름으로 분석한 결과를 요약해 설명하면 이러하다. 첫째, 장관의 임명과정이나 절차가 밀실에서 폐쇄적으로 이루어 지고 있다. 게다가 장관임명시 인선기준도 국가전체를 보는 안목이나 업무 능력 등 전문성 측면보다는 최고통치권자인 대통령과의 친분관계나 지역적 안배 등 정치적 요인이 많이 작용하였다는 것이다. 둘째, 정책이나 부처의 주요 현안에 대해 생각할 수 있는 시간적 여유가 너무나 없다는 것이다. 셋째, 부처 조직을 재설계할 수 있는 권한이 장관에게 주어져야 하는데, 제도적으로 그러하지 못하다는 점 등이다. 셋째요소를 제외하면 장관을 임명할 때 어떠한 요소가 가장 우선적으로 고려되어야 하는 지를 웅변으로 시사해주고 있다고 할 것이다.

참여정부는 출범하면서 장관후보자를 인터넷으로 추천 받는 등 이전의 어떤 정부도 시도하지 않은 신선한 인재추천방식을 도입했다고 할 수 있다. 지금까지 장관으로 임명된 인사들의 면면(스프트웨어적 측면)을 보면 '참 잘 뽑았다'라고 생각되는 부분도 분명있다고 판단된다. 그러나 대체로 「일하는 능력(working capacity)」보다는 「정치적 편의 에 의한 인선」 쪽으로 많은 식자들의 의견이 쏠리는 것도 사실이다. 이러한 현상은 앞으로 있을 개각에서는 크게 개선되어야 할 것이다.

이러기 위해서는 우선 임명권자인 대통령의 장관직을 바라보는 시각이 「시혜」 중심에서 「업무 혹은 직무」 중심으로 크게 바뀌어야 할 것이다. 정치권이나 언론 등 행정권 외의 주요기관에서도 장관직을 「국가 경쟁력(competitiveness)」 차원에서 이해하려는 노력이 함께 수반되어야 할 것이다.

최근 필자가 만난 전직장관의 고언을 소개하면서 글을 마칠까 한다.

"역대 정부의 경우 대체로 장관이라는 자리를 정부의 생산성차원이 아닌 정치적 파이(pie)를 나누는 데 이용해 왔다. 그러나 국제적 생존환경이 크게 달라졌다. 선진국과 밤낮없는 무한경쟁이 이뤄지고 있다. 살아남기 위해서는 장관 등용의 틀(paradigm)에 혁신적 변화가 지속적으로 이뤄져야 하지 않을까".

# 2. 역대 장관 경질사유 및 방향

사례 1: 『모 경제부처의 A 장관은 000 화재와 000 사회범죄 사건 등으로 민심이 흉흉해지자 이를 수습하는 차원에서 경질되었다 …(중략)…』

사례2: 『00부처 직원들은 00개혁 작업에 심혈을 기울여 조직 안팎으로 평이 좋았던 데다 00년말 입각 후 두차례의 개각에서 계속 '열외'를 해온 B 장관을 정부 임기가 몇달 남지 않은 시점에 굳이 바꿀 이유가 없었다고 강변하였다 …(중략)…』

사례 3: 『00부처 전직 C 장관은 총선을 앞두고 비례대표로 출마해 00지역의 유세를 맡을 예정이므로 장관직에서 물러났다고 당 관계자는 밝혔다 …(중략)… 』

위에서 예시한 3가지 사례들은 당시 일간지 기사를 참조해 작성된 것인 데, 각각 전두환 정부와 김영삼 정부 김대중 정부에서 장관이 경질되는 대표적인 사유를 잘 나타내 주고 있다. 먼저 사례 1의 경우는 경제부처 업무와 관련없는 사유로 장관이 경질된 것이고 사례 2는 소속부처 직무를 별다른 하자없이 잘 수행하고 있는 데 장관직에서 물러난 경우이다. 사례 3은 총선 출마차원에서 해당 장관이 징발되는 바람에 장관직을 중도 하차한 예에 해당한다. 요컨대 이상의 사례들은 개각 소식을 전하는 대중 매체를 통해 너무나 흔하게 우리 주변에서 목도되고 있다.

필자는 최근 수개월 동안, 우리나라의 경우 왜, 무슨 이유로 장
관이 경질되는 지를 분석해 보았다. 조사 대상은 전두환 정부부터
노태우·김영삼·김대중 정부에 이르기까지 20여년동안 23개 부처에
재임한 381명 장관 전체였다. 분석대상 자료는 신문·잡지·연감 등
시사기록물(documentary data)이었다. 이렇게 광범위하게 조사를
시도한 것은 장관의 '경질사유'에 대한 단편적 지식(fragmentary
knowledge)보다는 일반화된 사실(generalized facts)을 도출하기 위
해서 였다. 일반화된 사실 혹은 정보를 통해 한국행정의 생산성을
높일 수 있는 단초를 얻을 수 있다는 판단때문이었다.

크게 5가지로 분류되었다. 첫째, 장관이 해당 부처업무(정책 포
함)를 제대로 처리하지 못한 데 따른 책임(행정적·정치적 책임)을
지고 경질된 경우이다. 외국과 어업협상이나 외교협상을 벌였는
데 결과적으로 국익에 큰 손상을 끼친 사례 등이 이에 해당된다.
둘째, 장관 개인의 도덕적 스캔들 문제로 물러나게 되는 경우이다.
고위공직자로서 깨끗한 몸가짐이나 자기관리에 소홀해 더 이상 직
무를 수행하는 것이 불가능한 경우로 뇌물수수 혐의나 문란한 사
생활 등이 주된 사유이다. 셋째. 정치적 사유이다. 선거나 권력관
계의 변화(혹은 이동)로 장관직에서 물러나는 경우이다. 최근 있었
던 총선 등 정치적 행사에 출마하거나 선거관리차원(중립선거내각
수립 등)에서 장관직을 떠나는 사례가 해당된다 하겠다. 넷째, 상
징적 사유이다. 장관이 개인적으로 책임을 져야 할 뚜렷한 사유나
명분없이 장관직을 물러나는 것이다.

대표적인 예로 국정쇄신이니 민심수습이니 하면서 대폭 물갈이
하거나 후임자 배려차원이나 재임기간이 길다(보통 1년이상)는 이
유로 장관을 갈아치우는 사례 등을 들 수 있다. 다섯째 기타 사유

이다. 대체로 건강을 이유로 물러나게 되는 경우이다. 위의 5가지 유형 가운데 첫째와 둘째 사유는 장관이 업무와 관련해 책임을 지고 물러나는 것(귀속책임)이고 나머지 사유는 장관개인의 책임과 무관하게 장관직을 떠나는 것이다(비귀속책임). 책임행정이나 행정의 생산성 정도를 잣대로 평가해 볼 때 장관이 귀속책임에 의해 물러나는 것이 순리이고 합리적이라 할 수 있다.

우리 현실은 어떠한가. 필자의 분석에 따르면 전체 장관 381명 중 24%에 해당하는 91명만이 장관 개인의 잘못이나 부처업무에 책임을 지고 경질되었다. 말하자면 장관 10명당 7명꼴로 장관 스스로가 감수해야할 책임과 무관한 일로 그 직에서 물러난 셈이 된다. 말하자면 일을 잘 해도 장관직에서 쫓겨날 가능성이 매우 높다는 얘기가 된다. 사정이 이러하니 물러나는 장관의 경우 서운한 감정이 하염없이 북받칠 것이요. 새로 부임하는 장관도 업무를 의욕적으로 추진하고자 하는 동기부여가 제대로 될 리가 없는 것이다. 이러한 공직 환경에서는 복지부동이니 무사안일이니 하는 비효율적이고 낭비적인 행태가 온존할 수 밖에 없을 것이다. 정부경쟁력이니 국가 경쟁력이니 하는 말들이 왠지 낯설고 어색해 보이는 슬픈 우리네 자화상이 아닐 수 없다.

전직장관 K씨는 조용하고 합리적인 일처리로 정평이 나있는 경제전문 행정관료 출신이다. 그가 겪은 경질 경험담은 우리 행정의 아픈 현주소를 극명하게 보여준다.

그는 "우리의 경우 집권세력이 정치적으로 곤란한 상황에 직면한 경우 이를 돌파하는 수단으로 '장관교체'라는 극약처방을 자주 내놓는다. 집권세력은 장관교체가 일반국민들에게 일종의 카타르시스를 느끼게 만든다는 판단을 하는 것 같다"라고 진단한다. 임기말 후임자를 배려하는 차원에서 자신이 장관직에서 물러났다고 기억하는 그는 경질 이후 중요한 국가정책이 손바닥 뒤집히듯 바뀐 사례를 설명한다. 자신이 재임 중 심혈을 기울여 추진한 업종 전문화 정책-재벌의 문어발 경영형태를 바꾸기 위한 목적-이 후임자에 의해 전면 백지화 되어버렸다는 것이다. 장관 개인에게 귀속되는 책임과 전연 다른 사유로 물러나게 되는 경우 주요정책이 일관성과 연속성을 잃고 어떻게 표류하는 지를 짐작케 하는 낭비행정의 대표적 례로 꼽을 만하다.

이상에서 지적한 내용을 통해 정부경쟁력이나 정부의 생산성과 장관의 경질사유는 일정부분 함수관계를 가지고 있다고 해석할 수 있다. 그렇다면 행정이나 정책의 일관성을 살리면서 비효율과 낭비적 요소를 제거하기 위해서는 어떻게 할 것인가. 미국이나 영국 등 선진국의 경우처럼 장관이 정책적으로 엄청난 오류를 범해 국가전체의 이익에 악영향을 끼쳤거나 도덕적 스캔들로 더 이상 직무수행이 불가능한 경우 등으로 장관이 물러나는 요건(사유)을 엄격하게 제한해야 할 것이다.

# 3. 학자출신 장관의 공과

역대 정부의 장관 임용사례를 찬찬히 뜯어 보자. 새로운 정권이 들어서거나 내각이 큰 폭으로 바뀔 때마다 약방의 감초처럼 장관으로 상당수 등용된다. 이른바 학식과 덕망을 갖춘 것으로 평가되는 지식인 그룹의 학자출신이다. 그러나 학자출신 장관이 직무를 제대로 잘 수행하고 있는지 혹은 수행했는지에 여부에 대해서는 말들이 많다. 혹자는 학자출신은 장관직 수행에 부적합하다는 냉혹한 평가를 내리기도 한다. 과연 그러한가. 학자출신은 여타 직종 경력자에 비해 장관업무 추진에 상대적으로 많은 흠을 지니고 있다고 할 수 있는가.

많은 사람들이 가질 수 있는 이 재미나는 질문에 어떻게 답할 수 있을까. 아래에서 하나씩 하나씩 짚어나가기로 한다.

학자출신이 장관으로 등용되는 배경에는 여러 가지가 있을 것이다. 우리의 경우 집권세력과의 공식적 혹은 비공식적인 연계고리(**networking**)가 가장 크다고 생각된다. 집권하기 전 (혹은 집권 중) 집권후보자(혹은 집권자)에게 국가가 나아가야 할 방향에 대해 많은 자문을 하는 등 지적인 조언을 하게 마련이다. 예를 들면 박정희 정부때는 지식인 그룹이 '평가교수단'이라는 이름으로 국정에 참여했다. 서슬퍼런 전두환 정부때는 '국가보위입법회의'에서 많은 지식인들이 활동했다. 현재의 참여정부에서는 정권출범 초기 '인수위원회'에서 내공(?)을 쌓은 비중있는 학자출신들이 대부분 입각한 바 있다.

정치체제가 우리와 같은 대통령 중심제 국가인 미국의 경우는

어떠한가. 비근한 예로 클린턴 정부시절에는 '아칸소 사단'이 있었
고 현재의 부시정부에는 '조지아 사단'이 있다. 이른바 샘물과 같은
집권세력의 인재등용문이라 할 수 있다. 흑인여성 출신으로 부시의
신임이 각별한 콘돌리자 라이스 백안관 안보보좌관. 그녀는 스탠퍼
드대 교수출신으로 입각하기전 핵문제 등 첨예한 국제문제에 대해
부시의 '가정교사'역을 톡톡히 해 온 것으로 알려지고 있다.

다시 우리의 경우로 눈을 돌려보자. 학자출신이 지난 정부(전두
환~김대중 정부)에서 어느 정도 장관으로 입각하였는지를 조금
구체적으로 살펴보자.

4개 정부 전체 장관(381명) 가운데 학자출신 장관은 17%선인
64명으로 나타났다. 크게 보면 지난 20여년동안 장관으로 입각한
인사 10명 중 2명이 학자출신이라고 보면 된다.

먼저 전두환·노태우 정부 등 정통성의 기반이 약한 군 출신 정
부에서 모두 28명이 등용되었다. 군 출신 정부 장관 전체(189명)의
15%를 점하는 비중이다. 김영삼·김대중 정부 등 민간인 출신 정부
에서는 모두 36명이 입각하였다. 민간인 정부 전체 입각자(192명)
의 19%선을 보이고 있다. 민간인 정부가 군 출신 정부에 비해 학
자출신을 조금 더 등용하였음을 알 수 있다. (다음 표 참조)

학자출신 장관(64명)이 소속된 부처를 보면 교육문화(22명)·정보
과학(14명)·경제 관련 부처(13명)에 쏠림 현상이 나타나고 있다. 전
문적인 지식과 기술에 대한 필요성이 강조되는 부처에 상대적으로
높은 비중으로 입각하고 있다고 평가할 수 있겠다.

<표 1> 전두환~ 김대중 정부 장관입각자 경력 분포(단위: 명)

| 정부 | 관료 | 정치인 | 학자 | 군인 | 법조인 | 경영인 | 언론인 |
|------|------|--------|------|------|--------|--------|--------|
| 김대중 | 34 | 25 | 16 | 6 |  | 7 |  |
| 김영삼 | 43 | 22 | 20 | 5 | 3 | 1 | 6 |
| 노태우 | 36 | 18 | 13 | 14 | 2 | 3 | 6 |
| 전두환 | 42 | 13 | 15 | 16 |  |  | 4 |

주) 나머지 체육인, 의료인, 노동운동가, 금융인, 연극인 등은
   편의상 제외 (출처: 졸저 『21세기 성공 장관론』(서울:나남출판,
   2004)
   pp. 23-25 참조해 재작성)

역대 정부의 집권세력은 군출신 정부이든 민간인 출신 정부이든
지식인인 학자출신에 거는 애정과 기대가 나름대로 상당한 수준이
었다는 점에서는 일치하고 있다고 해석할 수 있겠다.

역대정부들은 왜 학자출신을 비중있게 장관으로 등용하려고 했
을까. 우선 학자출신은 다른 직종에 비해 높은 도덕성과 균형감각
그리고 객관성을 유지하려는 성향이 강하다는 장점이 있다. 또한
관료출신 등에 비해 사회를 이상적인 방향으로 개혁하려는 의지가
강한 속성을 지니기 때문일 것이다.

학자출신 장관들의 직무성적을 어느 정도 매겨야 할까. 대체로
공무원출신 장관이나 공무원들은 학자출신 장관에 대해 높은 점수
를 주지 않으려 하는 경향이 있는 것 같다.

다음과 같은 이유를 그들은 들고 있다. 하나는 홀로 폐쇄된 공
간에서 강단이나 이론적 연구활동을 평생 해 온 사람들이라 현실
감각이 뒤진다는 것이다. 둘째, 이른바 관료제(hierarchy)조직 경험
이 거의 없고 자율과 책임상태에서 자유분방한 생활에 익숙해져

있어 정부관료제의 속성을 제대로 파악하지 못하고 있다는 것이다. 따라서 조직을 관리해 나가는 데 매우 서툴 수 밖에 없고 자칫 부하공무원(관료)에 포획돼 이리저리 흔들릴 가능성이 높다는 것이다. 셋째 부처의 최고 행정책임자로서 주요 정책이나 현안을 추진해 나가는 데는 이해관계가 서로 다른 유관 기관(언론, 국회, NGO, 타 부처, 이익집단 등)을 설득하고 조정하는 능력인 정치력, 정치감각, 업무 추진력이 필수적인 데, 이 부분에 대해 학자 출신들은 많은 약점을 보인다는 것이다.

외교부처 장관을 지낸 L씨는 "학자 출신은 아이디어의 참신성이나 분석능력은 출중하다고 할 수 있다. 다만 장관이라는 자리는 정책을 실행하거나 추진할 수 있는 제반 능력이 더욱 중요하다. 이런 점에서 학자출신의 입각은 바람직 하지 않다"고 조심스럽게 진단한다.

이에 대해 학자출신 장관들은 대외교섭능력이나 추진력 등에 있어 약간 굼뜬 부분을 인정한다. 그러면서도 대 국민 서비스 측면에서 잘못된 행정관행을 개선시키고 행정의 대외경쟁력을 높이기 위해 사심없이 사명감으로 일할 수 있는 인사는 학자출신이 제격이라고 맞선다. 교수출신으로 사회부처 장관을 지낸 K씨는 학자출신이 장관으로 부임하는 경우, 공무원 사회는 자신들의 일터(job market)에 외부침입자(intruder)가 들어왔다고 생각해 생래적으로 강한 거부감을 가지고 있는 것 같다고 분석한다.

필자는 2001년 상반기에 국·과장급 공무원(전직 포함)을 대상으로 설문조사를 통해 장관 평가를 실시한 바 있다. 평가대상 장관은 노태우·김영삼·김대중 정부 16개 부처에 재임한 장관 187명이었다. 분석결과, 관료 출신과 정치인 출신 장관의 점수가 상대적으로 높게나왔다. 반면 학자출신의 성적은 별로 신통치 못했다. 그 이유에 대해 공무원들은 이렇게 응답하였다. 학자 출신들은 소속공무원들과 융화하는 데 어려움을 겪는다. 더구나 현대 행정은 업무추진에 있어 타 부처나 타 기관 등과 복잡하게 관련을 맺고 있는 경우가 대부분이다. 이들 기관들을 어떻게 자신의 편으로 유리하게 원군을 만드느냐가 매우 중요한 과제이다. 학자출신들은 이러한 숙제를 제대로 풀어내지 못하고 있다는 것이다.

그러나 필자의 분석에 따르면 학자출신 장관들이 부하공무원들로부터 좋은 평가를 받는 사례도 적지 않다고 생각된다. 통일부처 장관을 지낸 L 장관, 사회복지 부처 장관을 지낸 C 장관, 정보과학 부처 장관을 지낸 O 장관, 문화교육 부처 장관을 지낸 L 장관, 경제관련 부처 장관을 지낸 K 장관 등은 부하공무원들로부터 높은 점수를 받았던 장관들이다.

요컨대 학자출신이냐 아니냐 여부도 장관의 성적에 영향을 미친다고 할 수 있다. 그러나 장관 개인의 개성(personality)와 상황 타개 능력, 통찰력, 비전제시 능력 등 리더십과 임명권자의 지원강도, 유관 부서나 기관의 협조 도출능력 등 외부여건을 얼마나 우호적으로 이끌어 내느냐가 더욱 중요한 요소가 되지 않을까.

# 4. 여성장관의 역할과 입각전망

「이승만 ⋯ 셋(3), 박정희⋯ 없음(0), 최규하 ⋯ 하나(1), 전두환 ⋯하나(1), 노태우 ⋯ 넷(4), 김영삼 ⋯여덟(8), 김대중 ⋯ 아홉(9), 노무현⋯ 넷(4)— .」

위 열거된 숫자들은 무엇을 뜻하는 암호일까. 수수께끼 같은 문제라 쉽게 그 답이 떠오를 성 같지 않다.

언필칭 21세기는 지식정보화 시대라 일컬어진다. 지식과 정보의 활용이 무척 중요해졌다는 뜻이다. 여기서 키워드는 부가가치가 높은 새로운 정보와 지식을 어떻게 창출하느냐이다.   개인간이든 국가간이든 경쟁에서 살아남을 수 있는 핵심명제라 할 수 있다. 목하 인적 자원의 고부가가치화가 최대화두가 되는 세상이다. 이른바 지식정보화 시대는 골드 칼라(gold collar)가 생산성과 경쟁력의 주체이다. 이전 산업화 시대에는 육체노동자(블루 칼라)와 정신노동자(화이트 칼라)가 성장과 경쟁력을 결정하는 주된 인자였다. 지식정보화 시대는 기발한 아이디어와 순발력, 창의성이 인적자원의 가치(몸값)을 좌우한다. 때문에 가부장적 남성문화가 직장에서의 승진이나 좋은 자리를 틀어쥐는 시대도 서서히 막을 내리게 되리라는 게 미래학자를 포함한 많은 학자들의 전망이다.

우리의 현실은 어떠한가. 특히 여성 인력의 사회적 활용도는 어느 정도일까. 국제기구인 UNDP가 매년 발표하는 '인간개발보고서'(2003)에 의하면 정치·행정 분야에서 여성의 참여정도를 나타내는 여성 권한 척도(Gender Empowerment Measure)는 전체 64개국 중 61위로 최하위권이다. 말하자면 여성이 공공부문의 정책결정과

정으로부터 많이 소외되어 있다는 얘기다. 여성의 사회적 지위가 매우 낮은 수준임을 시사해 주는 대목이다. 수많은 여성들이 능력 등 실적요소와 관계없이 고위관리직에 오르는 데 사회적으로 인위적인 장벽(유리천장 glass ceiling)이 엄존하고 있음을 보여주는 실례라 할 수 있다.

좀 더 논의의 범위를 좁혀 선진국가의 여성 각료 비율을 살펴보자. 1992년 현재 EC 회원국의 경우 전체 515명의 각료 중 여성이 57명을 차지해 평균 11%선이다. 1993년 통계를 보면 덴마크 39%, 노르웨이 38.5%, 미국 28%, 프랑스 25%, 핀란드 24%, 캐나다 21%, 독일 20%, 오스트리아 12,7% 등이다.

우리의 경우 여성 장관들은 얼마나 입각하였을까. 대한민국 정부 수립 이후부터 김대중 정부까지 54년 동안 장관에 입각한 여성은 26명으로 나타났다. 여성부나 정무 제2, 여성 특별위원회 등 '대표관료제'(representative bureaucracy: 여성이나 장애인 등 사회적 약자를 공공부문에 충원하여 이들의 이익을 행정과정에 확보하기 위한 장치)차원에서 여성 몫으로 할당된 장관 입각자 12명을 빼면 실제 여성 입각자는 전체(768명)의 1.8% 수준인 14명에 불과하다. 100명 당 1명꼴로 여성이 입각해온 셈이다. 여성 장관 입각자의 비율이 선진국 수준에 크게 뒤지고 있음을 쉽게 알 수 있다. 필자가 분석한 자료에 의하면, 역대 정부에서 입각한 여성 장관이 소속한 부처는 대체로 교육문화 부처, 사회복지 부처 등에 치우치는 현상이 나타나고 있다. 다만 참여정부 들어 역대 정부 처음으로 법질서·인사 관련 부처에 여성 장관이 임명돼 관료 조직에 새로운 바람을 일으키고 있다는 점은 분명해 보인다.(아래표 참조)

전두환 정부부터 김대중 정부에 이르기 까지 역대 여성 장관들은 어떠한 업적을 성취하고 물러났을까. 결론부터 말한다면 아직 평가하기에는 시기 상조인지는 모르나, 극소수 장관만이 나름대로 관료사회에 족적을 남긴 것으로 평가되고 있다. 대부분의 여성 입 각자들은 업무 추진 과정에서 문제가 있었거나 도덕적으로 물의 (재산형성 의혹 등)를 일으켜 도중 하차하는 일이 잦았다고 평가 할 수 있다.

필자는 최근 정부수립 이후 여성 중 역대 최장수 재임기간을 기록한 김명자 장관(현 비례대표 당선자)을 만나 요모조모를 들어 보았다. 김 장관은 김대중 정부와 별다른 인맥관계 등이 없는 상 태에서 1999년 6월 장관으로 발탁돼 세간의 이목을 집중시키기도 했다. 김 장관을 만난 이유로 첫째 학자출신 전문가로 당시 환경 부 장관으로 임명돼 김대중 정부가 끝날 때까지 3년 8개월 동안 재임하면서 많은 업적(3대강 수계 특별법 제정 등)을 쌓아 온 것 으로 알려지고 있다는 점이요. 다른 하나는 외부에서 영입된 여성 장관으로서 재임하는 동안 관료사회의 철옹성같이 두터운 벽을 어 떻게 넘어섰는 지가 궁금했기 때문이다. 셋째는 여성 고급인력이 앞으로 공공부문 핵심 정책결정 과정에 진입하기 위해 준비해야 할 것이 무엇인지에 대한 해답을 찾고 싶어서 였다.

이 세가지 질문에 대한 답변을 정리하면 이렇다. 장관자리를 구 차하게 지키려고 연연해 본적이 없다. 그리고 정직성과 타인에 대 한 신뢰, 최선을 다한다는 자세로 일을 해 온 것 같다. 게다가 21 세기는 갈등이 사회 전반적으로 폭주하는 상황이 전개될 것이다. 이러한 시대 상황을 타개하고 국가경쟁력을 제고하기 위해 공공정 책결정 시 여성 고급인력의 감성(susceptibility)과 유연성(flexibility) 이 크게 주효할 것이라고 말한다.

김 장관의 애기속에는 앞으로 국정의 주요 부문에  고급여성 인력이 많이 진출할 것이라는 희망섞인 예감이 들기도 한다.

최근 필자는 재미난 뉴스를 접했다. 스위스 국제경영개발연구소 (IMD)가 발표한 '2004년 세계 경쟁력 순위'였다. 이에 따르면 한국의 국가 경쟁력은 30개국(인구 2천만명 이상 경제권기준) 중 15위로 아시아 주요국(대만 4위, 말레이시아 5위, 일본 9위,중국 10위 등)가운데 꼴찌를 기록하였다. 특히 정부의 경제운영 성과부문은 전체 60개국(인구 2천만명 미만 소규모 경제권 포함) 중 49위로 최하위권에 그쳤다.

고급 여성 인력을 특히 공공부문에 어떻게 활용해야 하는 지 정부 관계자들이 곱씹어야 할 우리네 현주소가 아닐까.

<표> 대한민국 정부수립이후 여성 장관 입각자 분포

| | 이승만 | 최규하 | 전두환 | 노태우 | 김영삼 | 김대중 | 노무현 |
|---|---|---|---|---|---|---|---|
| 이름<br>(부처) | 임영신<br>(상공),<br>김활란<br>(공보처),<br>박현숙<br>(무임소) | 김옥길<br>(문교) | 김정례<br>(보건<br>사회) | 조경희,<br>김영정,<br>이계순,<br>김갑현<br>(정무 2) | 권영자,<br>김장숙,<br>김윤덕,<br>이연숙<br>(정무2)<br>황산성<br>(환경),<br>김숙희<br>(교육),<br>박양실<br>송정숙<br>(보건사<br>회) | 윤후정<br>강기원<br>백경남<br>(여성<br>특별위원회)<br>한명숙<br>(여성)<br>신낙균<br>(문화관광)<br>주양자 김모임<br>(보건복지)<br>손숙,김명자<br>(환경) | 강금실<br>(법무)<br>김화중<br>(보건복지)<br>한명숙¹<br>(환경)<br>지은희<br>(여성) |

자료: 졸저 『21세기 성공 장관론』(나남출판, 2004), p. 49; 박통희 외,
편견의 문화와 여성리더십』(대영문화사, 2004), p. 194 참조.
주) 1: 환경부 한명숙 장관은 17대 총선에 출마, 당선돼 노무현 정부
여성장관은 현재 3 명임

# 5. 장관업무 인수인계

「승용차나 비행기 안에서 업무차 이동 중에 자신의 해임뉴스를 접하는 경우가 많았다.」

필자가 만난 전직 장관들은 대부분 자신의 전격 경질사실을 어떻게 알았느냐는 물음에 위와 같이 대답한다. 반면 임명되는 과정에 대해 물으면 임명권자나 그 핵심실세가 '극진히' 장관직 수락을 요청했다고 말한다. 불미스런 사건·사고가 터진다. 민심이 흉흉해진다. 집권세력에 대한 야권이나 여론의 압박이 거세진다. 최고국정 책임자는 그 정치적 책임을 회피하고자 한다. 묘책을 요리조리 찾는다. 그 일환으로 장관의 옷이 벗겨진다···. 지금까지 역대 정부들은 공공부문 핵심 인재를 등용할 때와 버릴 때 이렇게 판이한 모습을 보여왔다. 명색이 국제화·정보화 시대 정부경쟁력의 주요결정 인자인 장관이 물러나는 경우 하찮은 물건만도 못한 취급을 받아 왔던 게 현실이었음을 부인 못할 것이다. 하물며 경질되는 사유도 대부분 업무상 잘못과는 무관한 정치적인 경우가 많았으니··· 해당 장관의 속마음은 오죽했을까. 이러니 전임 장관과 새로 부임한 장관이 만나 주요 정책 현안에 대해 편안한 마음으로 대화한다는 게 현실적으로 어려울 수 밖에 없을 것이다.

선진국 특히 미국의 사례를 하나 들어 보자. 지금으로부터 5년 전인 1999년 5월. 클린턴 행정부 시절 미 재무장관인 로버트 루빈은 사임의사를 밝힌다. 후임자로는 로렌스 서머스가 지명된다. 그러나 실제로 루빈은 2달 후인 7월에 장관직을 떠나게 된다. 이 기간 동안 업무의 인수인계가 순차적으로 이뤄지게 된다. 그래서 후임자는 취임 첫날부터 실질적인 업무 수행이 가능해진다. 미국과 우리나라는 고위정무직 인선 절차가 다르다. 우리는 대통령이 장관을 임명하는 경우 미국처럼 인사청문회 절차가 따로 마련되어 있지 않다. 미국은 차관보급 이상 고위직에 대해 '공직자 자격 심사'를 하는 상원의 인준청문회제도(Confirmation Hearing)가 존재한다. 이 청문회는 대통령이 고위공직자를 지명하는 경우 그것이 타당한지를 심사하기 위해 열린다. 고위공직을 맡을 사람에 대해 위원회에서 구성된 패널이 조사를 하게 된다. 이런 과정을 거쳐 결격사유를 가진 공직 후보자가 걸러지게 된다. 의회가 행정부에 대해 일종의 특별감시기능을 행사하는 것이다. 이처럼 미국은 고위관료를 임명하는 경우 상원의 까다로운 인준을 통과해야만 임명절차가 끝나게 된다. 이렇게 임명되니 장관의 재임기간이, 재임 중 특별한 하자가 없는 한, 적어도 3년을 넘게 되는 것이다. 대통령과 임기를 같이하는 경우도 많다.

우리와 사정이 달라도 너무 다르다. 우리는 12개월 정도 장관 직무를 수행하면 '할 만큼 했다'며 '경질의 칼'을 들이대는 게 다반사다. 이러한 상황에서 어떻게 해야 전후임 장관간 업무의 인수인계가 효율적으로 이뤄질 수 있을까. 제대로만 인수인계 작업이 된다면 정책의 단절화 현상은 일어나지 않을 것이다. 일관된 정책노선 지속이 가능할 것이다. 정부의 경쟁력도 유지될 수 있을 것이다. 몇몇 전직 장관들의 고견을 들어보자.

노태우 정부시절 교육부처 장관을 지낸 Q씨. 장관 경질시 업무의 인수인계과정에서 헌법상 국무위원 제청권자인 국무총리의 주선이 필요하다며 '총리중매론'을 강조한다. 총리의 주선으로 전임 장관과 후임 장관이 '비공식적'으로 만나 정책사안에 대해 상호 의

사소통을 하는 것이 좋다는 입장이다. '물러난 사람'을 후임자가 연락해 계면쩍은 상황에서 얼굴을 맞대고 대화한다는 게 현실적으로 어렵다는 한국적 논리가 자리하고 있다.

김대중 정부에서 사회복지 부처 장관을 지낸 X씨. 그는 '인수인계의 제도화'에 대해서는 한국적 현실론을 들어 불가능 할 것이라고 조심스럽게 말한다. 장관이 새로 부임하는 경우 대체로 전임 장관의 정책을 존중할 것이다. 그러나 현실적으로 재임기간이 1년 이상만 되어도 '장수장관' 소리를 들어 물러날 준비를 하는 게 관행이라 할 수 있다. 이래서 신임 장관은 임기중 전임자와 새로운 정책을 내세워 자신의 실적을 높이려는 성향을 강하게 가질 수 있다. 이런 상황을 고려할 때 업무의 인수인계가 제대로 될 수가 없을 것이다. 만남 이상의 의미도 가지지 못할 것이다. 다만 X씨의 경우 평소 친분 관계에 있는 전임 장관인 W씨를

비공식적으로 따로 만나 정책 현안에 대해 설명을 들은 바 있다고 말한다.

김영삼 정부에서 장관을 지낸 Y씨. 그는 업무의 인수인계 차원에서 전·후임장관이 어떤 형태로든 만나 의견을 나누는 것에 대해 찬성하는 입장이다. 진행중인 주요 현안은 무엇이고 어떠한 정책이 중요하며, 정책의 진행정도는 어떻고… 등등. Y씨는 장관이 된 후 전임 장관 S씨에게 직접 연락해 만난 후 핵심 정책사항에 대해 이것저것 물어 보았다고 한다. 그러나 S씨한테 별다른 소득을 얻지 못했다며 아쉬워한다. 결과적으로 그 만남의 자리 또한 매우 불편하고 어색한 자리로 기억되고 있다고 전한다.

2003년 2월. 노무현 정부가 출범해 새로운 장관들이 임명되었다. 이 중 몇몇은 야권의 정치공세에 의해 불명예스럽게 장관직을 떠

나게 되었다. 몇몇은 총선 출마 등을 이유로 장관직에서 물러났다. 지난해 12월. 청와대 C 보좌관(현재 수석)은 장관급 정무직 교체 시 인수인계를 제도화 하겠다는 내용을 언론에 발표했다. 정책 추진의 일관성을 위해 국무총리 주재하에 문서로서 업무인수인계를 한다는 요지이다. 문서에는 부처의 주요 정책방향, 현안 추진상황, 앞으로의 중점 추진업무, 조직에 대한 평가 내용 등이 포함된다는 것이다. 그로부터 반년이 다가오고 있다. 그러나 전·후임장관간 업무상 인수인계는 만족할 만한 수준은 아닌 것으로 전해지고 있다.

　제도화도 좋다. 그러나 이에 앞서 세심하게 관심을 쏟아야 할 부분이 있다. 첫째, 장관이 일할 수 있는 시간이 충분히 주어져야 할 것이다. 둘째, 당사자가 납득할 만한 사유로 물러나도록 해야 할 것이다. 세째, 어떤 이유로 경질되든 대상 장관이 명예스럽게 퇴진하도록 모양새를 갖추는 일이다. 종전처럼 뭔가 열패감을 느끼면서 쫓기듯 사퇴하는 분위기를 만들어서는 결코 안될 것이다. 이랬을 때 인수인계 절차의 제도화(비공식적·공식적 포함)도 가능해질 것이다.

# 6. 장관임기, 얼마가 좋은가

『P 장관(1995. 5 - 1995. 12) 경질 소식에 △△부 직원들은 크게 놀라는 표정이었다. P 장관이 재임 7개월 밖에 안 되는 데다 직원들의 신망도 좋았고 그동안 △△개혁을 무리 없이 추진해 왔기 때문에 '유임'을 확신하고 있었기 때문이었다.…(중략)…』

『J 장관(1999. 5 - 2000. 1)은 이날 오전까지만 해도 유임이 확실한 것으로 보도된 데다 J 장관 스스로도 유임을 자신했었다. △△부의 한 관계자는 '총선에 대비한 경질인사'로 보인다고 나름대로 분석했다. …(중략)…』

『A 장관(1991. 5 - 1993. 2)은 국정최고책임자와 같은 군 출신이다. 전문성과는 무관한 인물로 임기말 배려 차원에서 임명되어 김영삼 정부로 이양되기까지 21개월 정도 재임한 것으로 나타났다.…(중략)…』

위 3가지 사례는 개각을 다룬 당시 일간지 기사의 일부이다. 첫째, 둘째 사례는 두 장관 모두 유능한 장관으로 평가받고 있었으나 정치적 사유 등으로 반년 정도(6 - 7개월)재임한 경우이다. 셋째 사례는 무능한 장관으로 평가되었으나 집권세력과의 강한 친분관계로 상당기간 재임한 예에 해당한다.

장관의 임기(재임기간)는 어느 정도가 좋은가. 길수록 좋다는 의견도 있고 재임기간의 장단보다는 다른 요인이 장관의 업무수행에 더 큰 영향을 미치므로 별로 중요하지 않다는 견해도 있다. 논자의 관점에 따라 다양한 시각이 존재하는 듯하다.

우리의 경우 역대 장관들은 어느 정도 장관직에 재임하다 물러난 것일까. 필자의 분석(전두환~김대중 정부)에 따르면 4개 정부 23개 부처에 재임했던 381명 장관의 평균재임기간은 13.32개월로 집계되었다. 비교적 짧은 기간 장관직무를 수행하다 물러난 셈이다. 정부별로 보면 전두환 정부가 17.79개월로 가장 길었다. 노태우 정부 13.02개월, 김영삼 정부 11.64개월, 김대중 정부 10.77개월로 나타났다. 군 출신 정부(전두환·노태우 정부)의 경우 15.44개월, 민간인 출신 정부(김영삼·김대중 정부) 11.23개월로 나타나 약 4개월 정도 군 출신 정부 장관의 재임기간이 긴 것으로 분석되었다. 민간인 출신 정부에서 재직한 장관의 재임기간은 평균에 못 미치는 수준이어서 상대적으로 장관 바뀜 현상이 잦았음을 알 수 있다.(아래표 참조)

여기서 잠시 외국의 경우로 눈을 돌려보자. 우리처럼 대통령 중심제 국가인 미국은 평균 35개월로 약 3년에 가깝다. Blondel 등의 학자가 서부유럽 16개 국가에서 35년(1945-1980년)동안 재임한 장관의 평균기간을 조사한 결과에 의하면 평균 재임기간은 4.5년으로 나타났다.

외국의 경우와 비교해 보아도 우리가 턱없이 짧음을 금새 알 수 있다. 우리의 경우 왜 재임기간이 이렇게 짧을까. 여러 요인이 있겠으나, 집권세력이 집권하기까지 음양으로 도움을 준 데 대한 대가 차원에서 장관이라는 자리를 나누어주었기 때문으로 해석될 수 있겠다. 이 경우에도 전문성 등 능력기준보다는 공로에 보답하는 수단으로 장관직을 정치적으로 빈번히 활용하였다고 할 수 있다.

<표> 우리나라 부처별 평균 재임기간(단위: 개월)

| 정부 | 경제 | 법질서·인사 | 교육문화 | 외교안보 | 사회복지 | 정보과학 | 평균 |
|------|------|-----------|---------|---------|---------|---------|------|
| 김대중 | 10.66 | 9.03 | 10.01 | 11.36 | 10.94 | 13.17 | 10.77 |
| 김영삼 | 9.98 | 9.56 | 18.20 | 14.07 | 10.36 | 13.55 | 11.64 |
| 노태우 | 13.33 | 10.43 | 12.93 | 17.00 | 11.21 | 15.71 | 13.02 |
| 전두환 | 18.95 | 13.94 | 16.91 | 20.33 | 24.57 | 14.92 | 17.79 |
| 평균 | 13.43 | 10.94 | 14.24 | 15.34 | 12.54 | 14.31 | 13.31 |

자료: 출저, 『21세기 성공 장관론』(나남출판, 2004), p. 107참조.

주) 경제: 재정경제부, 재무부, 건설부, 산업자원부, 농림부, 교통부, 동력자원부, 해양수산부법질서·인사: 내무부, 행정자치부, 총무처, 법무부, 교육문화: 교육부, 문교부, 공보처, 체육부, 문화부(문화체육, 문화관광부 포함), 외교안보: 외교부, 통일부, 국방부, 사회복지: 노동부, 환경부, 보건복지부(보건사회부 포함), 정보과학: 체신부, 정보통신부, 과학기술부

필자가 2001년 상반기부터 현재까지 전직장관 28명- 이들은 대부분 행정 각 부에 재임한 장관들이다 -과 '적정 재임기간'에 대해 면담한 결과에 의하면 대체로 2년 이상을 제시하고 있다. 그 논거를 보면 행정부의 예산주기(편성, 집행 등)와 밀접한 관련이 있다. 부처의 주요 현안은 정책(사업)이나 법령에 담겨져 있는 경우가 많다. 이를 실행하기 위해서는 예산에 반영되어야 한다. 예산의 경

우 통상 전년도 2월부터 편성작업에 들어간다. 이렇게 편성된 예산은 이듬해 정기국회에서 확정되어 그 다음해부터 실제 집행단계에 들어가게 된다. 이러한 예산순환 과정을 볼 때, 편성되어 집행에 이르기까지 최소 1년 10개월이 걸리게 된다. 장관이 부처에 부임해 업무 파악하는 데 소요되는 시간(보통 6개월~ 12개월)까지 고려하는 경우, 장관이 자신이 설계한 예산을 집행하기 위해서는 최소 24개월은 필요하다는 계산이 나온다. 이 정도 기간이 주어져야 각종 사업이나 정책의 추진이 가능하다는 것이 전직 장관들이 이구동성으로 주장하는 내용이다.

필자는 2001년 상반기 중앙 16개 부처 국과장급 공무원을 대상으로 설문조사를 실시한 바 있다. 설문 내용은 이랬다. " 귀 부처 장관이 장관직을 수행하는 데 장애가 되어온 요소는 무엇이라고 보는가. 가장 큰 장애 요인부터 순서대로 2가지만 고르시오". 응답 형식은 폐쇄형으로 했다. 적시하면 ⅰ) 장관의 제한된 권한 등 구조적 요인 ⅱ) 짧은 재임기간 ⅲ) 야당의 비협조 ⅳ) 언론의 비협조 ⅴ) 관련 국회상임위의 비협조 ⅵ) 청와대 등의 간섭 ⅶ) 장관의 전문성 부족 ⅷ) 기타(구체적으로 기입) 등 8가지를 제시하였다. 또 하나의 설문은 성공 장관과 실패장관여부를 물어보는 내용이었다.

전자에 대한 응답으로는 짧은 재임기간이 가장 많았다. 두 번째가 장관의 제한된 권한, 셋째가 전문성 부족 등의 순이었다. 후자의 경우 성공 장관의 재임기간은 16개월, 실패장관은 9.67개월로 집계돼 '일 잘하는 장관'의 재임기간이 평균(13개월)보다 3개월 정도 더 긴 것으로 분석되었다. 재임기간이 제대로 보장되어야 업무 성과(performance)를 낼 수 있다는 의미로 해석되는 대목이 아닐 수 없다.

　이상의 논의를 통해 다음과 같은 사실을 유추할 수 있다. 장관 임명시 우선 전문성, 균형감각, 통찰력(비전제시 능력), 국제감각 등을 기준으로 삼고 정책적 오류나 대형 스캔들을 일으킨 경우외에는 장관직무를 지속적으로 수행하도록 하는 방안이 우선적으로 채택되어야 할 것이다. 최소한 행정의 생산성(efficiency)과 정부경쟁력(competitiveness) 제고를 위한다면 말이다.

# 7. 장관의 역할 유형

장관이 일하는 스타일은 저마다 다를 것이다. 전문적인 연구자를 빼고 일반 시민들은 장관이 실제로 행정부에서 어떠한 일(정책이나 사업 등)을 구체적으로 하고 있는 지 잘 모른다고 할 수 있다. 아는 경우에도 신문이나 방송 등 언론매체를 통해 '장관이 어떠어떠한 행사에 중요한 손님으로 참석했다더라'정도일 성 싶다. 특히 후자의 경우가 일반 대중들의 눈에 비치는 장관의 대체적인 그림(profile)일지도 모른다.

대한민국 정부 수립이후 반세기가 지나는 동안 수백명의 장관들이 행정부처를 거쳐갔다. 이 시각에도 현직 장관들은 각 부처에서 권한과 함께 책임을 지고 중요한 일을 하고 있다. 그렇다면 실제로 장관들이 일하는 유형은 있는 것일까. 있다면 우리의 장관들은 어떠한 유형에 속하는 것일까.

우리의 경우 안타깝게도 이에 대한 조사나 연구가 거의 미진한 실정에 있다해도 과언이 아니다. 외국의 경우는 더러 연구가 있었다. 때문에 현재로서는 외국의 연구모형을 우리 실정에 맞게 변용해 활용하는 방법이 하나의 대안이 될 수 있다.

대표적인 것으로는 영국정부의 장관을 대상으로 역할모습(유형)을 살펴본 Headey의 모형이 있다. 그는 자신의 조사결과를 토대로 장관의 역할모습을 크게 다섯 가지로 나누었다.

하나는 정책설계형(policy initiator)이다. 장관 자신이 직접 팔을 걷어 부치고 정책 목표를 설정하거나 정책 집행을 위한 제반 여건을 분석해 대안을 탐색·선정하는 유형이다. 둘째는 정책선택형

(policy selector)이다. 장관 자신의 역할을 부하공무원이 제시한 정책 대안 중 하나를 선택하는 쪽에 중점을 두는 유형이다. 기존의 부처 정책의 틀(framework)속에서 일하는 데 대체로 만족하는 스타일의 장관이 해당된다. 셋째는 조직관리형(executive ministers)이다. 정책의 개발이나 선택보다는 주로 부처 조직의 인사나 운영, 부하공무원의 사기 제고, 인사 청탁 등 외부의 압력(외풍)을 차단하는 데 상대적으로 많은 시간과 정력을 쏟는 유형이다. 넷째 대사형(ambassador ministers)이다. 부처의 중요현안이나 정책을 조직 외부에 알리거나(대외 홍보), 다른 부처와 업무를 조정하고, 관련 이익집단을 설득해 업무를 조정하며  부처의 대외적 위상이나 이미지를 높이는 일에 높은 비중을 두는 직무유형이다. 부처 업무를 추진하기 위해 외부관계자(정당, 의회, 언론, 타 부처, 이익집단 등)와 잦은 접촉을 하는 데 중점을 두는 유형이라 할 수 있다. 마지막이 소극형 혹은 무사안일형(minimalists)이다. 부처의 정책문제나 조직의 내부 관리(혹은 운영), 부처 업무와 관련된 대외접촉에는 별 관심이 없다. 부하공무원이 가지고 온 결재 서류에 서명 날인하는 일이 업무의 대부분을 차지하는 유형이다. 이를테면 특별히 하는 일 없이 장관자리를 지키는 유형으로 보신형 혹은 면피형이라 할 수 있다.

노태우 정부부터 김대중 정부 전반부까지 16개 부처에 재임한 장관을 임명기준으로 나누어 어떠한 역할유형에 속하는 지 필자가 부하공무원을 대상으로 설문분석한 사례(2001)를 아래에서 소개한다. 여기서 임명기준은 전문성, 일반관리성, 정치적 기준 등 3가지로 나누었다. 설문내용은 '장관이 재임하는 동안 부처행정 부문 중 어느 부문에 가장 역점을 두었는가'였다. 부처행정 부문은 정책의

개발이나 추진, 조직내부문제의 해결, 부처의 대외업무 추진, 부처
업무의 자율적 수행, 기타 등 5가지이다.

분석결과 응답한 내용을 쉽게 설명하면 이렇다. 우리의 경우 장
관 10명 당 3명 꼴로 재임기간 동안 정책의 개발이나 추진에 역
점을 두고 있다는 것이다. 조직의 내부 문제 등 관리적 측면에 중
점을 두는 유형은 장관 10명당 2명 선인 것으로 나타났다. 부처
현안 추진을 위해 대외적 활동에 역점을 두는 유형은 장관 10명당
2명꼴로, 부처업무에 별 관심을 두지 않고 무사안일형으로 일해
온 장관도 10명당 1명 꼴로 집계되었다. (아래 표)

따라서 크게 보아 우리나라의 경우 장관은 재임기간 동안 한
가지 역할부문에만 관심과 열정을 보이는 유형이 10명당 7명선으
로 대부분을 차지한다고 해석할 수 있다. 장관의 평균 재임기간이
1년 남짓(13개월)이라는 사실을 생각할 때 장관이 재임하는 동안
여러 역할을 두루 행하는 것이 현실적으로 어렵다는 점을 시사하
고 있다고 보아야 할 것이다. 더불어 정책 역할 유형의 비중도 비
교적 낮다고 해석할 수 있다.

<표> 우리나라 장관의 역할 유형

| 유형 | 정책역할 | 조직관리<br>역할 | 대외역할 | 소극역할 | 계 |
|---|---|---|---|---|---|
| 건수 | 27 | 17 | 16 | 11 | 71 |
| 비율(%) | 31 | 20 | 19 | 13 | 83 |

주) 나머지 15건(17%)는 두 가지 이상 역할이 혼합된 형이다. 구체적
   으로 보면 정책+조직관리 역할 5건, 대외+소극 역할 4건, 정책+

조직관리+대외 역할 2건 정책+ 소극 역할 1건, 정책+조직관리+
대외 역할 1건, 조직관리+소극 역할 1건, 대외+조직관리 역할 1
건 등이다.

부처별로 장관의 역할 유형을 보자. 먼저 경제부처(재정경제, 산
업자원, 건설교통, 농림부 등 4개 대상)는 정책 역할이 22%선으로
조직관리 역할 유형과 같았다. 대외 역할 18.5%, 소극 역할
14.8%, 나머지는 두가지 역할 이상이 융합된 형태였다. 경제부처
는 새로운 정책의 개발이나 추진에 역점을 두는 비중이 높을 거라
는 예상과 다른 점이 특이하다. 이들 부처 장관의 평균 재임기간
이 13.4개월로 짧다는 점이 이러한 사실과 연관이 되는 것으로 풀
이된다. 둘째 통일·외교 부처(외교부, 통일부)의 경우 장관의 정책
역할 유형은 60%선으로 비교적 높았다. 조직관리 역할 20%, 대외
역할 10%, 대외+소극 역할 10% 등으로 나타났다. 이 부처의 경
우 장관이 임기동안 정책 개발이나 추진에 많은 시간을 할애 하고
있음을 알 수 있다. 셋째, 정보·문화·과학 부처(정보통신, 과학기술,
문화, 교육부 등)는 정책 역할 유형이 38%선으로 가장 높았고 대
외 역할(27%), 소극 역할(13.6%), 조직관리 역할(9%) 순으로 집계
되었다. 넷째 사회복지 부처(노동, 복지, 환경부 등)의 경우 조직관
리 역할이 31.5%로 가장 많았다. 정책 역할(26%), 대외 역할과 소
극 역할(각 15.7%) 등의 순이었다. 이 부처의 장관은 정책, 조직관
리, 대외 부문에서 비교적 고르게 활동하고 있음을 알 수 있다.

치안부처(행정자치, 내무부)는 조직관리, 대외 역할 유형이 각
25%, 정책 역할 유형은 12.5%, 나머지는 혼합 역할유형(정책+조
직관리+대외, 정책+조직관리, 정책+ 소극 각 1건)이었다. 치안 부

처 장관도 재임기간 동안 정책과 조직관리, 대외 관계 역할을 두루 해내야 하는 자리임을 엿볼 수 있다.

이상에서의 논의를 통해 우리의 경우 행정 부처 최고 수장으로서 장관의 역할은 부처별 특성에 따라 다르다고 해석할 수 있을 것이다.

# 8. 부임 장관의 조직관리 방향

　장관으로 부임한 뒤 해야 할 중요 사안 중 하나는 부처업무를 제대로 파악하는 일일 것이다. 어떤 게 주요 현안인지, 이 현안은 현재 어디까지 진행 중인지, 처리할 정책의 선후관계는 무엇이고, 업무 처리에 있어 경중의 비중은 어떠한 지 등등. 다음으로 조직 내부 관리를 어떻게 하느냐가 주요 관심사가 될 것이다. 이 두 가지 과제를 어떻게 풀어나가는 게 가장 좋을까. 아마도 이에 대한 '최적의 방법론'은 존재하지 않을지 모른다. 다만 해법의 큰 줄기는 찾을 수 있을 것이다. 문제를 해결해 가는 접근방법 가운데 하나는 행정부처의 조직관리 경험과 노하우를 가지고 있는 장관(대부분 전직 장관)에게 직·간접적으로 물어보는 것일 것이다. 생생한 조직운영 체험은 장관 자신에게 많은 보람을 가져다 주었을 것이다. 다른 한편으로는 아쉬움이나 회한 같은 것도 가슴 한 쪽에 남겼을 것이다.

　조직관리나 조직운영에서 간과할 수 없는 주요 요소가 부하공무원이다. 이들과의 관계가 우호적인지 여부가 장관의 업무 추진 실적(성적)에 많은 부분 영향을 줄 것이기 때문이다.　필자가 지금까지 직접 면담한 전직장관들의 이야기를 들어보자.

　K 장관. 그는 해당 분야에서 전문성을 인정받아 김대중 정부에서 경제관련 장관으로 발탁된 인물이다. 장관 재임 시 많은 업적을 남겼다. 부하공무원으로부터 유능한 장관이라는 평가도 받았다. 재임한 기간도 2년을 넘겼다. 이른바 '장수 장관'의 반열에도 올랐다. 그는 관료 출신이 아닌 학자출신이다. 그는 장관의 자질로 미

래에 대한 비전제시 능력을 강조한다. 또한 '실천적 전문성'을 특히 중시한다. 이런 사람이 장관이 되어야 정책과 프로그램, 프로젝트를 일관성 있게 추진할 수 있다고 힘을 준다. 그는 학자출신이 장관으로 성공할 수 있는 'K式 관료장악비법'을 예의 다음과 같이 소개한다. 부하공무원에 대한 인사권을 확실히 장악해야 한다는 게 그 주장의 요체이다. 이를 위해 장관으로 부임 시 '특정 보직 물갈이'인사를 단행해야 한다는 것이다. 첫째는 장관 비서관이다. 둘째는 기획관리실장이다. 셋째는 공보관이다. 넷째는 감사관, 마지막이 총무과장이다. 위 보직별 승진 후보자 1순위, 2순위, 3순위 가운데 2순위에 있는 인물을 발탁해야 한다. 그래야 장관에 대한 업무상 충성도(royalty)가 높아진다. K장관은 장관 부임 후 실제로 그렇게 했다고 말한다. 그것도 부임 후 짧은 기간인 1개월내에…. 또 하나 부하공무원과의 신뢰관계 형성을 위해서는 장관이 무능해 보이거나 불합리한 행태를 보여선 안된다. 그리고 장관이 '오래 재임하지 못할 것 같다'는 인상을 주지 말아야 한다. 이러한 요소들이 장관에게서 표출되는 경우 부하공무원인 관료들은 저항 혹은 반발(암묵적·현시적 포함)하게되며 장관발목잡기를 시도하게 된다고 목청을 돋운다. 직업공무원인 관료들의 제1의 목표는 승진 혹은 출세이다. 이를 위해 순응과 변신에 능수 능란한 재주(?)를 가지고 있다는 점을 주의해야 한다고 일깨운다.

또 다른 K 장관. 그는 정통 경제관료 출신이다. 김영삼 정부, 김대중 정부에서 경제부처 장관을 지냈다. 업무에 대한 부하공무원들의 평가도 후했다. 정책기획능력, 비전제시 능력, 업무 추진능력, 부처 대외 위상을 높이는 일 등에서 탁월한 능력을 보였다고 전해진다. 국회의원으로 일했고 현재 의원당선자 입장에 있기도하다. 그의 조직관리관·인사관(人事觀)은 '충격요법 지양론'이다. 그는 공공부문 행정 경험이 없는 학자출신이나 CEO 출신 등 외부인사가 장관이 되면 '조직 장악'이라는 미명하에 무리한 인사를 하게 되는 경우가 있다는 것이다. 때문에 부하공무원과의 팀웍형성이 어려운 경우가 많다고 토로한다. 그러면서  예의 교수출신이자 업계 출신인 B 장관의 성공적응 사례를 제시한다. B 장관은 온화한 성품에 친화력이 뛰어났다. 그러면서 일의 추진에 있어 무리수를 두지 않았다. 이를테면 부하공무원들과 호흡을 잘 맞추면서 원만하게 직무를 수행하는 스타일이었다. 이러다 보니 과장급 이상 중견 공무원들은 업무관계에서 장관을 믿고 따라주었다. 장관과 부하공무원간 일종의 상호신뢰와 충성관계가 이루어진 셈이다.

김영삼 정부에서 일한 C 장관. 박사학위를 받은 학자출신이다. 학위취득 후 특별 채용되어  공직에 입문, 근 20년 가까이 일하면서 자신의 소속부처 장관이 된 인물이다. 합리적인 업무 추진 스타일로 정평이 나 있으며 1년 10개월 동안 재임하였다. 그는 장관 직을 성공적으로 펼치는 데 '합리적인 인사정책'이 핵심적 요소라고 역설한다. 그가 주장하는 인사의 핵심 키워드는 능력과 연공서열의 적정 배분이다. 이른바 '4060論'이다. 풀이하면 핵심 부서는 능력에 다른 발탁인사를, 비교적 중요도가 덜한 부서는 '밥그릇'을 중시한다는 논리이다. 그리고 그 비율이 전자의 경우 40%, 후자의 경우는 60%로 한다는 것이다. 그는 이 원칙이 지금도 성공적 작품이라고 회상한다. 이와 아울러 그는 장관 취임 후 '인위적인 인사'가 중요하며 필요시 보완적으로 기구 개편작업도 취해야 한다고 말한다. 그는 장관 부임 2-3개월 지난 뒤에 대대적인 인사조치를 단행했다. 이러한 조직관리(운영) 방식은 장관이 평소 생각해온 소신과 정책을 입안·설계하기 위해 필요한 조건이라는 게 그의 현장 인사철학이다.

A 장관은 CEO 출신으로 노태우 정부에서 장관을 지낸 인사이다. 그는 장관이 부임 후 첫 단추를 잘 끼워야 업무 추진에 탄력이 붙을 수 있다고 설명한다. 첫 단추란 바로 '인사(人事)'이다. 부하공무원들은 장관이 부임후 하는 인사작품을 보고 장관을 실질적으로 평가한다는 것이다. 만일 외부의 압력에 의해 인사가 일부 행해지는 등, 인사가 장관 자신의 입신양명이나 이해관계 차원에서 행해진 것으로 부하들이 인식하는 경우 재임기간 동안 부하들의 지지나 협력을 얻어 업무를 수행하기가 매우 어려워진다고 설파한다. 장관과 부하공무원과의 관계가 물과 기름처럼 형성되기 때문이다.

공공부문의 조직관리에서 인사가 얼마나 국정수행에 심대한 영향을 주는 지를 보여주는 '현장 사례'들이다. 분명한 것은 조직관리 측면에서 인사행정을 펴는 경우 부처의 고유 특성이 무엇인지가 파악되어야 할 것이다. 더불어 부처의 독특한 조직문화가 고려되어야 할 것이다. 그리고 공공부문 외부의 환경 변화를 담아내는 시대정신(ethos)이 종합적으로 검토되어야 할 것이다. 물론 행정의 효율성과 조직구성원의 사기제고라는 두 마리 토끼를 담보한다는 전제하에서….

# 9. 언론, 국회, 시민단체 등
# 외부 환경적 요소와의 관계설정

『 평소 언론과의 관계를 소홀히 해, 위급한 현안문제가 발발했는데도 언론의 도움을 받을 수 없어 결국 낙마의 길을 걷게 된 것이 매우 후회스럽다. 』 (정보과학 부처 전직 C장관)

『국회 상임위에 나가 의원들의 정책질의에 대학 강의식으로 답변하다 혼쭐이 난 경험은 '악몽'처럼 평생 나를 괴롭힐 것 같다.』 (교육문화 부처 전직 L장관)

『80년대 후반 민주화 바람이후 정치·사회적 영향력이 막강해진 시민단체 등 NGO(비정부 기구)와 이익집단의 집단적이고 조직적인 반발로 정책을 추진하는 데 발목잡히는 사례가 많아지고 있다. 』 (경제 부처 전직 K 장관)

위 사례에서 보듯 전직 장관들의 생생한 경험담은 장관이 직무를 행함에 있어 언론이나 국회, 시민단체, 이익집단 등 정책결정 참여기관(외부 환경적 요소)들과 어떠한 관계를 유지해야 하는 지를 상징적으로 보여주고 있다.

어떤 부처에서 특정 정책을 검토해서 집행에 이르기까지 과정을 일별해보자. 그 정책은 타 부처는 물론 이익집단이나 NGO, 국회, 언론 등에서 지지를 받지 않는 경우 어떻게 될까.  현재 관심을 끌고 있는 사안 중 하나인 이라크 파병 정책사례를 살펴보자. 이

사안은 요새 이라크 주둔 미군들의 포로학대문제로 그 파장이 국제사회로 일파만파 번지고 있다. 우리의 경우 이라크에 한국군을 파병하는 쪽으로 정책이 추진되고 있다. 정책을 둘러싸고 외부 기관들은 여전히 논전을 벌이고 있다는 표현이 적확할 듯하다.  언론의 입장은 한마디로 통일되어 있지 못한 상태다. 국회는 어떤가. 의원(당선자)마다 입장이 다르고 정당들의 입장도 제각각이다. 시민단체 입장 역시 찬성과 반대로 극명하게 갈리고 있다. 보는 시각과 입장이 어떠하냐에 따라 파병에 대한 처방이 크게 엇갈리고 있는 것이다.

　이처럼 정부 등 공공부문에서 하나의 정책이 검토되는 경우 관련 부처가 존재한다. 또한 정책(입안, 추진 포함)에 직·간접적으로 영향을 미치는 유관기관(언론, 국회, 정당, 이익단체, 이해관계자 등)이 얽혀있는 경우가 대부분이라 할 수 있다. 정책사안을 두고 조직내부와 조직외부의 환경적 요소들이 그물망(network)처럼 복잡하게 연계되어 있는 셈이다. 학자들은 이러한 상황을 설명하는 데 전문용어로 거버넌스(governance)라는 단어를 사용한다. 쉽게 설명하면 이런 것이다. 종전에는 대체로 정부(government)가 모든 정책을 입안하고 결정하고 추진하는 데 독점적 지위를 가졌다. 그러나 지금은 정부가 시민단체 등 비정부기구나 이해당사자 등과 수평적인 관계에서 이해와 협조를 구해야 정책을 추진하는 것이 가능해졌다. 정책추진의 틀이 정부주도에서 다자간 조정체제로 획기적으로 바뀐 것이다.

　구체적으로 전직 장관들의 성공적 체험담을 들어보자. 여성으로 사회복지 부처 장관을 지낸 A씨. 그는 거버넌스를 활용해 정책을 성공적으로 수행한 장관으로 평가되고 있다. 대표적인 정책사례는 낙동강·금강·영산강 등 '3대강 수계 특별법' 제정과정이다. 그의 얘기를 들어보자. 1999년 6월 25일. 학자로 근 30년을 보내온 그가 장관직에 임명된 날이다. 부임 후 가장 큰 현안은 낙동강 물관리 종합대책을 마련하는 일이었다. 그러나 여성에다 행정경험이 전무하다시피 한 그는 초반부터 난관에 봉착했다. 열려던 공청회가 시민들의 강한 반발로 무산되었다. 언론도 호의적이지 않았다. 공청회도 열지 못한다며 정부를 공격했다. 그러나 물러서지 않았다. 좌절하지 않았다. 팀을 꾸려 아예 낙동강 인근 지역에 상주했다. 헤아릴 수 없이 많은 간담회와 토론회를 가졌다. 환경단체 관계자, 관련 지방자치단체 공무원, 전문가, 이해당사자 등을 만났다. 이해를 구하고 대책의 필요성을 설명하고 끈질기게 설득하였다. 이 과정에서 술을 거의 못하는 그는 '폭탄주'까지 마시며 강행군을 계속했다. '지성이면 감천이라 했던가'. 같은 해 동지 섣달(12월 30일) 정부와 지방자치단체가 공동으로 종합대책을 확정짓게 된다. 이때의 경험은 이후 금강 영산강 등 대책에 많은 도움을 주게 된다. 특히 시민단체(환경단체)의 특별법 제정 요구는 천군만마(千軍萬馬)와 같았다. 마침내 2001년 12월 이 특별법은 국회에서 통과되게 된다.

김대중 정부에서 경제부처 장관을 지낸 B씨. 역시 학자출신이다. 그는 관련부처와의 협력관계, 언론의 활용, 국회·NGO와의 우호적 관계를 역설한다. 재임기간동안 그 어렵다던 물관리 3대기관(농조 등)의 축소통폐합과 수세폐지, 협동조합 개혁을 추진했다. 추진 동인을 이렇게 말한다. 언론과 국회, 시민단체를 상대로 한 집요한 설득전략이 주효했다. 언론사의 경우 출입기자는 물론 논설위원, 정치부 기자 등 관련 당사자와 수시로 만났다. 정책의 줄

기와 정책이 나오게 된 배경 등을 자세히 설명하였다. 시민단체, 정책 이해당사자(농민)와도 현장에서 수차례 면담하고 격의없는 대화를 나누었다. 이렇게 해서 정책수요집단과의 정서적 괴리와 간극을 메워 나갈 수 있었다. 또한 국회 상임위원을 찾아가 같은 방식으로 도움을 청했다. 그러나 간과해서는 안될 요소가 있다고 했다. 중요 정책사안의 경우 부처내 의견조율(한 목소리)이 필수적이라는 것이다. B씨는 언론, 국회, NGO, 이해당사자 등을 만나 협상하고 조정하는 데 들어간 시간은 재임기간의 대부분을 점하고 있다고 진단한다. 이 두 전직 장관은 모두 2년 이상 재임하였다.

다만, 언론이나 국회, 시민단체 등이 정책 추진과정에서 중요한 기능을 수행하는 것은 사실이나 역할 측면에서 일부 문제점도 지적되고 있다. 언론의 경우 정책에 대한 충분한 배경설명이나 정책의 의도에 대한 면밀한 분석이 없이 피상적으로 보도하는 경우가 더러 있다는 것이다.(교육부처 L 장관, 정보과학 부처 K 장관 등) 국회의원의 경우 건설적인 방향에서 행정부를 견제하고 비판하기보다 국회라는 민의의 장(場)을 자신의 정치적 홍보(표 의식)수단으로 활용하는 사례가 적지 않다는 점이다.(교육부처 L 장관, 사회복지 부처 C 장관 등) 시민단체도 영향력 증대와 함께 책임있는 자세가 요구되고 있다. 어떠한 정책적 비판이나 제시된 제안이 국익에 미치는 파장을 충분히 고려해 행동 반경을 조정할 필요가 있다.( 외교안보 부처 L 장관)

지식정보화 사회로 진입하면서 정책적 사안을 풀어나가는 방법 역시 이처럼 바뀌고 있다.앞으로 사회구조는 이해 당사자간 갈등이 증폭되는 추세가 될 전망이다. 따라서 정부와 시민단체 등 관련 당사자들이 대화와 타협을 통해 정책 현안을 풀어가는 새로운 국정의 틀(협치)이 자리잡히게 될 것이다.

　최근 참여정부 2기 출범과 함께 청와대 비서진이 개편되어 시민사회수석실이 신설된 것도 이러한 시대적 변화 조류를 반영한 것으로 해석해야 할 것이다.

# 10. 2기 내각에 바란다

기나긴 탄핵정국 터널을 빠져 나온 참여 정부가 제2기 국정운용의 시동채비에 들어갔다. 6월 중순쯤이면 소폭의 개각이 이뤄질 것이라는 소식도 들려온다. 노 대통령의 국무회의 석상 개각발언을 찬찬히 뜯어보면 대폭적인 장관교체는 없을 것이라는 해석이 힘을 얻는 형국이다.

탄핵기각이라는 헌법재판소의 결정 이후 참여정부는 새롭게 짜여진 제2기의 국정진용으로 국내외의 급격한 환경변화에 능동적으로 대응하려는 움직임을 보여주고자 했다. 그런데 여러 가지 요인이 복합적으로 얽혀 참여정부가 의도하는 내각 개편은 이루어지지 못했다. 국무총리의 국무위원 인사제청권에 대한 논란과 함께, '새 술은 새 부대에…'라는 말도 유행했다. 장관교체가 예상되는 부처 공무원들의 동요도 있었던 것으로 전해졌다. 다만 왜 특정 부처 장관을 교체하려는 지에 대한 명백한 해명은 곁들여지지 않았다. 단지 총선결과에 따른 '거물급 정치인'의 행정부 영입이라는 정치역학적 해석만이 난무했다. 언론이나 평범한 상식을 가진 시민들도 장관교체 의도에 대해서는 계속 헷갈려야만 했다. 왜 그랬을까. 아마도'21세기' '무한경쟁' '지식정보화' '정부경쟁력' '국가 생존력' 등의 언어들이 그들의 눈앞에 계속 어른거렸기 때문이 아니었을까.

잠시 주변국들의 동향을 일별 해보자. 이웃 중국은 경제대국의 길로 힘차게 뻗어나가고 있다. 멀지 않아 미국과 함께 세계의 경제상황을 쥐락펴락할지 모른다는 '팍스 차이나' 시나리오도 나오고 있다. 이웃 일본은 어떤가. 10여년간의 경제불황의 깊은 골에서 벗어나 발진을 위한 수순을 조심스럽게 밟고 있다는 전문가들의 분석이 설득력을 더해가고 있는 상황이다. EU는 통합의 가속페달을 힘차게 밟아나가며 회원국들의 이익을 공고히 하는 데 전력을 쏟고 있다는 소식이다.

다행스러운 것은 참여정부도 경쟁상대 국가들의 움직임을 예의 주시해, 단계별 대응방안 등을 다각도로 검토해 마련해 놓고 있다는 점이다. 북한 핵, 이라크 파병 등 국제관계, 주한주민 등 외교현안, 경제 민생문제, 여성·장애인 권익 보호, 노사관계, 신용불량자 문제, 장기적 실업상태… 등등.

다만 우리는 IMF 환란 이후 국민소득 1만달러시대에 수년동안 '족쇄'처럼 묶여 있다. 때문에 일반서민과 중산층의 체감 고통지수가 상당히 높은 것도 사실이다. 이러다 보니 국정운영의 새로운 틀을 적용해 나가는 데 이해 당사자, 이해집단간 이익충돌 등 갈등 상황이 무겁게 전개되고 있다. 국정운영에 부하가 많이 걸린다는 얘기다. 어려운 상황이 펼쳐지는 국면이라 할 수 있다. 참여정부 출범 후 동북아중심국가 건설, 신행정수도 건설, 국가균형발전, 정부혁신, 분권과 자율 등 등 굵직굵직한 현안에 대해 중장기적 비전(로드맵)을 제시한 바 있다. 일각에서는 국정 일정표만 짜다 세월 다 가는 것 아니냐는 우려도 나왔다. 그러나 참여 정부 출범 1년 4개월이 지난 현 시점은 설정된 비전이 실질적으로 집행에 들어가는 실천단계에 와 있다 해도 과언이 아니라는 지적이다.

논의의 범위를 좁혀 정부혁신 분야 중 인사혁신 분야에 대해 살펴보자.

먼저, 내각인사, 이른바 장관임면에 대해 참여정부는 시스템에 의한 인사를 강조해 왔다. 그러면서 그 핵심골자는 '적재적소'라고 청와대 핵심관계자는 필자에게 털어 놓은 바 있다. 지금까지 고위 공직자와 장관 등 고위정무직에 대해 여러차례 인사가 단행되었다. 과연 참여정부가 내세운 원칙과 시스템에 의한 인사가 얼마만큼 이뤄졌는가 반문하면서 평점을 매긴다 면 어떻게 될까. 필자의 주관적 판단으로는 유감스럽게도 그다지 높은 점수를 줄 수 없을 것 같다. 왜 그런가. 국정최고 책임자의 국가경영 철학과도 관련되어 있다고 본다. 또한 정치권의 정무직을 바라보는 시각이 '경쟁'이나 '효율' 등 정부 생산성 논리와 너무 괴리가 되어 있다는 점이다. 최근 특정 정치인의 일부 부처 장관직 내정 소식은 그런 점에서 우리를 슬프게 만든다. 장관직은 전문성과 함께 균형감각, 비전제시 능력과 함께 정치력이 다분히 요구되는 자리라는 사실을 몰라서가 아니다. 정치인이라 해서 장관직무를 성공적으로 수행하지 말라는 법은 없다. 하지만 작금의 내각개편 논의는 '무한경쟁 시대'정부 경쟁력'과는 너무 동떨어져 있다는 느낌을 지울 수 없다.

둘째로 지적할 사안은 내각 개편이 이뤄지는 경우, 왜 그런지 합당한 논리가 설득력 있게 제시되어야 한다는 것이다. 장관을 교체하는 경우 왜 바꾸어야 하는 지 일반 상식인들이 납득할 만한 사유가 나와야 한다. 그렇지 않은 경우 행정은 겉돈다. 부임하는 장관은 공무원들의 신임을 받지 못한다. 장관 역시 겉돌게 된다. 자신도 전임장관처럼 언제 교체될지 몰라 임명권자의 의중을 살피는 데 골몰하게 된다. 한국 행정의 관행(속성)상 장관의 임기가 그다지 길지 못하다. 단기 미봉책인 인기영합주의 정책이 나올 가능성이 크다. 이른바 재임중 1건하자는 '1건주의' 정책의 가능성이 크다는 것이다. 장기적·거시적 정책 플랜이 나올 수 없는 까닭이다. 박정희 전두환 노태우 정부 등 군사정부도 겪어 보았다. 김영삼 김대중 정부 등 민간인 출신 정부도 경험하였다. 참여정부는 이전 정부의 잘못된 인사관행이나 악습의 전철을 더 이상 밟아서는 안된다. 그 부담은 고스란히 국민들에게 돌아간다.

셋째, 여성들의 공공부문 고위직 진출이 지금보다 훨씬 많아져야 한다. 당위론적 차원에서도 그렇지만 '경쟁력'과 '생산성' 측면에서 남성 못지 않은 우수한 여성인재들이 도처에 있다. 이들을 제대로 발굴해 장관 등 정부 고위정무직에 발탁시켜야 한다. 김영삼 정부와 김대중 정부에서처럼 남성과 기계적 균형을 맞춘다는 차원에서 교육, 문화, 복지, 환경 등 특정 부처에 여성을 배분하는 인사정책에서 이제는 탈피해야 한다. 모든 부처로 여성인재 기용 폭을 넓혀야 한다. 지식정보화 사회가 요구하는 시대적 사명이다.

정말이지 참여정부 2기 내각부터는 이전 정부와 달리 정치적 고려가 최소화되어 장관임면이 이뤄졌다는 평가를 받기를 고대한다.

끝으로 최근 만난 전직장관의 다음 말은 지금 이 순간에도 필자의 귓전을 계속 맴돈다.

"장관자리를 자신의 다음 수순이나 목표를 위해 징검다리로 활용하려는 우를 범하지 말아야 할 것이다. 그럴 생각이라면 아예 그만두는 것이 국가와 국민을 위해 합리적이고 분별있는 행동이다. 장관자리는 그렇게 한가한 자리가 아니다. 국리민복을 위해 열정을 1백 % 쏟아 부어도 부족한 그런 자리이다. 참여정부는 종전 정부와는 차별화되는 '개혁정부'아닌가"

● 저자 ●

● 김호균 (金鎬困) 약력
　　　　　　　　고려대학교 정경대학 경제학과 졸업
　　　　　　　　서울대학교 행정대학원 행정학 석사
　　　　　　　　서울대학교 행정대학원 행정학 박사

　　　　　　　　중앙일보 기자
　　　　　　　　언론중재위원회 심의전문위원
　　　　　　　　공공채널 K-TV 방송주간

　　　　　　　　서울시정개발연구원 연구원
　　　　　　　　서울대학교 한국정책지식센터 선임연구위원
　　　　　　　　한국정책학회 장관론 심사위원
　　　　　　　　서울행정학회 이사

　　　　　　　　(현) 전남대학교 법과대학 행정학과 교수

　　　　　　　　주요논저
　　　　　　　　장관의 역할에 관한 연구: 전두환~김대중 정부를 중심으로
　　　　　　　　장관교체가 부처행정의 변화에 미치는 영향분석
　　　　　　　　임명권자의 임명기준을 토대로 본 장관의 역할 고찰
　　　　　　　　『21세기 성공장관론』
　　　　　　　　외 다수

한국의 장관론 연구
- 역할과 직무수행을 중심으로

• 초판 인쇄　2004년 11월 1일
• 초판 발행　2004년 11월 2일

• 지 은 이　김호균
• 펴 낸 이　채종준
• 펴 낸 곳　한국학술정보㈜
　　　　　　경기도 파주시 교하읍 문발리
　　　　　　파주출판문화정보산업단지 526-2
　　　　　　전화　031) 908-3181(대표) · 팩스　031) 908-3189
　　　　　　홈페이지　http://www.kstudy.com
　　　　　　e-mail(e-Book사업부)　ebook@kstudy.com

• 등　　록　제일산-115호(2000. 6. 19)
• 가　　격　19,000원

ISBN　　89-534-2114-4 93350 (paper book)
　　　　　89-534-2115-2 98350 (e-book)